Inhaltsverzeichnis

Konzeption: Den Mathematikunterricht aus der Kinderperspektive aufbauen	3
Elterninformation	8
Übersicht über die Themenplanung	10
Spielanleitungen zu den Spielkarten	15
Kopiervorlagen: Früchtespiel	17
Zahlen und Punktekarten	21
Ziffernschreibkurs	25
Biografien der Matheprofis	35
Porträts der Matheprofis	210–215
Verwendete Fachausdrücke auf kindgerechtem Niveau	216

Didaktischer und methodischer Kommentar zu den Buchseiten

Buchseiten	Seiten	Zugehörige Kopiervorlagen	Seiten
4/5 Lauter Zahlen	36/37	Zahlenkarten Bilder der Matheprofis	21–24 210–215
6/7 Zahlendetektive	38/39	*Beginn des Ziffernschreibkurses*	*25–34*
8/9 Würfelspiele / Unsere Namen	40/41	„Wie viele?" Namenstabelle „Muscheln werfen"	42 43 44
10/11 Wie viele?	46/47	Immer 3, 4 und 5 Muscheln	45
12/13 Um die Wette / Schöne Ketten	48/49	„Schöne Ketten"	58
14/15 Ketten ordnen / Die größere Zahl gewinnt	52/53	Die größere Zahl gewinnt	51
16/17 Herbstfrüchte	54/55	Kreispuzzle Kreispuzzle (leer)	56 57
18/19 Sammeln im Herbst	58/59	Herbstlotto Schnipp – Schnapp	60 61
20/21 Zahlenausstellung	62/63	*Ende des Ziffernschreibkurses*	
22/23 Schachteln füllen / Fridolins Streich	64/65		
24/25 Dazutun / Wegnehmen	66/67		
26/27 Aufgaben schütteln	68/69	„Muscheln werfen" Aufgaben schütteln	44 72
28/29 Wie viele sind versteckt?	70/71	Zerlegungen finden	73
30/31 Schöne Muster mit 10 / Bilder von 10	74/75		
32/33 Auf einen Blick	76/77	Abdeckfenster Im Zehnerfeld	78 79
34/35 Zahlbilder im Zehnerfeld / Aufgaben legen	80/81		
36/37 Paare finden	82/83		
38/39 Drachen füttern / Mit 2 Würfeln	84–87	„Mit 2 Würfeln"	88
40/41 Würfeln und rechnen / Felder belegen		„Felder erobern" „Felder belegen" Kreispuzzle	89 90 91
42/43 Irina träumt	92/93		
44/45 Vorfreude auf den Geburtstag	94/95	Rechengeschichten zum Geburtstag	96
46/47 Formen und Farben – ein Kunstwerk	98/99		
48/49 Burg und Sonne	100/101	Gitterpapier	97

Inhaltsverzeichnis

Buchseiten	Seiten	Zugehörige Kopiervorlagen	Seiten
50/51 Kleingeld / Mit 2 Münzen	102/103		
52/53 Wer bekommt den Eisbecher?	104/105	„Wer bekommt den Eisbecher?"	106
54/55 Klasse mit Hut 56/57 Ein Rechendreh	108/109 110/111	Faltanleitung	107
58/59 Irinas Idee	112/113		
60/61 Irinas Perlen / Punkte im Zwanzigerfeld	114/115		
62/63 Die Plus – Minus – Maschine	116/117	Zahlenstrahle	118
64/65 Bilder aus einem Quadrat	120/121	Schnittmuster Legespiel	119
66/67 Figuren legen	122/123		
68/69 Rechenmauern	124/125	Rechenmauern	128
70/71 Rechenspiele	126/127	„Wer belegt die 20?" „Zielzahl: 17" „12 gewinnt1"	129 130 131
72/73 Fehler suchen	132/133		
74/75 Sparen – Wünschen – Kaufen	134/135		
76/77 Bezahlen / Rückgeld	136/137		
78/79 Versteckspiel	138/139		
80/81 Hüpfspiele	140–142	„Fridolin fangen"	143
82/83 Spiegelaufgaben / Verdoppeln – Halbieren	144/145		
84/85 Spiegelaufgaben und ihre Nachbaraufgaben	146/147		
86/87 Schatzsuche	148/149	„Schatzsuche" Streifendomino	150 151
88/89 Zehner sammeln	152/153	„Zehner sammeln"	154/155
90/91 Üben für den Rechenmeister I	156/157	Termkärtchen	158–163
92/93 Üben für den Rechenmeister II	166/167	Plus – Rechentafel	164
94/95 Üben für den Rechenmeister III	168/169	Termkärtchen Minus – Rechentafel	170–175 165
96/97 Üben für den Rechenmeister IIII	176/177	Rechenuhr Rechenmeisteraufgaben Rechenmeister – Urkunde	178 179/180 181
98/99 10 Kinder … 100 Finger	182/183	Zahlwort – Puzzle	184/185
100/101 Felix im Krankenhaus	186/187	Postkarte für Felix	188
102/103 Paulas Uhren	192/193	Lernuhr Uhren – Domino	189 190/191
104/105 Schnell oder langsam	194/195		
106/107 Bald ist Weihnachten	196–198	Leeres Kalenderblatt Weihnachtsdomino Janosch – Geschichte	199 200 201
108/109 Ostereier suchen	202/203	Rechengeschichten	206
110/111 Muster malen	204/205	„Ostereier"	207
112/113 Ein erfolgreiches Schuljahr	208/209	Matheprofi – Diplom	181
114/115 Anhang für Lehrer und Eltern			
116 Plus – Rechentafel			

Zur Konzeption des Schulbuchwerks *Die Matheprofis*

Sybille Schütte:
Den Mathematikunterricht aus der Kinderperspektive aufbauen

Ein Schulbuchwerk, das den Bedürfnissen nach mehr Offenheit auch im Mathematikunterricht gerecht wird – ist dies nicht ein Widerspruch in sich? Heißt nicht offenes Lernen, sich auf die spezifische Klassensituation einzustellen, ja sogar die jeweils individuellen Voraussetzungen der einzelnen Kinder zu berücksichtigen?

Man kann der Meinung sein, dass jede generelle Vorgabe schon eine Verfälschung des Anspruchs nach Offenheit darstellt. Jedoch sind unseres Erachtens gewisse Rahmenbedingungen erforderlich, um eine erfolgreiche Entwicklung der Kinder hin zum selbstständigen Arbeiten zu gewährleisten.

Unser Verständnis von Öffnung des Mathematikunterrichts

Unserer Ansicht nach brauchen Kinder, wenn sie zu eigenständiger Arbeit an mathematischen Sachverhalten geführt werden sollen
1. geeignete offene Lernangebote,
2. Vorbilder und Beispiele von Lösungswegen, die gleichzeitig zu eigenen Lösungsversuchen anregen, und
3. Ermutigung, gezielte Anregung und Beobachtung ihrer Lernwege sowie die Anerkennung ihrer Bemühungen.

Der Mathematikunterricht sollte also in einem guten Verhältnis zwischen Öffnung (im Sinne von Eigenaktivität der Schüler/innen) und Lenkung (im Sinne von gezielter Anregung, individueller Beobachtung und guter Organisation der Aktivitäten) stehen. Öffnung bedeutet nicht Beliebigkeit der individuellen Beschäftigung, sondern **Eigenaktivität im Lösen deutlich vereinbarter, komplexer Aufgabenstellungen**. Für den Mathematikunterricht wird ein solches Vorgehen zwar schon seit Jahren gefordert (und die durch ThIMMS UND PISA initiierte Diskussion um den Mathematikunterricht liefert weitere Argumente für eigenständiges problemorientiertes Arbeiten), dennoch folgt der Mathematikunterricht häufig noch einem kleinschrittigen Aufbau nach dem Prinzip der Isolierung der Schwierigkeiten, das den Kindern keine Autonomie im Tun, im Vorstellen und im Denken lässt. Die Kritik an diesem Vorgehen ist inzwischen in der didaktischen Diskussion recht stark geworden, jedoch herrscht an konkreten Alternativen noch Mangel.

So stellt beispielsweise der Grundschulverband fest: „Die Öffnung des Mathematikunterrichts für ein forschend-entdeckendes und vor allem ein erfahrungsorientiertes Vorgehen steht erst am Anfang. Reformansätze zeigen jedoch, dass ein Mathematik-Lernen auf eigenen Wegen und mit aufregenden Entdeckungen möglich ist. Statt der Parzellierung des Stoffs werden weitreichende Fragestellungen und herausfordernde Aufgaben an die Schüler herangetragen." (Faust-Siehl u.a. 1996, S. 90)

Nachdem viele Lehrer/-innen schon in anderen Bereichen gute Erfahrungen mit freieren Unterrichtsformen gemacht haben, möchten sie nun auch ihren Mathematikunterricht öffnen. Sie schaffen es aber aus zeitlichen Gründen nicht, Materialien zu suchen, zwischen verstreuten Unterrichtsvorschlägen auszuwählen und eigene Ideen zu entwickeln. Dieses Schulbuchwerk (Lehrerhandbuch und Arbeitsheft inbegriffen) will hier eine Hilfestellung bieten.

Was kann ein Schulbuch im Rahmen der Konzeption eines konstruktiven Mathematikunterrichts leisten?

Die Arbeit mit dem Unterrichtswerk die Matheprofis umfasst 3 Komponenten:
– das Schülerbuch
– das Lerntagebuch
– das Arbeitsheft.

Das **Schulbuch** bekommt seine Funktion erst **im Verbund mit anderen Unterrichtsaktivitäten**. An erster Stelle stehen die konkreten (immer im Zusammenhang mit einer mathematischen Fragestellung stehenden) Handlungssituationen.

Die Matheprofis wollen zu solchen Aktivitäten anregen. Es werden Kinder in Situationen dargestellt, die einen hohen Aufforderungscharakter haben. Entsprechende Aktivitäten können in der Klasse einzeln bzw. in kleinen Gruppen oder gemeinsam durchgeführt werden. Außerdem bietet das Schulbuch Anregungen und Beispiele, wie aus den Aktivitäten entstehende Rechnungen, Zeichnungen und Texte im Lerntagebuch dokumentiert werden können.

Im **Lerntagebuch** dokumentieren die Kinder ihre Aktivitäten in Form von Zeichnungen, Rechnungen oder Texten. Die Lerntagebücher dienen als Grundlage für Gespräche in der Gruppe oder im gemeinsamen Sitzkreis. Das Führen des Lerntagebuchs ist natürlich auch wesentlicher Bestandteil des Übungskonzepts der Matheprofis (Im Lehrerband zu den Matheprofis 2 wird auf das Übungskonzept der Matheprofis ausführlich eingegangen).

Im **Arbeitsheft** können Kenntnisse und Fertigkeiten vertiefend geübt werden. Das Arbeitsheft ist passend zu den Schulbuchseiten konzipiert. Es enthält Übungsaufgaben, die im Schulbuch weitgehend ausgeklammert sind. Diese können die Kinder selbstständig und nach eigenem Tempo bearbeiten (Wochenplanarbeit).

Zur Arbeit mit dem Schulbuch:

Jede Schulbuchseite kann auf drei verschiedene Weisen eingesetzt werden:

- als Anregung für Aktivitäten, die im Klassengespräch besprochen und geklärt werden und dann im Anschluss von den Kindern selbst ausgeführt werden,
- zum Wiedererkennen und sprachlichen Beschreiben der eigenen bereits ausgeführten Aktivitäten und als Vorbereitung der daran anschließenden Zahlen- und Rechenoperationen bzw. der Beschäftigung mit geometrischen Fragestellungen und mit Größen,
- als Anregung für Einzel-, Partner- oder Kleingruppenaktivitäten. (In einem stark individualisierenden Unterricht können die einzelnen Schüler/innen auch in ihrem eigenen Zeitrahmen die Aufgabenstellungen selbstständig bearbeiten.)

Das Schulbuch regt zu Handlungssituationen an, die für die Hinführung zu mathematischen Operationen notwendig sind. Die Situationen und Aufgabenstellungen sollten dann so mit den Kindern (in der Gesamtgruppe oder mit einer Teilgruppe) erarbeitet werden, dass die Kinder allmählich lernen, die Aufgabenstellungen selbst zu erkennen und zu formulieren und auch selbst zu entscheiden, wie sie die Anregungen umsetzen wollen. Langfristig gesehen sollen die Kinder auch in der Lage sein, sich unter Umständen selbst Anregungen aus dem Schulbuch zu holen und eigenständig damit zu arbeiten.

Es ist auch möglich, entsprechende Aktivitäten zuerst mit den Kindern durchzuführen, sodass sie anschließend im Schulbuch wiedererkannt werden können. Dieses Vorgehen hat den Vorteil, dass man eine gute Grundlage hat, den Reflexionsprozess über die ausgeführten Aktivitäten anzuregen.

Die Matheprofis als Leitfiguren

Die Matheprofis sind ein Kunstgriff, um den didaktischen Prinzipien eines konstruktiven Mathematikunterrichts auch im Schulbuch gerecht zu werden. Paula, Rosa, Olgun, Felix und Irina sind individuelle Persönlichkeiten mit unterschiedlichen (mathematischen) Zugängen und unterschiedlichen Fähigkeiten (vgl. Seite 35). Durch sie können die Kinder die vorgeschlagenen Aktivitäten nachvollziehen und werden zugleich zu eigenen Lösungen angeregt. Wichtig ist nicht zuletzt, dass durch die Interaktion der Matheprofis ein **kommunikativer Aspekt** ins Spiel kommt, der für die Ausbildung mathematischen Denkens ebenso zentral ist, wie die grundlegenden Handlungen. Die Kinder verständigen sich untereinander über ihre Tätigkeiten und deren mathematische Bedeutungen und sie finden unterschiedliche Lösungswege. Die Schüler/innen können so mit den Matheprofis lernen, Mathematisches sprachlich zu fassen, sie lernen zu reflektieren und werden sich ihrer Lösungswege bewusst. Sie lernen zu argumentieren und ihre Vermutungen zu überprüfen.

Die Kinder können und sollen sich mit den Matheprofis und deren Aktivitäten identifizieren. So sind auch emotionale Zugänge zu den Inhalten möglich. Eine **positive Einstellung zur Mathematik** wird dadurch gefördert, dass Mathematik auch lustig und spannend sein kann, vor allem aber, wenn die Kinder sich selbst als erfolgreich wahrnehmen können und in ihren Tätigkeiten einen Sinn erkennen können.

Didaktische Leitideen

1. Die Mathematik aus der Kinderperspektive aufbauen

Mit den aktuellen Auffassungen von der Konstruktivität des Lernens hat sich in der didaktischen Diskussion die theoretische Annahme durchgesetzt, dass jedes Kind (jeder Mensch) Wissen aktiv aufbaut, indem es über seine persönlichen kognitiven wie emotionalen Zugänge und Vorerfahrungen Neues individuell verarbeitet. Obwohl man zunächst von einem **Spannungsfeld zwischen dem Kind und der Fachwissenschaft Mathematik** ausgehen kann, gibt es auch gute Anknüpfungsmöglichkeiten, da sich auf kindgemäße Weise mathematische Arbeitsweisen bereits in der Arbeit mit Zahlen und dem ersten Rechnen entdecken und erproben lassen. Die kindliche Neugier, der Drang nach Verstehen ist im Prinzip vergleichbar mit der Forscherhaltung des erwachsenen Wissenschaftlers. So entspricht die Entdeckung oder Rekonstruktion von einfachen Zahlbeziehungen und Rechenregeln auf kindlichem Niveau einer anspruchsvollen Entdeckung auf Erwachsenenniveau.

Die Lernangebote im Schulbuchwerk Die Matheprofis sind **subjektorientiert** in dem Sinne, dass sie an Erfahrungen, „Vorwissen" und Interessen anknüpfen und sie sind **fachorientiert** in dem Sinne, dass durch die Beschäftigung mit ihnen mathematisches Wissen und mathematische Arbeitsweisen aktiviert und gefördert werden.

Für die Gestaltung der Lernangebote war zum einen die Frage leitend: **Was könnte aus der Kinderperspektive am Lerngegenstand interessant sein?** Zum anderen die Frage: **Welche mathematischen Möglichkeiten könnten sich aus der Situation bzw. der Arbeit mit dem Material ergeben?**

Handlungserfahrungen sind eine wichtige Grundlage und Voraussetzung für das Verständnis mathematischer Begriffe, da hier Eigenschaften immanent erfahrbar werden, die später mathematisch erfasst werden sollen (z.B. Bauerfahrungen oder die ästhetische Gestaltung mit geometrischen Grundformen). Aber auch losgelöst von der konkreten Handlungsebene kann Mathematik für Kinder interessant sein. „Schon für Kinder sind ‚innermathematische' Forschungen und Entdeckungen interessant und herausfordernd, zum Beispiel die Suche nach Gesetzmäßigkeiten und Strukturen, Übungen mit Pfiff und das Entdecken von unkonventionellen Lösungen."(Faust-Siehl u.a. 1996, S. 88) Die Systematik steht am Ende des mathematischen Arbeitens und wird mit den Kindern zusammen entwickelt.

2. Sinnstiftende Kontexte

Das Schulbuchwerk *Die Matheprofis* enthält eine Reihe von Handlungsanregungen und Aufgabenstellungen, die den Stoff des jeweiligen Schuljahres abdecken, jedoch nicht wie sonst üblich in kleinschrittigen, thematisch unverbundenen Segmenten, sondern in Einheiten, die es Lehrern und Schülern ermöglichen, in **Sinnzusammenhängen** vorzugehen. Dieses Vorgehen beruht auf der Feststellung, dass Kinder mathematisch Erhebliches leisten können, wenn es in für sie interessanten Aufgabenstellungen angeboten wird. Es hat sich gezeigt, dass Kinder, wenn sie sich mit der Sache identifizieren, zu sehr viel besseren Leistungen fähig sind (vgl. Donaldson/Hughes „Polizistenversuch" z.B. in Schütte 1994, S. 27f.).

Die Kontexte sollen Bedürfnisse und Interessen der Kinder ansprechen. Diese können ganz unterschiedlich motiviert sein. Sie können in befriedigenden Tätigkeiten, wie Sammeln und Ordnen liegen oder ästhetische Bedürfnisse ansprechen. Neugier, spielerische Komponenten, auch das Sich-gegenseitig-messen-wollen im spielerischen Wettkampf können ein Motiv sein, ebenso wie Imagination und Fantasie, Staunen, eine Antwort auf eine eigene Frage finden wollen, über etwas lachen können, mit jemandem mitfühlen, ein Rätsel lösen, die eigenen Fähigkeiten erproben, sich des eigenen Könnens versichern, erfolgreich und stark sein wollen und Ähnliches. Solche Situationsdarstellungen, die kindgemäße Motive und Interessen aufgreifen, nennen wir sinnstiftende Kontexte.

Wenn Lernangebote in sinnstiftende Kontexte gestellt werden, die für Schüler/innen unmittelbar verständlich und inhaltlich bedeutsam sind, wissen die Kinder stets, was sie tun. Sie lernen nicht auf ein nebulöses mathematisches Ziel hin, das sie selbst noch nicht erfassen können, sondern **sie erleben die einzelnen Aufgabenstellungen als sinnvoll, weil sie ihre Nützlichkeit erfahren oder weil sie ihr Denken und ihre Kreativität herausfordern.**

Sinnstiftende Kontexte können
- in der Erfahrungswirklichkeit der Kinder liegen,
- im Bereich des Märchenhaften und der Fiktion liegen (Rechengeschichten) oder
- im Bereich der Mathematik selbst liegen. Dies vor allem, wenn beispielsweise Zahlbeziehungen oder Gesetzmäßigkeiten erkannt werden sollen.

3. Lernen auf eigenen Wegen

Während im bisherigen Mathematikunterricht üblicherweise **Musterlösungen** als Handlungsvorgabe dienen, nach denen bei weiteren Aufgaben auf die gleiche Weise verfahren werden soll, werden im Schulbuchwerk *Die Matheprofis* Ergebnisse der Kinderaktivitäten im Sinne von **Beispiellösungen** auf die fünf Kinder bezogen angeboten. Diese dienen zum einen als Anregung für eigene Lösungswege, zum anderen soll dadurch das „sich Eindenken" in die Lösungswege und Denkweisen anderer gefördert werden (siehe unten).

Beispiellösungen zur Anregung eigener Lösungswege werden in Kinderschrift und in Kinderzeichnungen z.T. im Schulbuch, z.T. im Lehrerhandbuch dargestellt. Sie enthalten zuweilen auch **„Fehler"**, die die Kinder dann entdecken sollen. Fehlersuche ist nicht nur eine wichtige Kontrolltätigkeit im Berufsleben, sie ist auch ein wichtiges Aufgabenformat. Fehlersuche als methodisches Mittel hat eine positive Wirkung auf die Selbstkontrolle: Eine prüfende Haltung gegenüber den eigenen Ergebnissen wird aufgebaut. Die Kinder lernen dabei auch, Überschläge und Rechenvorteile zu nutzen.

Selbstdifferenzierung

Durch die Offenheit der Lernangebote können die Kinder auf den Schwierigkeitsgrad der Aufgaben (indem sie beispielsweise die Größe der Zahlen selbst wählen können) Einfluss nehmen. Sie erfahren dadurch, was sie können und wo sie an die Grenzen ihres Könnens stoßen bzw. wie sie ihr Können selbst erweitern können.

In einigen Fällen, die sich im mathematischen Anfangsunterricht traditionell als schwierig erweisen, bieten wir mit Blick vor allem auf die leistungsschwächeren Schüler/innen **sinnfällige Vorstellungsbilder** als Erarbeitungsvarianten an: so z.B. die Schatzsuche als Rechengeschichte zum Zehnerübergang (vgl. Schulbuch Seite 92/93) sowie das Abkoppeln von Zehnerzügen beim Rechnen im zweiten Zehner (vgl. Schulbuch Seite 66/67).

Die Leistungsstärkeren erhalten Gelegenheit, über die gemeinsamen mathematischen Fragestellungen hinaus mathematische Zusammenhänge, Regelmäßigkeiten etc. nach Möglichkeit selbst zu entdecken (Aufgaben mit Glühbirne).

4. Von- und miteinander lernen: Thematisieren unterschiedlicher Lösungswege

Die Kommunikation mit den Klassenkameraden ist für die Ausbildung mathematischen Denkens von grundlegender Bedeutung. Bereits Piaget betont dies, wenn er schreibt:

„Ohne freie Zusammenarbeit kann sich keine echte Aktivität in Form spontaner Experimente und Untersuchungen entfalten. Denn geistige Aktivität erfordert nicht nur die fortgesetzte gegenseitige Anregung, sondern vor allem auch die gegenseitige Überprüfung unter Einsatz kritischen Denkens – Voraussetzungen, ohne die der einzelne weder zu objektiven Einsichten gelangen, noch das Bedürfnis nach strikter Beweisführung entwickeln kann." (Piaget 1975, S. 46 f.)

Nachdem die Problemstellung gemeinsam geklärt worden ist und die Kinder Gelegenheit hatten, eigene Lösungen zu entwickeln, werden verschiedene Lösungswege miteinander verglichen. Es sollte sich eine Unterrichtskultur entwickeln, in der es für Lehrer und Schüler zur Haltung wird, sich in andere Lösungswege und Ideen hineinzudenken. Folgende Fragen können dabei hilfreich sein: Was hat Irina hier gemacht? Wo liegt der Trick bei der Sache? Rechne wie Rosa. Um die Lösungswege anderer zu verstehen, ist es zunächst notwendig, den eigenen Lösungsvorgang in Gedanken nachzuvollziehen. Hierbei sind folgende methodische Komponenten wichtig:
- Reflektieren und Darstellen der eigenen Lösung (**Lerntagebuch**)
- Präsentation der Lösungen (show and tell): Erzähle uns, was du gemacht hast. Wie bist du darauf gekommen?
- Austausch von Lösungswegen (in Teilgruppen oder im Klassenverband)
- Andere Lösungen bewusst nachvollziehen (z. B.: „Rechne wie ..." oder Erfinder-Runden)
- Entdecken, Berichten: Was fällt dir auf? (z. B. bei strukturierten Aufgabensystemen)

Zu diesem Zeitpunkt können auch „Königswege" thematisiert werden. Grundsätzlich sollte gelten: Alle Wege, die zum Ziel führen, sind zunächst gleichberechtigt. Ansonsten verordnet man Denkvorschriften, erzeugt aber keine Flexibilität. Solange wir sicher sein können, dass unsere „Königswege" die effektivsten und elegantesten sind, werden dies auch die Kinder bald merken.

Bausteine des Matheprofi-Konzepts

Unserem Anspruch, größere Sinnzusammenhänge zu schaffen, entspricht der Aufbau der Schulbuchseiten. Häufig sehen wir zunächst die Matheprofis bei ihren Aktivitäten. An vielen Stellen im Schulbuch wird direkt zu einer Handlung aufgefordert, zu der die Matheprofis unmittelbar einladen. Man kann z. B. mit Felix ein Würfelspiel spielen oder Rechenmaschinen konstruieren oder sich mit Irina über die „Schönheit" der Mathematik freuen und mit Rosa Rechenvorteile entdecken. Gelegentlich befinden sich direkt auf den Buchseiten Spielpläne. Anschließende Aufgaben stehen im Zusammenhang mit der vorgestellten Aktivität, sei es, dass sie einen Spielverlauf wiedergeben oder als „Protokolle" entsprechender Aktivitäten angesehen werden können. Sie haben nach Möglichkeit offenen Charakter, sodass unterschiedliche Lösungsmöglichkeiten (auch in unterschiedlichen Zahlbereichen) bestehen. **Übungsmöglichkeiten liegen in den Aktivitäten selbst bzw. in den selbstständigen Aufzeichnungen im Lerntagebuch**, das als von den Kindern selbst verfasstes und gestaltetes Mathematikheft eine sehr wesentliche Funktion hat. Die Kinder halten hier ihre mathematischen Handlungen, erlernten Verfahren und Entdeckungen in freier Gestaltung fest. **An den Aktivitäten können sich alle Kinder auf dem ihnen entsprechenden Niveau beteiligen. Wir sprechen deshalb von „offenen Lernangeboten".**

1. Offene Lernangebote

Die Aktivitäten, die wir vorschlagen, haben insofern offenen Charakter, als sie einmal für leistungsschwächere Schüler/innen keine unbegehbaren Schwellen haben und dennoch für leistungsstärkere Schüler/innen auch genügend Herausforderungen bieten sollen. Es sollen also die gleichen Aufgaben auf unterschiedlichem Niveau zu bewältigen sein. Dies schließt natürlich nicht aus, dass von den Kindern auch unterschiedliche Aufgaben bearbeitet werden können.

2. Lerntagebuch: Eigenproduktionen von Schüler/innen

Begleitend zu den Aktivitäten sollen die Kinder ein Lerntagebuch führen, am besten ein unliniertes DIN-A4-Heft. Hier können sie im freien Zeichnen und Schreiben ihre Handlungen dokumentieren (später auch reflektieren). Dies unterstützt den Aufbau von Wissensstrukturen im Sinne des konstruktiven Lernens. Auch das Freihandzeichnen sowie die flächige Nutzung des Blattes wird gefördert.

„*Das denkende Rechnen im Sinne eines beweglichen ‚inneren Hantierens' mit den Zahlen auf der Grundlage der erfassten Strukturen (kann) nicht direkt vermittelt werden, sondern es ist vom Kind selbst auszubilden.*" (Faust-Siehl u. a. 1996, S. 90)

Die Lerntagebücher dienen als Grundlage für die Reflexionen in der Gruppe und für Klassengespräche. Es ist im Sinne des konstruktiven Lernens konsequent, die Kinder zu Eigenikonisierungen anzuregen. Hier wird die Übersetzung zwischen Handlung und symbolischer Darstellung von den Kindern aktiv selbst vollzogen und damit auch der Zusammenhang zwischen den Abstraktionsebenen deutlich. **Im Gegensatz zu vorgegebenen Ikonisierungen (zu deren Problematik siehe z. B. Schütte 1994) sind Eigenikonisierungen für die Kinder unmittelbar verständlich, da sie von ihnen selbst produziert werden.** Wenn solche Eigenikonisierungen dann anderen präsentiert werden, muss man sich auch um allgemeinere Verständlichkeit bemühen. Konventionen und Normierungen erhalten so ihren Sinn. Die Kinder sollen vor allem auch Zahlentabellen, Gleichungen etc. als **Protokolle von Handlungen** erstellen und interpretieren können.

3. Materialien

In neueren Beiträgen zur Problematik der Veranschaulichungsmittel wird immer wieder darauf hingewiesen, dass alle einfallsreich ersonnenen Veranschaulichungsmittel und Materialien oft doch nicht ausreichen, *„um das Rechnen in den Kopf zu bringen"* (Floer 1995, S. 20). Auch Lorenz betont, *„dass viele Kinder auch nach monatelangem Gebrauch von Veranschaulichungsmitteln die mathematische Struktur nicht sehen."* (Lorenz 1995, S. 11). Die Struktur wird von vielen Kindern nicht wahrgenommen, weil sie sie nicht selbst aktiv gebildet haben. Aus diesem Grunde wird im vorliegenden Schulbuchwerk die **Arbeit mit unstrukturierten Natur- und Alltagsmaterialien als eine bedeutsame Arbeitsphase der späteren Arbeit mit möglichst selbst strukturierten Materialien vorangestellt.**

Ein weiteres Argument spricht gegen die Verwendung von didaktisch strukturiertem Material. Wenn nur Materialien verwendet werden, die speziell für den Mathematikunterricht konzipiert wurden – dies gilt auch für Wendeplättchen und Steckwürfel – so leisten wir einem Phänomen Vorschub, das aus der Literatur und der Unterrichtspraxis bekannt ist: Viele Kinder halten den Mathematikunterricht für einen Bereich, der von ihrem übrigen Leben völlig isoliert ist (Hinweise z. B. bei Baruk). Um dem entgegenzuwirken, verwenden wir Alltags- und Naturmaterialien auch nach der Devise: **„Raus aus dem Glashaus."**

Ein drittes Argument ebenfalls aus konstruktivistischer Sicht ist folgendes: Da Natur- und Alltagsmaterialien häufig unter anderen qualitativen Aspekten in Gebrauch genommen werden, wird deutlich, dass die mathematische Sicht nur eine mögliche neben anderen ist.

Natur- und Alltagsmaterialien

Soweit möglich, sollen Natur- und Alltagsmaterialien als Zählanlässe genommen werden (Knöpfe, Holzperlen, Erbsen, Eierkartons, Pfeifenreiniger, Streichholzschachteln etc.). Dies weist auf eine Verbindung des Mathematikunterrichts mit der Alltagswelt hin. Die Materialien sollten von den Kindern selbst gesammelt oder mitgebracht werden.

Naturmaterialien haben wesentlich höhere sinnlich-ästhetische Qualitäten. Kinder fühlen diese Materialien gern in ihren Händen und arbeiten gern mit ihnen. Natürlich wollen wir mit den Materialien Mathematik treiben. Da die Kinder aber wissen, dass man mit Kastanien auch anderes machen kann und sie dies auch tun, machen sie mit der zählenden und ordnenden Betrachtung eine wichtige Grunderfahrung: Mathematik ist eine besondere Betrachtungsweise der Dinge, eine spezifische, nämlich quantifizierende und formalisierende Weltsicht neben anderen Sichtweisen. Die Wahl der „Brille" ist abhängig von der Fragestellung.

Selbst strukturiertes Material

Materialien, die vom Verlag halb vorgefertigt geliefert werden, sollen gemeinsam mit den Kindern strukturiert und evtl. auch individuell ausgestaltet werden (z. B. Zehnerfeldkarten). Dies erhöht die Wertschätzung des Materials. Außerdem können bei der Herstellung und Gestaltung von Materialien wichtige Erfahrungen mathematischer Art gemacht werden.

1. Phase:
   – Arbeit mit Alltagsmaterialien im Rahmen eines situativen Kontextes oder einer Fragestellung, die eine mathematische Strukturierung erfordert
2. Phase:
   – Eigentätige Strukturierung von Materialien zur Anzahlbestimmung (Zehnerfelder) und zum Rechnen (Rechenmaschinen erfinden) bzw. Fertigstellung vorgegebener halbfertiger Materialien nach gemeinsam entwickelten Strukturierungskriterien (z. B. Plus-Rechentafel).

Weitere Hilfen

Kopiervorlagen im Lehrerband:
Blankomaterialien wie Tabellen, Spiele etc. liefern wichtige Materialien für die Aktivitäten.

Beilagen:
Stanzbögen: Euro-Rechengeld, Zehnerfeld, Rechenpfeile, Bärchen-Karten
Farbfolie
Faltpapiere (9 Farben, je 2 Blatt).

Spielkarten als Ergänzungsmaterialien:
Früchtespiel (33 Spielkarten)
Fridolin + 20 (55 Spielkarten)

Literatur:

Baruk, S.: Wie alt ist der Kapitän? Über den Irrtum in der Mathematik. Basel/Boston/Berlin 1989.

Faust-Siehl, G. u. a.: Die Zukunft beginnt in der Grundschule. Beiträge zur Reform der Grundschule Bd. 98. Frankfurt am Main 1996.

Floer, J.: Wie kommt das Rechnen in den Kopf? In: Die Grundschulzeitschrift 82/1995, S. 20ff.

Lorenz, J. H.: Arithmetischen Strukturen auf der Spur. In: Die Grundschulzeitschrift 82/1995, S. 9ff.

Piaget, J.: Das Recht auf Erziehung und die Zukunft des Bildungssystems.

Schütte, S.: Mathematiklernen in Sinnzusammenhängen. Stuttgart 1994.

Selter, Ch.: Eigenproduktionen im Arithmetikunterricht der Primarstufe. Wiesbaden 1993.

Elterninformation zu den *Matheprofis*

Liebe Eltern,

Ihre Schule hat sich entschieden, in der Klasse Ihres Kindes das neue Schulbuchwerk Die Matheprofis *einzusetzen. Vielleicht wird Ihnen in diesem Buch manches neu und ungewöhnlich vorkommen. Wir stellen Ihnen deshalb unsere leitenden Ideen, die dieses Werk auszeichnen, vor.*

1. Die Grundschulmathematik ist im Wandel begriffen

Experten sind sich heute einig, dass nur das als Wissen verfügbar, also auch flexibel anwendbar ist, was vom einzelnen selbst erarbeitet wird. Der frühere Mathematikunterricht verfuhr fast ausschließlich nach dem Prinzip „Vormachen und Nachmachen", d. h. es wurde eine Musterlösung vorgegeben und nach diesem Verfahren mussten die Kinder arbeiten. Es hat sich gezeigt, dass dieser Weg nur bei einem Teil der Kinder zum Verständnis führt. Besser sowohl für langsame Lerner als auch für fortgeschrittene Lerner ist der Weg des eigenständigen Erarbeitens. Die langsamen können zunächst einfache Zahlen und sichere (wenn auch für uns manchmal umständliche) Methoden wählen, um allmählich zu abkürzenden eleganteren Verfahren zu kommen, die fortgeschrittenen erhalten ihnen angemessene Herausforderungen, beteiligen sich aber auch bei der Sicherung von Fundamenten.

2. Freude an der Mathematik als oberstes Lernziel

Es ist von größter Wichtigkeit, dass Kinder von Anfang an Freude an der Mathematik entwickeln, denn eine positive Einstellung zum Fach prägt wesentlich den Erfolg. Dazu ist es notwendig, dass die Kinder ihre Tätigkeit als sinnvoll erleben und dass sie Erfolgserlebnisse haben.

Durch seine Abstraktheit, die häufig von den Lernenden als Lebensferne und fehlende Sinnhaftigkeit interpretiert wurde, hat der frühere Mathematikunterricht bei vielen leidvolle Erinnerungen hinterlassen und zu einer radikalen Ablehnung der Mathematik geführt. Der gestufte Lehrgang nach dem Prinzip der Isolierung der Schwierigkeiten verstellte für die Lernenden den Blick auf Zusammenhänge und Zielperspektiven, wer einzelne Schritte nicht mitvollziehen konnte, lief Gefahr, den Anschluss völlig zu verpassen. Aufgrund solcher Erfahrungen waren Versagensängste in Mathematik nicht selten. Das neue Schulbuchwerk Die Matheprofis *enthält in kindgerechten Sinnzusammenhängen Lernangebote, die sowohl auf einfachem als auch auf anspruchsvollem Niveau von den Kindern weitgehend selbstständig bearbeitet werden können.*

3. Offene Lernangebote und differenzierte Zugänge: die 5 Matheprofis als Leitfiguren

Die Lehrerin muss das Kunststück vollbringen, alle Kinder bei aller Unterschiedlichkeit an kulturellen und sozialen Vorerfahrungen und Kenntnissen individuell optimal zu fördern. Dies kann nur gelingen, wenn ein differenziertes Lernangebot gemacht werden kann, bzw. wenn die Aufgaben so offen angelegt sind, dass sie sich dem unterschiedlichen Lernstand der Kinder anpassen.

Die 5 Matheprofis sind Kinder, wie sie in jeder Klasse vorkommen könnten. Zugleich sind sie idealtypisch für bestimmte mathematische Stile und unterschiedliche Kompetenzen. Sie haben insofern Vorbildfunktion als sie auf der Grundlage ihrer unterschiedlichen Stärken je-

weils eine positiven Beziehung zur Mathematik entwickeln: *Olgun* ist der flinke Kopfrechner und kann gut mit Geld umgehen, *Paula* thematisiert die Orientierung in Raum und Zeit, gerät immer wieder ins Staunen und stellt kluge Fragen, *Irina* kann gut malen und zeichnen, auch dies ist für die Mathematik nützlich. *Felix* ist etwas langsam im Rechnen, er hilft sich selbst und verblüfft die anderen, indem er pfiffige „Rechenmaschinen" baut. *Rosa* schließlich ist die „Mathematikerin", sie entdeckt Beziehungen und Gesetzmäßigkeiten.

4. Mittlere Herausforderungen und Sinnzusammenhänge fördern das eigenständige Denken und die Lernmotivation

In den meisten beruflichen Tätigkeiten sind schon heute kreative Problemlösefähigkeiten notwendig. Auch in der Wirtschaft, sei es in Großbetrieben oder auch in kleineren Unternehmen werden Mitdenken und Identifikation mit den Leistungszielen neben Teamfähigkeit gefordert.

Durch sinnstiftende Kontexte gelingt es, die Aufgaben kindgerechter und zugleich mathematisch anspruchsvoll zu gestalten. Der Unterricht verläuft nicht mehr in kleinen schematischen Schritten vom Leichten zum Schweren. Er beginnt mit „mittleren Herausforderungen", um Leistungsansporn zu wecken und das Vorwissen der Kinder zu erkunden. Dabei wird nicht erwartet, dass die Kinder sofort alles „können" müssen (z. B. alle Zahlen bereits von Anfang an kennen oder alle Uhrzeiten auf Seite 106/107: „Paulas Uhren"). Sie sollen hier vor allem motiviert werden, dies lernen zu wollen und zeigen können, was sie schon können.

5. Wie Sie Ihrem Kind helfen können, in Mathematik erfolgreich zu sein.

Vermeiden Sie unbedingt, Ihrem Kind zu zeigen, wie „man" rechnet. Haben Sie so oft wie möglich ein „offenes Ohr": Lassen Sie Ihr Kind erzählen, was es gemacht hat, was es herausgefunden hat, wie etwas geht. Die sprachliche Beschreibung ist sehr wichtig für den Lernprozess. Wenn Ihr Kind etwas nicht verstanden hat, ermutigen Sie es, es selbst herauszufinden. Auch erwachsene Profis knacken manchmal tagelang an einer Lösung! Durch eigene Lösungen wird ihr Kind selbstbewusst.

Seien Sie auch bei Fehlern gelassen. Die Befürchtung, dass sich Fehler einprägen, wenn sie nicht sofort korrigiert werden, gilt heute als überholt. Das Schulbuch ist darauf angelegt, dass die Kinder lernen, sich selbst zu kontrollieren. Die Mathematik bietet dazu viele Möglichkeiten. Fehler können Ausdruck richtiger Denkansätze sein, die nicht abgebrochen werden sollten. Auch hier ist der erwachsene Problemlöser Vorbild, der Vermutungen aufstellt und überprüft und dabei aus seinen Fehlern lernt. „Versuch und Irrtum" ist eine anerkannte grundlegende Problemlösungsstrategie. Die Fähigkeit, Fehler selbst zu finden und zu korrigieren gewinnt in der Erwachsenenwelt immer mehr an Bedeutung. Das Schulbuch enthält daher auch Passagen, in denen Kinder gezielt aufgefordert werden, Fehler zu finden.

Auf dass auch Ihr Kind ein Matheprofi wird!
Mit freundlichen Grüßen   *Ihr Autorenteam*

Die folgende Übersicht kann Ihnen bei Ihrer Jahresplanung helfen. Bitte sehen Sie sie nur als Anregung und passen Sie sie den Bedürfnissen Ihrer Klasse an.

Übersicht über die Themenplanung: Die Matheprofis 1

Seiten-zahl	Thema	Mathematische Kompetenzen	Aktivitäten	Material	Vertiefende Übungen	Woche
4/5	Lauter Zahlen	Zahlzeichen erkennen Zahlen lesen, sprechen, darstellen	Wichtige Zahlen benennen und darstellen Zahlwissen anwenden Zahlen aufschreiben	Zahlenkarten Prospekte Zeitschriften u. Ä.	AH S. 2–3 Ziffernschreibkurs Lerntagebuch	1. bis 3.
6/7	Zahlendetektive					
8/9	Würfelspiele / Unsere Namen	Zählen Persönliche Zugänge zu Zahlen Unterschiedliche Funktionen von Zahlen kennen lernen	Punkte beim Würfeln vergleichen und Ergebnisse notieren Buchstaben und Silben zählen Namen hinsichtlich der Länge vergleichen	Würfel KV: Wie viele? KV: Namensschilder KV: Unsere Namen	AH S. 4 Ziffernschreibkurs KV: Muscheln werfen AH S. 5–6	
10/11	Wie viele?	Zählanlässe Simultanerfassung von Anzahlen Zahlen strukturieren	Anzahlen zählen und simultan erfassen			
12/13	Um die Wette / Schöne Ketten	Anzahlen bestimmen und vergleichen Muster erkennen und fortsetzen	Perlen aufziehen Ketten vergleichen und ordnen Muster erkennen und fortsetzen	Perlen und Schnüre KV: Schöne Ketten	Lerntagebuch AH S. 7–9 Ziffernschreibkurs AH S. 10	4. bis 5.
14/15	Ketten ordnen / Die größere Zahl gewinnt	Anzahlen vergleichen Zahlvergleiche notieren <,>,=	Zahlen vergleichen und mit <, >, = notieren	Zahlenkarten von 0 – 10 KV: Die größere Zahl …		
16/17	Herbstfrüchte	Anzahlen erfassen, strukturieren und vergleichen Anzahlen schätzen	Zählanlässe, Anzahlen simultan erfassen Schätzen und zählen Mit den Früchtespielkarten spielen	Herbstfrüchte Bunte Blätter	AH S. 11 Ziffernschreibkurs KV: Kreispuzzle KV: Herbstlotto KV: Schnipp Schnapp	6. bis 7. Bitte Seite „Sammeln im Herbst" nach jahreszeitlichen Gegebenheiten einsetzen.
18/19	Sammeln im Herbst	Dinge vergleichen, ordnen, sortieren	Blätter sammeln, vergleichen, sortieren Mit Blättern gestalten			
20/21	Zahlenausstellung	Verschiedene Zahlaspekte Zahlen in unterschiedlichen Funktionen Sichern der Zahlvorstellung	Zahlen von 0 – 10 präsentieren Zahlenausstellung gestalten	Vielfältiges Material aus der Alltagswelt	AH S. 12 Ziffernschreibkurs	
22/23	Schachteln füllen / Fridolins Streich	Zuordnen von Anzahl und Zahl Addition und Subtraktion als Hinzutun und Wegnehmen Zusammenhänge zwischen Grundrechenarten erkennen	Schachtel füllen Zahlzeichen und Mengen zuordnen Handlungen des Dazutuns und Wegnehmens als Plus- und Minusaufgaben notieren	Streichholzschachtel Bohnen, Mais, Erbsen	Lerntagebuch AH S. 13 AH S. 14–15	8. bis 9.

© Oldenbourg Schulbuchverlag GmbH, München - Die Matheprofis 1

Seiten-zahl	Thema	Mathematische Kompetenzen	Aktivitäten	Material	Vertiefende Übungen	Woche
24/25	Dazutun – Wegnehmen	Verständnis von Addition und Subtraktion vertiefen Sich Zahlverknüpfungen und Grundrechenarten konkret vorstellen Gleichungsschreibweise einführen				
26/27	Aufgaben schütteln	Zahlzerlegungen	Schachteln schütteln und Zerlegungen festhalten Zerlegung vorstellen und 2. Zahl finden	Schachteln mit Stegen KV: Zerlegungen finden	Lerntagebuch AH S. 16 – 19	
28/29	Wie viele sind versteckt?	Addition mit Platzhaltern, Subtraktion als Ergänzung Zusammenhänge zwischen den Grundrechenarten erkennen				
30/31	Immer 10 / Bilder von 10	Gruppiertes Zählen Addition mit mehreren Summanden Geometrische und arithmetische Muster vergleichen	Muster mit 10 Bärchenkarten legen Zahl 10 in unterschiedliche Summanden zerlegen Zahlen simultan erfassen Zehnerfeld belegen Anzahlen im Zehnerfeld bestimmen	Beilage: Bärchenkarten Beilage: Zehnerfelder Perlen, Muscheln, Steine KV: Abdeckfenster	Lerntagebuch AH S. 20 – 21 AH S. 22	10. bis 11.
32/33	Auf einen Blick	Verfeinern von Zählstrategien Simultanerfassung im Zehnerfeld				
34/35	Zahlbilder im Zehnerfeld / Aufgaben legen	Rechnen mit Zehnerfeldkarten	Zehnerfeldkarten gestalten Aufgaben mit Punktekarten legen Plättchen paarweise auslegen Gerade und ungerade Zahlen sortieren	Karten: Entweder KV oder Kartenspiel Fridolin + 20 Plättchen oder Muggelsteine	Lerntagebuch AH S. 23 – 25	
36/37	Paare finden	Gerade und ungerade Zahlen In Zahlenreihen Gesetzmäßigkeiten erkennen				
38/39	Drachen füttern / Mit 2 Würfeln	Spiele zur Addition und Subtraktion	Spiele durchführen Spielverlauf protokollieren Zu Zahlen mögliche Würfelkombinationen notieren	KV: Spielanleitungen KV: Mit zwei Würfeln	AH S. 26 KV: Felder erobern KV: Felder belegen	12., ab hier immer wieder
40/41	Würfeln und rechnen / Felder belegen					
42/43	Irina träumt	Umkehroperation kennen lernen Vorgänger und Nachfolger (Nachbarzahlen) bestimmen	Sternzacken falten und zusammensetzen Zu den Zacken Aufgabe und Umkehraufgabe notieren	Faltpapier (Beilage)	AH S. 27 – 29 Lerntagebuch KV: Rechengeschichten zum Geburtstag	13., auf Adventsseite achten (S.106/107)
44/45	Vorfreude auf den Geburtstag	Sachsituationen mathematisieren Einfache Textaufgaben lösen Erkennen mathematischer Strukturen in Textaufgaben	Zu Sachsituationen Rechensätze notieren Rechengeschichten erfinden			

Seiten-zahl	Thema	Mathematische Kompetenzen	Aktivitäten	Material	Vertiefende Übungen	Woche
46/47	Formen und Farben – ein Kunstwerk	Geometrische Grundformen kennen lernen	Bilder betrachten Bilder aus geometrischen Formen gestalten	Faltpapier, Schere, Klebstoff	AH S. 30	14. bis 15. oder 15. bis 16.
48/49	Burg und Sonne	Geometrisches Zeichnen Mit Flächen kreativ gestalten	geometrische Formen herstellen Freihandzeichnen	KV: Gitterpapier		
50/51	Kleingeld / Mit 2 Münzen	Umgang mit Cent Geldbeträge bestimmen Mit Geldbeträgen rechnen	Münzen erraten Münzen durchrubbeln Geldwerte mit Münzen legen	Beilage: Rechengeld Waren zum Einkaufen (Kleinigkeiten)	AH S. 31 – 32 Lerntagebuch AH S. 33	16. bis 17. oder 17. bis 18.
52/53	Wer bekommt den Eisbecher?	Geld wechseln Subtrahieren von Geldbeträgen	Spiel durchführen Mit Geld rechnen	Spielanleitung: Wer bekommt den Eisbecher?		
54/55	Klasse mit Hut	Gruppieren im Zahlenraum bis 20 Struktur des Zehnersystems verstehen	Hüte falten Aufgaben finden	Alte Zeitungen (farbig anmalen) oder buntes Packpapier KV: Ein Buchzeichen oder einen Hut falten kleine Notizblöcke KV: Zehnerfelder	AH S. 34 – 35 Lerntagebuch	19.
56/57	Ein Rechendreh	Dekadisches System verstehen und bei Zahldarstellungen anwenden	Rechendreh-Maschinen herstellen Aufgaben mit Karten legen			
58/59	Irinas Idee	Dekadische Analogie zum Rechnen nutzen	Irinas und Felix Rechnungen vergleichen Minusaufgaben mit Karten und Abdeckfolie legen und notieren	Zehnerfeldkarten Beilage: Abdeckfolie	AH S. 36 – 37	20. bis 21.
60/61	Paulas Idee mit den Perlen	Rechnen im Zwanzigerfeld	Perlenstangen legen und Aufgaben dazu finden Zu Punktebildern im Zwanzigerfeld Aufgaben finden	Perlen und Pfeifenputzer KV: Zwanzigerfelder		
62/63	Die Plus-Minus-Maschine	Rechnen am Zahlenstrahl Umkehroperation begreifen Sich Zahlen mithilfe strukturierten Materials vorstellen	Am Lineal Pfeile anlegen und Aufgaben dazu aufschreiben Aufgaben in Operatortabelle notieren	Beilage: Rechenpfeile KV: Zahlenstrahl	AH S. 38 – 39	
64/65	Bilder aus einem Quadrat	Figuren mit Teilformen auslegen	Formenplättchen aus Faltpapier herstellen	Faltpapier Schere, Klebstoff	AH S. 40 – 41	22.
66/67	Figuren legen	Einfache Flächeninhalte durch Auslegen und Parkettieren ermitteln	Figuren nachlegen und verändern neue Figuren erfinden			
68/69	Rechenmauern	Produktives Üben Zusammenhänge zwischen den Grundrechenarten erkennen	Rechenmauern legen Rechenmauern ergänzen Selbst Rechenmauern gestalten	DIN A5-Blätter als Bausteine Zahlenkarten	Lerntagebuch AH S. 42 – 43 KV: Rechenmauern	23. bis 25.

Seiten-zahl	Thema	Mathematische Kompetenzen	Aktivitäten	Material	Vertiefende Übungen	Woche
70/71	Rechenspiele	Spielerisch Addition und Subtraktion üben	Spiele nachspielen Spielprotokolle anlegen Viele Zerlegungen der 12 finden	Würfel Zahlenkarten KV: 12 gewinnt!	KV: Wer belegt die 20? KV: Zielzahl 17	
72/73	Fehler suchen	Typische Fehler erkennen und vermeiden	Fehler suchen Ursachen von Fehlern erkennen		AH S. 44 – 45	
74/75	Sparen – Wünschen – Kaufen	Euro kennen lernen Mit Geldbeträgen rechnen	Spiel durchführen Nachspielen: Einkaufen und bezahlen Rückgeld in die Hand zählen	Würfel, Halmasetzer oder Muggelsteine Beilage: Spielgeld Dinge zum Einkaufen	AH S. 46 – 47	26.
76/77	Bezahlen / Rückgeld	Bezahlen und Rückgeld ermitteln				
78/79	Versteckspiel	Lagebeziehungen in Darstellungen erkennen und beschreiben Sich selbst im Raum positionieren und zielorientiert bewegen	Versteck spielen, Verstecke beschreiben Spiele im Freien beschreiben Spiele nachspielen (aufzeichnen und beschreiben)	Straßenkreide Hüpfgummi	Lerntagebuch AH S. 48 KV: Fridolin fangen	27. Bitte an Osterseiten denken (S. 108 – 111).
80/81	Hüpfspiele	Räumliche Orientierung durch Bewegung erfahren				
82/83	Spiegelaufgaben / Verdoppeln – Halbieren	Verdoppeln und Halbieren Kernaufgaben automatisieren	Mit dem Spiegel experimentieren Spiegeln zum Verdoppeln einsetzen	Spiegel, kleine Gegenstände Zehnerfelder	Lerntagebuch AH S. 49	28. oder 29.
84/85	Nachbaraufgaben / Versteckte Spiegelaufgaben	Aufgaben mithilfe von Nachbaraufgaben lösen Rechenwege nachvollziehbar darstellen und erklären	Verdoppelungsaufgaben einprägen Nachbaraufgaben daraus ableiten			
86/87	Schatzsuche	Rechnen mit Zehnerübergang	Spielplan beschreiben und mögliche Spielregeln entwickeln Spiele durchführen	KV: Spielregel „Schatzsuche" KV: Zehner sammeln	AH S. 50 – 52 Lerntagebuch KV: Streifendomino	30. oder 31.
88/89	Zehner sammeln	Ergänzen zur 10 Struktur des Zehnersystems verstehen	2 Karten, wenn möglich, gegen Zehner- und Einerkarte eintauschen			
90/91	Üben für den Rechenmeister I	Reflexion über das eigene Können Systematisierung des 1 + 1	Terme kennen lernen Terme auf Karten schreiben Aufgaben sortieren	KV: Term-Kärtchen KV: Rechenuhr	AH S. 53 – 61 KV: Die Plus-Rechentafel KV: Die Minus-Rechentafel KV: Rechenmeisteraufgaben	31. – 33.
92/93	Üben für den Rechenmeister II	Übungen an der Plus-Rechentafel	Plus-Tafel kennen lernen Mit der Plustafel üben			
94/95	Üben für den Rechenmeister III	Übungen an der Minus-Rechentafel	Minustafel kennen lernen Mit der Minustafel üben Mit Zahlenkarten 4 Aufgaben legen			
96/97	Üben für den Rechenmeister IIII	Produktives Üben	Mit der Rechenuhr experimentieren Selbst Rechenpäckchen erfinden Geschickte Rechenwege finden			

Seiten-zahl	Thema	Mathematische Kompetenzen	Aktivitäten	Material	Vertiefende Übungen	Woche
98/99	10 Kinder ... 100 Finger	Zahlen lesen, sprechen, darstellen Zehnerzahlen bis 100 kennen lernen und mit ihnen rechnen	Zehner darstellen Zehnerzahlen addieren und subtrahieren Mit Geld im Zahlenraum bis 100 rechnen	Material zum Bündeln KV: Zahlwort-Puzzle	AH S. 62 KV: Eine Postkarte für Felix	34.
100/101	Felix im Krankenhaus	Sachsituationen mathematisieren Daten aus Darstellungen entnehmen				
102/103	Paulas Uhren	Uhr kennen lernen Zeitpunkte ablesen	Zeitpunkte auf einer Uhr ablesen und benennen Tagesablauf einteilen Geschehnisse des Tages mit Zeitpunkten in Verbindung bringen	KV: Spieluhr	AH S. 63–64 KV: Uhrendomino KV: Dein Tag	35. bis 36.
104/105	Schnell oder langsam					
106/107	Bald ist Weihnachten	Ordnungszahlen Kalender kennen lernen und mit umgehen	Am Kalender den Monat Dezember untersuchen Adventskalender gestalten Zu besonderen Tagen des Dezembers malen Offene und geschlossene Türchen am Adventskalender betrachten	KV: Kalenderblatt	KV: 5. Dezember KV: Weihnachtsdomino	Themen jahreszeitlich richtig einsetzen
108/109	Ostereier suchen	Sachsituationen mathematisieren	Ostereier suchen Ostereier verteilen Rechengeschichten zu Ostern erfinden	20 Schokoeier	KV: Rechengeschichten KV: Ostereier Lerntagebuch	
110/111	Muster malen	Formqualitäten (rund, eckig, spitz ...) erkennen Muster erkennen und fortsetzen				
112/113	Ein erfolgreiches Schuljahr	Überblick über Lernzuwachs Vergewissern des eigenen Könnens	Rückblick auf das 1. Schuljahr Selbsteinschätzung der Kinder erfragen	KV: Matheprofi-Diplom		
114/115	Anhang für Lehrer und Eltern	Mathematische Themenplanung				
116	Plus-Rechentafel	Plusaufgaben systematisch lernen				

AH: Arbeitsheft
KV: Kopiervorlage

Spielanleitungen zu den Spielkarten

Fridolin + 20
(Zahlen- und Punktekarten)

Ein Spiel enthält:

22 Karten mit den Ziffern 0 bis 10
10 Karten mit den Zahlen 11 bis 20
20 Zehnerfelder
11 davon können die Kinder selbst so gestalten, dass sie die Zahlen 0 bis 10 darstellen (vgl. Kopiervorlagen Seite 154–155);
wir sprechen dann von Punkte- oder Zahlbildkarten.

Einfache Spiele zum Aufbau von Zahlvorstellungen:

1. Schnipp Schnapp

Spielvorbereitung:
Ein Stapel von 10 Spielkarten mit den Ziffern 1 bis 10 (ein Satz),
ein Stapel von 10 entsprechende Punktekarten (ein Satz).
2 Spieler
(einer erhält die Ziffernkarten, der andere die Punktekarten)

Die Karten in jedem Stapel werden gemischt; sie liegen verdeckt und gestapelt vor den Spielern.

Spielregel:
Ein Spieler gibt das Kommando: „Schnipp".
Beide Spieler decken die oberste Karte auf.
Der Spieler, der zuerst erkennt, dass Zahl- und Punktekarten zusammenpassen, ruft „Schnapp" und darf beide Karten einsammeln.

Sind alle Karten gespielt, wird neu gemischt. Es wird so lange gespielt, bis alle 10 Paare gefunden wurden. Wer am Ende die meisten Karten besitzt, hat gewonnen.

2. Null verliert (wie „Schwarzer Peter")

Spielvorbereitung:
11 Zahlenkarten von 0 bis 10
10 Punktekarten von 1 bis 10
3 Spieler

Die Karten werden gemischt und ausgeteilt. Jeder Spieler erhält 7 Karten.

Spielregel:
Es wird reihum gezogen; wer ein Kartenpaar besitzt, kann es ablegen. Wer am Ende die meisten Paare abgelegt hat, ist Sieger.

3. Die größte Zahl gewinnt (Stechen)
(Schulbuch S.15)

Spielvorbereitung:
2 Sätze Zahlenkarten von 1–10, 1–12 oder 1–20
2 Spieler

Jeder Spieler mischt seine Karten und legt den Stapel umgedreht vor sich hin.

Spielregel (Verlauf):
Beide Spieler decken gleichzeitig die oberste Karte auf. Wer die höchste Zahl hat, erhält beide Karten. Die nächsten Karten werden aufgedeckt.

Wer am Ende die meisten Karten besitzt, hat gewonnen.

4. Würfeln und Zahlenkarten belegen
(Schulbuch S. 40)

Spielvorbereitung:
2 Sätze Zahlenkarten von 1–10
2 Sätze Punktekarten von 1–10
2 Würfel
2 Spieler

Jeder Spieler legt seine Zahlenkarten geordnet vor sich hin. Die Punktekarten liegen ebenfalls offen vor den Spielern.

Spielverlauf:
Es wird abwechselnd gewürfelt. Die Augenzahlen werden addiert oder subtrahiert. Auf die errechnete Zahl legt der Spieler dann die entsprechende Punktekarte. Sieger ist derjenige, der zuerst alle Zahlenkarten belegen konnte.

Vorschlag:
2 Sechsen gelten als Joker. Es darf jede beliebige Zahl belegt werden. Bei einer Sechs und einer Fünf kann nur die Eins (6 – 5) belegt werden.

5. Variation zu Spiel 4

Spielvorbereitung wie oben

Spielverlauf:
Ein Spieler würfelt und addiert die Augenzahlen. Er deckt die Zahlenkarte mit der errechneten Zahl zu. Er kann auch 2 Zahlenkarten zudecken, die zusammen den errechneten Wert haben.
Jeder darf so lange weiterspielen, bis er seine Augensumme nicht mehr verwerten, d. h. die entsprechende Zahl nicht mehr ganz oder zerlegt abdecken kann. Dann werden die unverdeckten Zahlen zusammengerechnet.
Der zweite Spieler ist dran. Wer die kleinste Endzahl hat, bekommt einen Punkt.
Die nächste Runde beginnt.

Spielanleitungen zu den Spielkarten

Spiele für Fortgeschrittene (2. Schuljahr):

6. Zahlen umzingeln

Spielvorbereitung:
4 Kartensätze von 1 bis 10
4 Joker

Eine Zielzahl wird festgelegt und auf ein Blatt geschrieben. Alle Karten werden gemischt und verdeckt aufgestapelt.

Spielverlauf:
Der Spieler, der beginnt, zieht eine Karte. Er legt sie offen auf den Tisch. Der nächste Spieler legt seine Karte daneben und addiert die Kartenwerte. Jeder folgende Spieler addiert nun seinen Kartenwert zu der zuletzt genannten Zahl. Es darf auch subtrahiert werden, wenn die Zielzahl überschritten ist. Wer die Zielzahl genau trifft, erhält einen Punkt (eine Spielmarke o. Ä.).

Variation:
Es können 4 Joker eingesetzt werden (z. B. die Karten mit der Ziffer Null). Für den Joker darf jede Zahl eingesetzt werden.

7. Zahlen-Scrabble

Spielvorbereitung:
4 Sätze Karten 0 bis 10

Es wird eine Zielzahl bestimmt und auf ein Blatt geschrieben. Die Karten werden gemischt. Jeder Spieler erhält 8 Karten.

Spielverlauf:
Jeder Spieler versucht, die Zahlenkarten so zu kombinieren, dass die Zielzahl erreicht wird. Jede Rechenart ist erlaubt. Wer die Zielzahl erreicht, erhält einen Punkt.

Variation:
Es kann auch vereinbart werden, dass jeder Spieler so viele Punkte erhält, wie er Karten verwendet hat, um die Zielzahl zu erreichen.

Das Früchtespiel

Ein Spiel enthält:
30 Karten mit Früchten
2 Joker

Spielanleitung:
Jeder von euch erhält 6 Karten. Eine Karte vom Stapel wird aufgedeckt.
Vergleiche deine Karten mit der aufgedeckten. Hast du auf einer Karte genau eine Frucht mehr als auf der aufgedeckten Karte? Dann darfst du die Karte anlegen.
Jeder von euch darf einmal beginnen.
Gewonnen hat, wer zuerst alle Karten abgelegt hat.

Früchtespiel

17

Früchtespiel

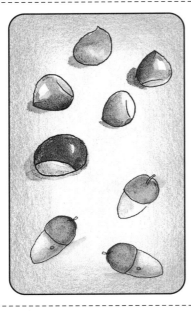

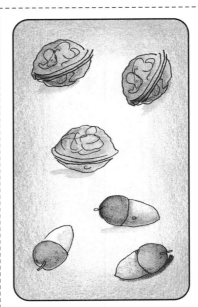
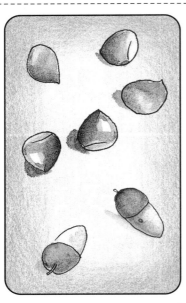

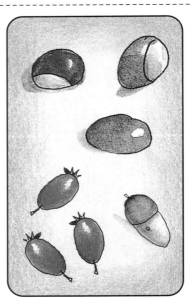

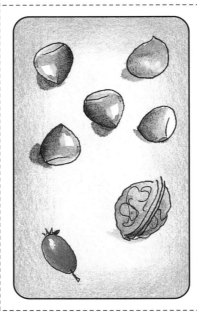

Früchtespiel 19

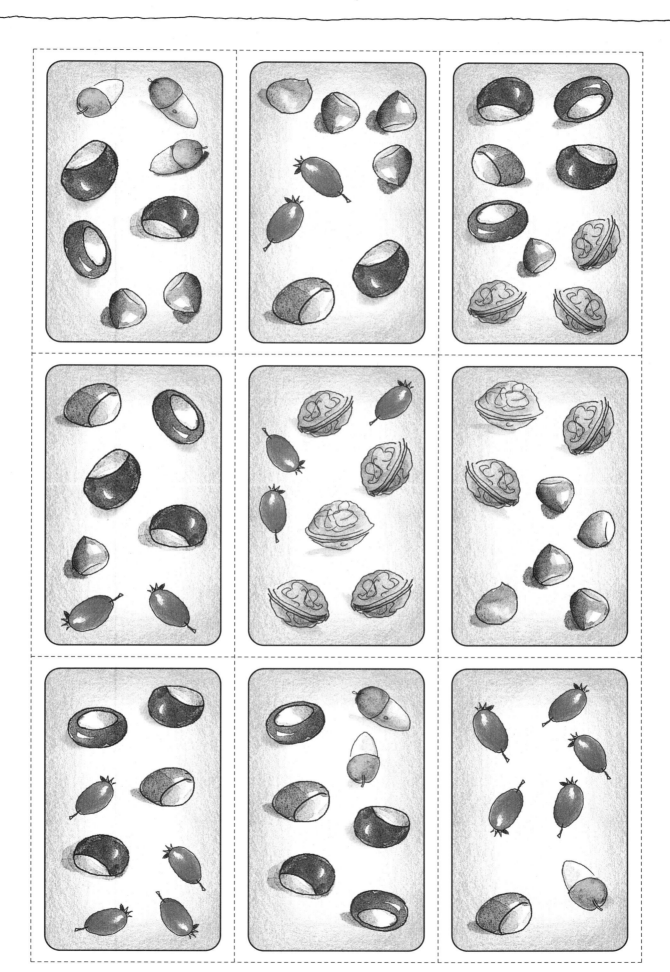

Früchtespiel

Fridolin + 20 (Zahlen- und Punktekarten) 21

22 Fridolin + 20 (Zahlen- und Punktekarten)

Fridolin + 20 (Zahlen- und Punktekarten)

24 Fridolin + 20 (Zahlen- und Punktekarten)

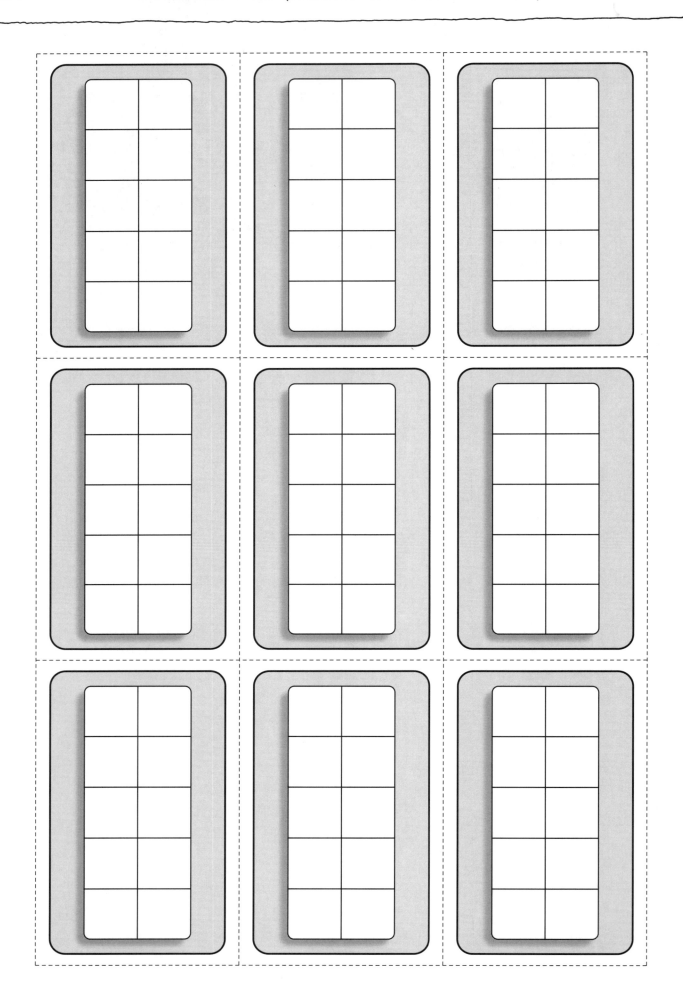

Name: _____   eins   25
Datum: _____

26 zwei

Name: _____

Datum: _____

Name: _____
Datum: _____

drei   27

28 vier

Name: _____

Datum: _____

Name: _____ fünf 29
Datum: _____

30 sechs Name: _____
Datum: _____

Name: _____
Datum: _____

sieben

31

32 acht

Name: _____
Datum: _____

Name: _____
Datum: _____

neun

33

34　　　　　null　　　　　Name:
　　　　　　　　　　　　　Datum:

Biografien der Matheprofis 35

Die Matheprofis sind keine beliebigen austauschbaren Kinderfiguren, sondern kleine Persönlichkeiten, die ihre eigene Biografie und ihre spezifischen mathematischen Vorlieben haben. Sie sind mehr oder weniger Identifikationsfiguren für die Kinder Ihrer Klasse. Deshalb war es uns auch wichtig, multikulturelle Hintergründe zu berücksichtigen. Je nach der Situation Ihrer Klasse und auch nach Ihren eigenen pädagogischen Intentionen, können Sie den biografischen Hintergrund ausbauen oder auch nicht. Die Matheprofis leben einen aktiven, lustvollen Umgang mit mathematischen Fragestellungen vor. Sie sind aber nicht unfehlbar. Wie alle Kinder dürfen sie probieren und auch Fehler machen.

Paula lebt bei ihrem Vater. Sie ist daher schon recht selbstständig und somit geschickt in praktischen und organisatorischen Dingen. Ihr soziales Verhalten ist sehr positiv. Ihre mathematischen Stärken: Sie kommt auf originelle Ideen, hat den Zusammenhang von Plus- und Minusaufgaben schnell erkannt und rechnet gern minus (S. 22/23, S. 59 und S. 63). Sie denkt sich gern Rechengeschichten aus und am Ende des Buches erfahren wir etwas über ihren Tageslauf. Sie kann schon recht früh die Uhr lesen. Auch in den weiteren Jahrgängen wird sie sich als Expertin im Umgang mit der Größe Zeit erweisen.

Rosas Vater ist Italiener, ihre Mutter ist Deutsche. Rosa wächst zweisprachig auf, was allerdings im ersten Schuljahr noch nicht zur Sprache kommen wird. Sie ist sehr selbstbewusst und trägt auch gern schöne Kleider. Unsere Grafikerin fand, dass sie Ballettunterricht haben sollte. Für unser mathematisches Anliegen hat Rosa eine zentrale Rolle. Sie erkennt rasch Zahlbeziehungen und Gesetzmäßigkeiten und nutzt diese auch für das Rechnen (S. 97) und bei den Rechenstrategien im zweiten und dritten Schuljahr.

Olgun ist türkischer Herkunft, er spricht gut deutsch, zu Hause auch türkisch. Sein Hobby ist Fußballspielen. Er ist der kleinste von vier Geschwistern. Seine Familie betreibt einen Lebensmittelladen. Seine mathematische Stärke ist das Zahlenrechnen, sein Ehrgeiz besteht darin, die Grundaufgaben möglichst bald auswendig zu können (vgl. S. 97). Außerdem kann er gut mit Geld umgehen.

Felix isst gerne, soll aber trotzdem nicht dick sein. Seine Kleidung ist etwas lässig (ein Western-Typ fand unsere Grafikerin Julia Ginsbach). In der Klasse hat er sich besonders mit der kleinen Irina angefreundet. Felix ist etwas langsam im Rechnen und kann damit durchaus eine Identifikationsfigur für Kinder sein, die mit dem Rechnen noch Mühe haben. Hier wirkt er insofern vorbildhaft, als er seine praktischen Fähigkeiten zu nutzen versteht, materialbezogen arbeiten kann und gern Rechenmaschinen baut (z. B. S. 62 und S. 96). Seine originellen „Maschinen" verschaffen ihm auch die Bewunderung der anderen.

Irina ist noch ein bisschen verträumt. Sie könnten für Aussiedlerkinder als Identifikationsfigur dienen. Im zweiten Schuljahr wird Irinas Uroma (Babuschka) 100 Jahre alt. Irinas mathematische Stärken liegen im ästhetischen Bereich. Sie kann gut malen, falten und basteln und sie schreibt sorgfältig. Diese Fähigkeiten nützen ihr vor allem in der Geometrie (vgl. S. 46-47), aber auch in der Arithmetik, denn auch hier protokolliert sie gern und zeichnet exakt und ästhetisch ansprechend. Ihre Fantasiewelt hilft ihr auch beim Rechnen. So stellt sie sich bei den Analogieaufgaben vor, dass man Züge abhängt (S.58).

Fridolin ist eine Comicfigur, die ebenfalls wichtige Funktionen hat. Er macht bisweilen Fehler, bringt aber auch neue mathematische Gesichtspunkte ein. Fridolins Lieblingszahl ist die Null. Er macht immer wieder auf das Rechnen mit der Null aufmerksam.

Seite 4/5: Lauter Zahlen

Ziele/Lehrplanbezug

Aktivierung der Vorerfahrungen:
- Wiedererkennen bekannter Zahlzeichen
- Zu den Zahlen eigene Erfahrungen berichten

Didaktische Überlegungen

Die fünf Matheprofis werden hier erstmals vorgestellt. Paula, Rosa, Olgun, Felix und Irina. Sie begleiten die Schüler/innen durch das Schulbuch, bieten Identifikationsmöglichkeiten für verschiedene Zugänge zur Welt der Zahlen und zeigen verschiedene Kompetenzen in mathematischen Tätigkeitsfeldern.

Die Matheprofis verkörpern ein Spektrum von Individualitäten, die unterschiedliche soziale und kulturelle Verhältnisse spiegeln, aber auch verschiedene Vorlieben und subjektive Zugänge zur Mathematik (vgl. Biografien S. 35).

In den Biografien der Matheprofis sind individuelle und soziale Erfahrungen sowie multikulturelle Aspekte berücksichtigt. Da die Schüler/innen bereits Vorerfahrungen im Zusammenhang mit Zahlen mitbringen, sollten sie immer wieder Gelegenheit erhalten, ihr bereits vorhandenes Wissen einzubringen. Hierdurch wird eine Verankerung des neu Gelernten in bereits vorhandene Wissensstrukturen gewährleistet. Die ersten Schulbuchseiten geben neben den vorgeschlagenen Aktivitäten Gelegenheit solche Vorerfahrungen zu aktivieren. Die Frage nach der Lieblingszahl regt zur Selbstreflexion an: Was mag ich und warum? Dieses selbstreflexive Denken wird später eine wichtige Komponente bei der Analyse von Lösungswegen und Lösungsschwierigkeiten sein.

Indem Kinder ihre persönlichen Vorlieben und Assoziationen zu Zahlen formulieren, füllen sich nicht nur die Zahlen mit Leben und werden in ihren vielfältigen Anwendungsmöglichkeiten bewusst, auch die subjektiven Zugangsweisen der Kinder werden deutlicher. Indem diese thematisiert werden, holt man die Schüler/innen dort ab, wo sie stehen.

Die Frage nach der Lieblingszahl ist sehr aufschlussreich. Wir erhielten unterschiedliche Aussagen zu Lieblingszahlen: Die persönliche Bedeutsamkeit ist sicher am wichtigsten, aber wir haben auch ästhetische Begründungen gefunden: „Die Neun, das klingt so schön." Oder: „33, zwei gleiche Zahlen, das ist schön." Kinästhetische Erfahrungen wie rund und eckig, wie sie beim Zahlenschreiben deutlich spürbar werden, spielen eine wichtige Rolle: „Die Null mag ich, das ist wie einen Purzelbaum schlagen."

Die Aktivierung der Vorerfahrungen ist eine wichtige Ausgangsbedingung für konstruktives Lernen. Die angebotene Situation ähnelt in ihrer Komplexität Situationen aus der Erfahrungswelt von Kindern. Nicht alles wird sofort verstanden. Bekanntes wird von noch nicht Bekanntem unterschieden. Es geht zunächst um ein Erkennen der Zahlzeichen. Im Weiteren (Schulbuch Seite 6/7) sollen Zahlen (Zahlzeichen) in Verwendungszusammenhängen aufgespürt werden. Der Anzahlaspekt ist für die Zahlvorstellung und die Grundlegung des Rechnens bedeutsam, ist aber in der Lebenswelt nur einer unter vielen Zahlverwendungen.

Anregungen zur Unterrichtsgestaltung

Klassenaktivität:

Im Stuhlkreis werden aus einer Schultüte Zahlenkarten von 0 bis 20 in die Kreismitte gestreut. Es können ruhig einige verdeckt sein, die dann nacheinander aufgedeckt werden. Die Kinder werden spontan die ihnen bekannten Zahlzeichen nennen. Falls von den Kindern die Idee der Ordnung kommt, kann man darauf eingehen. Es wird aber im Folgenden noch häufig Gelegenheit zum Ordnen bestehen. Wer eine Zahl kennt, darf sich die Karte nehmen und etwas dazu erzählen.

Einige Kinder dürfen sich eine Zahl mit nach Hause nehmen. Sie sollen darauf achten, wo sie ihre Zahl entdecken, um am nächsten Tag im Sitzkreis davon zu erzählen.

Vor der Arbeit mit dem Schulbuch sollte eine Geschichte von den Matheprofis erzählt werden.

Sie könnte etwa so gehen:

Paula, Rosa, Olgun, Felix und Irina sind fünf Freunde. Sie sind zusammen im Kindergarten gewesen und haben sich nun auf die Schule gefreut, aber auch ein wenig Angst gehabt. Paulas Vater hat sich frei genommen, um bei der Schulfeier dabei zu sein. Die Lehrerin hat sie an der Tür begrüßt und ihnen ein Namenskärtchen geschenkt. Dann hat die Lehrerin eine Schultüte ausgeschüttet, in der lauter Zahlen waren. Einige kannten die Kinder schon. Sie durften sie nehmen und etwas dazu erzählen. Die Lehrerin hat gesagt: „Am Ende des Schuljahrs werden alle Kinder die Zahlen gut kennen und damit rechnen können."

Die Geschichte kann nach Belieben ausgeschmückt werden. Biografische Elemente, die im Verlauf des Schulbuchs immer wieder eine Rolle spielen werden, sollten berücksichtigt werden (vgl. dazu Seite 35). Zum besseren Kennenlernen der Matheprofis können auch die Bilder der 5 Matheprofis (Kopiervorlagen S. 210–214) in der Klasse aufgehängt werden oder das Poster der Matheprofis auf der 1+1-Tafel (Bestellnummer 80743-9) betrachtet werden.

Differenzierung/Freiarbeit

Collage:

Aus Prospekten, Zeitungen und Ähnlichem können die Kinder Zahlen ausschneiden und eine Collage anfertigen. Hier geht es vor allem darum, die Zahlzeichen auch in verschiedenen Schriftarten wieder zu erkennen, während es auf den Schulbuchseiten 6/7 und in der Vorbereitung der Zahlenausstellung (Schulbuchseiten 20/21) darum gehen wird, die Zahlen in ihren verschiedenen Verwendungsaspekten und in ihrem tatsächlichen Gebrauch in der Alltagswelt zu entdecken.

Freiarbeit mit Zahlenkarten:

In Partnerarbeit können die Kinder die Zahlenkarten der Reihenfolge nach ordnen. Der Partner darf eine Zahl wegnehmen, während ein Kind die Augen schließt. Nachdem die Karten zusammengeschoben worden sind, soll das Kind sagen, welche Zahl fehlt.

Lerntagebuch

Das Lerntagebuch, am besten ein weißes, unliniertes DIN A4 Heft, wird im Laufe des ersten Schuljahrs ein wichtiges Instrument sein, um den Selbstreflexionsprozess der Kinder zu unterstützen. Im Lerntagebuch können die Kinder zunächst die Zahlen aufschreiben, die sie schon kennen. Zu ihrer Lieblingszahl können sie ein Bild malen. Im Sitzkreis stellen sie ihre Zahl vor.

Arbeitsheft

Seite 2
- „Male die gleichen Zahlen mit der gleichen Farbe an." (Nach Möglichkeit bereits hier auf die Schreibrichtung achten.)

Kopiervorlagen
- Ziffernschreibkurs (Seite 25–34)
- Zahlenkarten (Seite 21–23)
- Bilder der Matheprofis (S. 210–215)

Material

- Zahlenkarten 1–0
- Weitere Zahlen, z. B. von Kalenderblättern, aus Prospekten usw.
- Eine Schultüte, ein Briefumschlag oder Ähnliches

Seite 6/7: Zahlendetektive

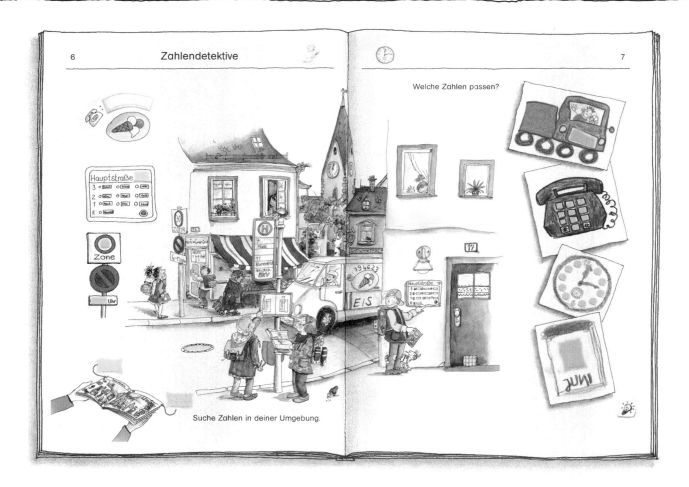

Ziele/Lehrplanbezug

- Aktivierung des Vorwissens über Zahlen
- Bewusste Beobachtung der Umwelt
- Entdecken von Zahlen in der Umwelt
- Interesse an Zahlen gewinnen

Fächerverbindende Aspekte

- Ziffern (Zahlzeichen) und Formen in unserer Umwelt erkennen
- Erkundung des Nahraums

Didaktische Überlegungen

Die Kinder werden angeregt, sich den Zahlen in ihrer Umgebung bewusster zuzuwenden. Dabei sollen die Zahlzeichen wiedererkannt werden, zugleich sollen die Zahlen aber auch in ihren Verwendungszusammenhängen erkannt werden. Damit wird ein Sinnrahmen geschaffen, der das Lernen von Zahlen zusätzlich motiviert. In der Alltagswelt begegnen uns Zahlen in Form von Kodierungen wie bei Auto- und Telefonnummern, Größen wie bei Preisen, Ordnungszahlen wie bei Stockwerken, Fernsehsendern, Heizstufen, Nummerierungen wie bei Hausnummern, Reihenfolgen wie bei Zahlenanordnungen auf der Uhr, auf dem Telefonapparat, auf dem Maßband etc. Diese vielfältige Verwendung wird den Kindern die Wichtigkeit der Zahlen deutlich machen, auch wenn sie einzelne Zahlverwendungen noch nicht kennen. Die Bedeutung der Zahlen und das Bedürfnis der Kinder, ihre Lebenswelt zu verstehen und sich darin kompetent verhalten zu können, bildet das Grundmotiv für die engagierte Beschäftigung mit Zahlen und die Erweiterung und Festigung der Teilkompetenzen im Umgang mit ihnen. Wir gehen von relativ komplexen Situationen aus und üben und festigen in der Folge (vor allem mit den Kindern, die das brauchen) die einfachen und grundlegenden Bereiche.

Anregungen zur Unterrichtsgestaltung

Klassenaktivität:

Wir betrachten Gegenstände oder Abbildungen von Gegenständen mit Zahlen, z.B. eine Uhr. Wer kann die Zahlen darauf schon lesen? Was bedeuten sie? Vorausgehend haben die Kinder den Auftrag bekommen, zu Hause zu beobachten, wo sie Zahlen entdecken. Die Gegenstände sollen sie in ihr Lerntagebuch zeichnen. Vielleicht kann man auch einen gemeinsamen Unterrichtsgang machen und schauen, wo man Zahlen entdecken kann. Hierzu müssen Zettel und eine harte Schreibunterlage mitgenommen werden.

Im Schulbuch sieht man die fünf Matheprofis auf der Suche nach Zahlen auf ihrem Schulweg.

Sie können erzählen, welche Zahlen das sind und haben vielleicht einige Erfahrungen dazu beizutragen. In den Zeichnungen der linken Seite finden die Kinder dann noch isolierte Bilder aus der Gesamtszene. Die Kinder sollen die Ausschnitte in der großen Szene wieder finden und die fehlenden Zahlen ergänzen. Die Kinderzeichnungen auf der rechten Seite zeigen weitere Gegenstände, nun schon aus der Situation herausgelöst, in denen aber erkennbar Zahlen fehlen. „Hier haben andere Kinder etwas gemalt. Da fehlt doch etwas?" Die Kinder können die Bilder nach ihrem Vorwissen mit Zahlen (und Buchstaben) ergänzen (siehe auch Material).

Differenzierung/Freiarbeit

In den kommenden Wochen sollte darauf geachtet werden, dass die Zahlen richtig geschrieben werden. Auf den Seiten 25–34 dieses Lehrerbandes gibt es Kopiervorlagen zum Ziffernschreibkurs, der von den Kindern je nach ihren individuellen Voraussetzungen in der Freiarbeit bearbeitet werden kann. Der Ziffernschreibkurs dient dazu, die richtige Schreibweise der Zahlzeichen zu üben. Richtige Schreibweise bedeutet die Einübung der üblichen Schreibfigur.

Die Kinder können die Ziffern in der Luft oder auf dem Rücken des Partners üben oder indem sie Velour- oder Sandpapierziffern nachfahren. Weitere Möglichkeiten die Ziffernschreibweise zu üben bestehen darin, die Zahlzeichen im Sand zu schreiben oder Pfeifenreiniger zu biegen und auf Karten aufzukleben. Die Zahlzeichen können dann in Schreibrichtung nachgefahren werden. Den Fühlkasten setzen wir hier nicht ein, da bei ihm die Einhaltung der Schreibrichtung nicht gewährleistet ist.

Lernbeobachtung

Ziffernschreibweise, spiegelverkehrtes Schreiben:

Am Beginn der Schulzeit kommt es bei vielen Kindern noch häufig dazu, dass sie Zahlen spiegelverkehrt schreiben. Oft findet man auch die richtige und die spiegelverkehrte Darstellung gleichzeitig. Dies ist am Anfang „normal" und noch kein Anlass zur Besorgnis. Im Gegenteil, wir können hier bereits eine wichtige visuelle Wahrnehmungsfähigkeit erkennen: das Erkennen einer Gestalt unabhängig von ihrer Lage (Wahrnehmungskonstanz). In der Geometrie wird dies gefordert: □ und ◇ sollen als Quadrat erkannt werden.

Bei den Buchstaben dagegen ist es wegen der unterschiedlichen Bedeutung beispielsweise bei b, d und p, q notwendig, die gleiche Form in unterschiedlicher Raumlage verschieden zu deuten.

Spiegelverkehrte Zahlen sollten also nicht als „Fehler" gebrandmarkt werden. Dennoch sollten die Kinder natürlich allmählich zu der richtigen Schreibweise geführt werden. Der Ziffernschreibkurs ist hier eine Hilfe. Wenn bestimmte Kinder in den nächsten Wochen weiterhin große Schwierigkeiten mit der Raumlage von Zahlzeichen (und Buchstaben) haben sollten, sollte man mit ihnen ausgeschnittene Zahlen drehen und klappen und mit ihnen besprechen, wie man sich die richtige Schreibung merken kann. Die Kinder sollten sich dabei selbst Merkhilfen ausdenken.

Lerntagebuch

Kinder zeichnen Gegenstände aus ihrer Umgebung mit Zahlen frei in ihr Heft.

Arbeitsheft

Seite 3
- Taschenrechnerzahlen ankreuzen entsprechend Zahl in der Anzeige ankreuzen
- Ziffernschreibkurs: 1

Kopiervorlagen

- Ziffernschreibkurs 1 (Seite 25).

Hier beginnt der Ziffernschreibkurs. (Kopiervorlagen S. 25–34). Man kann die ausgefüllten Blätter der Schüler sammeln und zum Schluss an die Kinder als persönliches Ziffernheft aushändigen.

Material

Von Anfang an sollten sich die Kinder am Beschaffen von Anschauungs- und Arbeitsmaterialien beteiligen. Hier können sie Gegenstände bzw. Abbildungen mitbringen, auf denen Zahlen abgebildet sind wie z. B. eine Uhr, eine Fernsteuerung, einen Taschenrechner, aber auch Preisschilder, Verpackungen, Fahrpläne etc.

Für die Übung der Ziffernschreibweise:
- Kartondeckel mit Vogelsand gefüllt
- Velours- oder Sandpapierziffern
- Pfeifenreiniger
- Holzfiguren in Ziffernform (oder Karton) zum Drehen und Klappen von Ziffern

Seite 8 / 9: Wüfelspiele / Unsere Namen

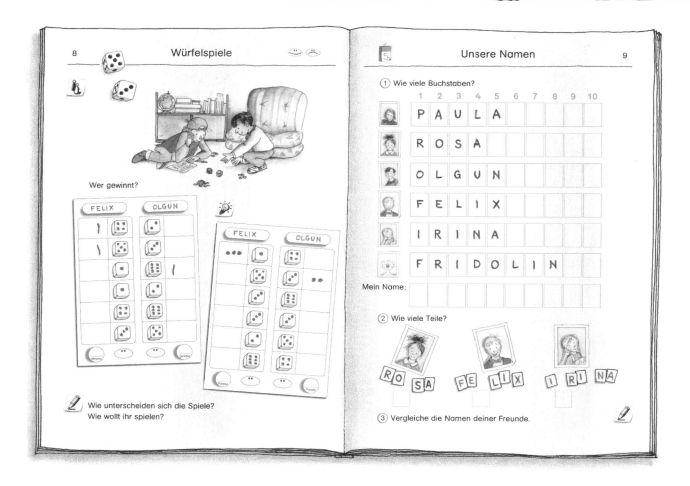

Ziele/Lehrplanbezug

- Festigung der Anzahlvorstellung
- Vergleichen von Anzahlen durch Überblicken (mehr, weniger, gleich viel)
- Würfelaugenzahlen vergleichen: mehr – weniger
- Die Differenz zwischen Würfelzahlen bestimmen und mit entsprechend vielen Plättchen legen
- Anbahnen bzw. Aktivierung von Vorerfahrungen zu Längen
- Beziehung von Anzahl und Länge erkennen
- Erste Erfahrungen zum Ablesen von Tabellen

Fächerverbindende Aspekte

Ein wichtiger Bereich der unterrichtlichen Arbeit am Beginn des ersten Schuljahres besteht darin, den Kindern Gelegenheit zu geben, sich kennen zu lernen und als Gruppe, später als Klassengemeinschaft zusammenzuwachsen. Als fächerverbindende Themen werden in diesem Zusammenhang häufig „Ich habe einen Namen" und „Ich und die anderen" vorgeschlagen.

Weitere Aktivitäten ergeben sich im Bereich Lesen und Schreiben. Welche Buchstaben kennt ihr schon? Wer hat ein A im Namen? Etc.

Didaktische Überlegungen

Würfelzahlen sind den meisten Kindern am Schulanfang bereits vertraut. Sie kennen sie aus verschiedenen Spielsituationen. Solche Spiele vermitteln eine Reihe mathematischer Grunderfahrungen. So kann hier bereits ein Vergleichen von Anzahlen (mehr – weniger) gut geübt werden. Auch dies – so unsere Erfahrungen – bewerkstelligen viele Schulanfänger bereits ohne Mühe. Schwieriger ist es schon, die Differenz zwischen zwei Würfelzahlen anzugeben. Der zweite Spielvorschlag soll dazu animieren. Absichtlich „gewinnt" hier derjenige mit der kleineren Augenzahl, um die Prägung „mehr gleich besser" nicht zu sehr zu fixieren. Nicht alle Kinder werden die Differenz zwischen den Augenzahlen bereits bestimmen können. Die Beobachtung, wie sie dabei vorgehen, gibt Ihnen als Lehrerin Aufschluss über bereits erworbene Schemata (siehe Lernbeobachtung). Mit einiger Übung werden die Kinder ihr Vorgehen von selbst optimieren.

Anregungen zur Unterrichtsgestaltung

Schön wäre es, wenn die Kinder aufgrund der Betrachtung der Schulbuchseite die Regeln selbst erkennen und formulieren können, sinngemäß also: „Die größere Zahl gewinnt, dafür bekommt man einen Strich." Oder: „Wer weniger hat, bekommt so viele Plättchen, wie ihm bis zur Augenzahl des Anderen fehlen." Die Würfelergebnisse werden in eine Tabelle eingetragen (siehe Kopiervorlage Seite 43).

Interessant wird sein, für welche Spielvariante sich die Kinder entscheiden.

Die **Namenstabelle** kann als Klassen- oder Gruppenaktivität erstellt werden oder aber in Freiarbeit. Zunächst sollten die Kinder ihre Namen in eine vorgefertigte Tabelle eintragen (Kopiervorlage Seite 43). Dabei ist darauf zu achten, dass jeder Buchstabe in ein Kästchen kommt. Die Tabelle kann auch in Streifen geschnitten werden. Jetzt können die Namensstreifen direkt miteinander verglichen werden.

Aufgaben könnten sein:
- Suche einen Partner mit gleich langem Namen.
- Suche einen Partner, mit dem du zusammen 10 (12) Buchstaben hast. (Prüfen durch Anlegen an der Zahlenleiste der Tabelle)
- Suche dir einen Partner. Wie viele Buchstaben habt ihr zusammen?
- Suche 2 Partner, mit denen du eine Treppe legen kannst.

Differenzierung/Freiarbeit

Pflaumenkernspiel oder „Plättchen werfen"
(siehe Kopiervorlage Seite 44):

Man braucht 10–12 getrocknete Pflaumenkerne oder Wendeplättchen. Diese werden auf der einen Seite grün (oder mit einer anderen Farbe) gefärbt. Auf diese Weise hat man eine Art Wendeplättchen hergestellt. Außerdem benötigt man 20 Bohnen oder Spielmarken. Die Pflaumenkerne werden in der Hand oder in einem Würfelbecher geschüttelt. Die Kerne, die mit der grünen Seite nach oben liegen, werden gezählt. (Vielleicht lässt sich die Anzahl auch überblicken.) Wer mehr grüne Pflaumenkerne hat, bekommt eine Spielmarke. Wer nach 10 Runden die meisten Spielmarken hat, hat gewonnen.

Lernbeobachtung

- Kann das Kind die höhere Augenzahl auf einen Blick erkennen?
- Kann das Kind die Differenz zwischen zwei Würfelaugen bestimmen?
- Wie geht es dabei vor?
- Zählen von Anfang an? Weiterzählen?
- Auf einen Blick?

Lerntagebuch

- Eigene Spielverläufe dokumentieren

Kopiervorlagen

- Notationstabelle: Wie viele? (Seite 42)
- Namenstabelle (Seite 43)
- Spiel „Plättchen werfen" (Seite 44)

Material

- 2 Würfel
- Für das Spiel Pflaumenkernspiel oder „Plättchen werfen": 10–12 Plättchen oder Pflaumenkerne und ca. 20 Bohnen oder Spielmarken

42 Wie viele?

Name: _____
Datum: _____

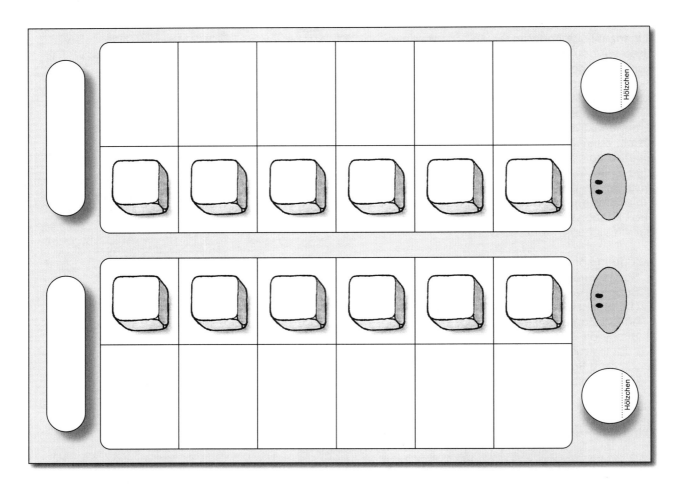

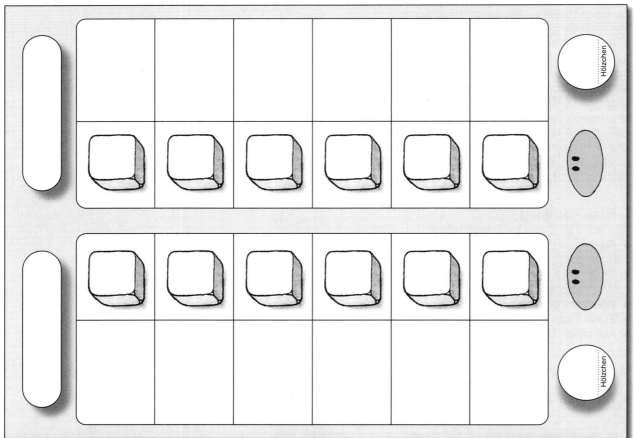

Name: _____
Datum: _____

Unsere Namen

1	2	3	4	5	6	7	8	9	10

44 Plättchen werfen

Name: _____
Datum: _____

Spielanleitung

Nehmt 10 Wendeplättchen. Legt eine Siegerseite fest. Werft sie in die Höhe.
Zählt nun nur die Plättchen, die auf die „Siegerseite" gefallen sind.
Für jedes dieser Plättchen bekommt ihr einen Punkt.
Wer nach 10 Runden die meisten Punkte hat, ist Sieger.

Ihr könnt eure Ergebnisse nach jeder Runde in die Tabelle eintragen.
Ihr könnt das Spiel auch mit einseitig bemalten Pflaumenkernen spielen.

Name: ----------------
Datum: ----------------

Immer 3, 4, und 5 Muscheln

45

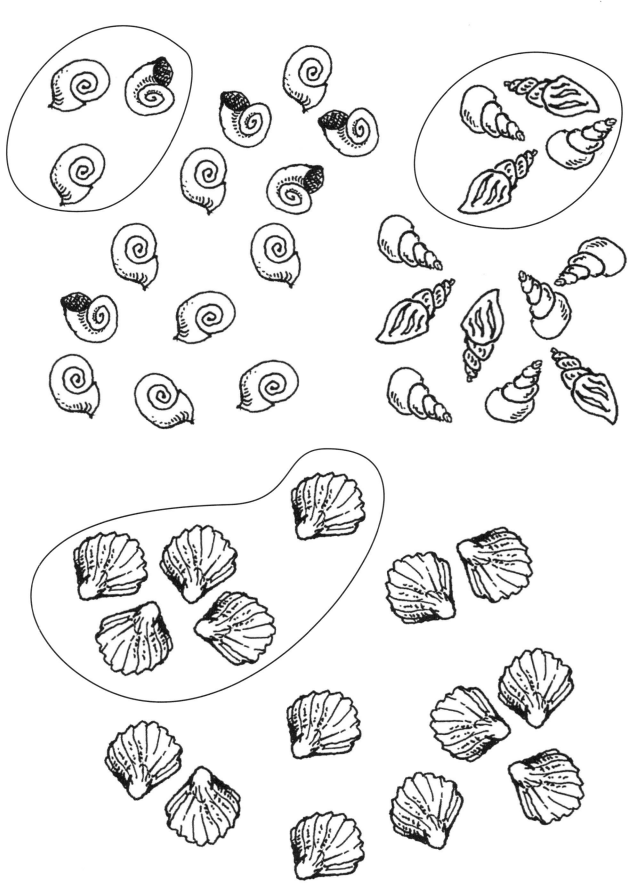

Seite 10/11: Wie viele?

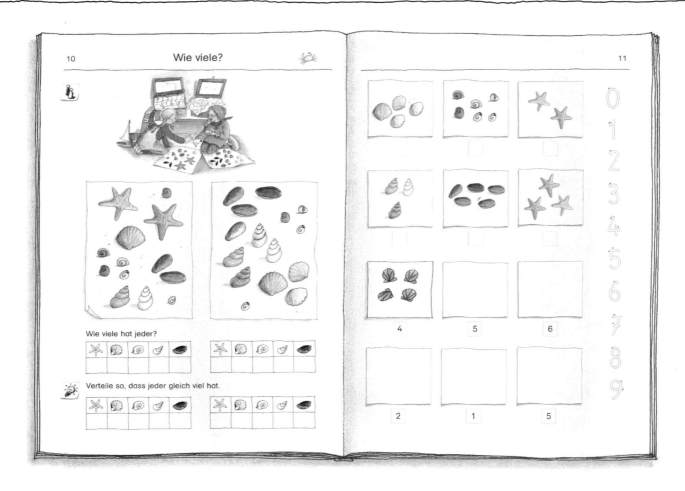

Ziele/Lehrplanbezug

- Festigung der Anzahlvorstellung
- Gleichartige Dinge einkreisen (klassifizieren)
- Zahlzeichen zuordnen
- Strichlisten anfertigen
- Vergleichen von Anzahlen durch Überblicken (mehr, weniger, gleich viel)
- Bestimmen von Anzahlen durch Zählen
- Ausgleichen von Anzahlen auf der Handlungsebene
- Zu kleinen Mengen Zahlzeichen schreiben bzw. zu Zahlen entsprechend viele Dinge malen

Fächerverbindende Aspekte

- Heimat- und Sachunterricht und Sprache: Das Sammelgut nach Herkunft, Name, Formqualitäten etc. sortieren und benennen

Didaktische Überlegungen

Sammeln ist eine bei Kindern beliebte Aktivität (vgl. auch: Sammeln im Herbst, Schulbuch Seite 18/19). Sicher haben einige Kinder aus dem Urlaub Muscheln mitgebracht oder sie haben andere Dinge gesammelt. Beim Betrachten der eigenen Schätze ergibt sich das Sortieren und Ordnen sehr natürlich. Wenn mehrere Kinder das Gleiche sammeln, liegt auch ein Vergleichen und Tauschen nahe. All diese Tätigkeiten sind grundlegend für das mathematische Arbeiten.

Natürlich sind die gesammelten Objekte auch immer Anlass zum Zählen. „Wie viele Muscheln haben Paula und Irina von jeder Sorte?" Anzahlen können festgestellt werden, genauso Differenzen. Dies kann vielleicht zu der Frage führen, wie man erreichen kann, dass wie in unserem Beispiel beide gleich viele Muscheln haben. Gleichzeitig sollen die Kinder Zahlvorstellungen entwickeln. So lernen die Kinder auch, kleinere Mengen simultan zu erfassen. Ungeordnete, größere Mengen müssen gezählt werden.

Anregungen zur Unterrichtsgestaltung

Bevor das Schulbuch aufgeschlagen wird, sollten die Kinder Gelegenheit haben, Gesammeltes mitzubringen und sich gegenseitig zu zeigen. Wahrscheinlich ergeben sich hier auch schon mathematische Aktivitäten. Ein Säckchen Muscheln kann dann im Sitzkreis Anlass zur Betrachtung und für Gespräche sein: Wo findet man solche Muscheln? Wo leben diese Tiere? Etc.

Wir sortieren nach Formen (Arten). Wovon gibt es am meisten? Wie viele von jeder Sorte? Die Anzahl wird durch Zählen bestimmt. Eine entsprechende Tabelle kann ins Lerntagebuch gezeichnet werden.

Die Schulbuchseite 10 fordert dazu auf, Irinas und Paulas Muscheln zu vergleichen. Im Gruppen- oder Klassengespräch können die Kinder ihre Entdeckungen formulieren. Folgende Fragen richten die Aufmerksamkeit auf die quantitativen Aspekte: Wie viele gelbe Muscheln hat Irina, wie viele hat Paula? Wer hat mehr? Wie viele hat Irina mehr? Paula möchte auch einen Seestern. Was könnte sie Irina dafür geben?

Die Tabelle dient dem Ordnen und Zählen von Muscheln. Weitere Zählaktivitäten werden auf S. 11 durchgeführt. Kinder schreiben zu Muschelbildern die entsprechenden Zahlen. Im Anschluss daran können die Kinder selbstständig Gesammeltes auch in größeren Zahlenräumen ordnen und zählen. Ihre Ergebnisse halten sie im Lerntagebuch fest.

Differenzierung/Freiarbeit

Kimspiel (Partnerspiel)
zur Förderung der visuellen Wahrnehmung:
- Verschiedene Muscheln und Steine anordnen (z. B. im Schuhkartondeckel mit Vogelsand)
- Ein Kind schließt die Augen, der Partner nimmt einen Stein weg (beliebig zu steigern).

Knöpfe sortieren (Einzel- oder Partnerarbeit):
- 12 ausgewählte Knopfpaare (möglichst unterschiedlich)
Ein Kind legt die Knöpfe in eine bestimmte Reihenfolge. Der Partner soll die entsprechenden Knöpfe in der gleichen Reihenfolge ordnen.

Lernbeobachtung

- Kann das Kind Anzahlen erfassen?
- Wie geht es dabei vor?
- Zählen von Anfang an? Weiterzählen?
- Auf einen Blick?
- Geht das Kind beim Ausgleichen planvoll vor?

Arbeitsheft

Seite 4
- Zuordnen von Anzahlen zu Würfelaugen bzw. von Anzahlen zu Zahlzeichen
- Ziffernschreibkurs: 2 und 3

Kopiervorlagen

- Immer 3, 4 und 5 Muscheln (Seite 45)
- Ziffernschreibkurs 2 und 3 (Seite 26 – 27)

Lerntagebuch

- Gesammeltes in eigene Tabellen eintragen

Material

- Gesammeltes aus dem häuslichen Bereich (evtl. auch im Kindergartenhandel zu kaufen)
- Für die Spiele verschiedene Kleinteile, die sich zum Sammeln eignen, mitbringen oder mitbringen lassen, u. a. Knöpfe (jeweils paarweise gleich)
- Schuhkartondeckel mit Vogelsand

Seite 12/13: Um die Wette / Schöne Ketten

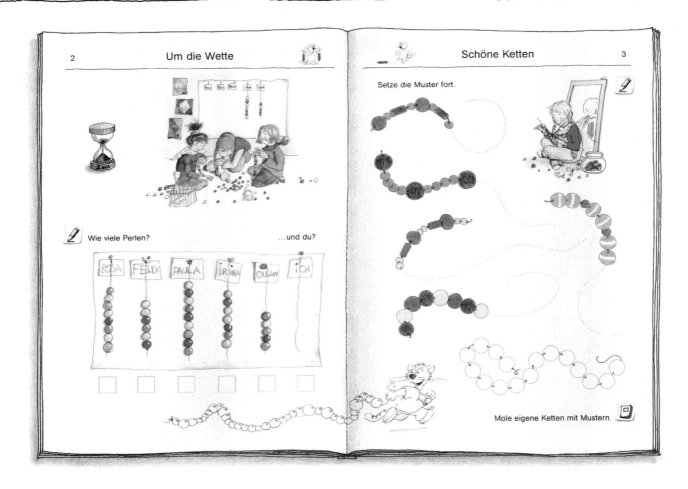

Ziele/Lehrplanbezug

- Abzählen
- Gruppiertes Zählen
- Erkennen von Mustern (Reihenbildungen)
- Fortsetzen und eigenes Gestalten von Mustern
- Vergleichen von Längen (Vorerfahrungen zum Messen)
- Beziehungen „länger als" und „kürzer als"
- „Größer als" und „kleiner als" mit Zahlen in Verbindung bringen
- Feinmotorische Fähigkeiten

Didaktische Überlegungen

Das Auffädeln um die Wette hat nicht nur als Tätigkeit einen hohen Aufforderungscharakter, es fordert zugleich zum Zählen heraus: Wie viele habe ich? Wie viele haben die anderen? Wer hat am meisten? Damit sind Zählübungen und Mengen- und Zahlvergleiche sinnvoll motiviert. Zahlen dienen als Hilfsmittel für Vergleiche, für das Sich-selbst-in-der-Welt-orten. Außerdem werden bereits Vorerfahrungen zum Messen gemacht: direktes Vergleichen, wenn die Ketten aneinander gehalten werden, indirektes Vergleichen, wenn die Länge durch Zählen der Perlen bestimmt wird. Beim direkten Vergleichen ist der gemeinsame Anfangspunkt wichtig, beim indirekten Vergleich die gleiche Perlengröße. Beides sollen die Kinder selbst herausfinden und später sprachlich formulieren können.

Größere und kleinere Perlen müssen unterschieden werden. Eine Beziehung zwischen Länge der Kette und Größe der Perlen sollte erkannt werden. Das Erkennen von Regelhaftigkeiten, Mustern und wiederkehrenden Elementen ist eine weitere grundlegende Tätigkeit und Vorbereitung mathematischen Arbeitens. Bei den Perlen erhöhen Muster die ästhetische Wirkung. Die Kinder müssen die Muster zunächst erfasst haben, um sie entsprechend fortsetzen zu können.

Anregungen zur Unterrichtsgestaltung

Bei der Einführung der Perlen kann man vorbereitete Ketten mitbringen, sie befühlen, sie genauer betrachten lassen, schätzen lassen, wie viele es sind, Farben benennen lassen usw. „Greift mal in den Kasten." „Wie viele kannst du mit einer Hand fassen?" Die Aktivität „Perlen-um-die-Wette-aufziehen" sollte unbedingt mit den Kindern durchgeführt werden. Hierfür gibt es zwei Möglichkeiten, sie mit der Schulbucharbeit zu verbinden: Entweder führt man die Aktivität zuerst durch und entdeckt sie dann im Schulbuch wieder oder die Kinder werden durch die Betrachtung der Schulbuchseite zu der Aktivität angeregt. Für das Wettaufziehen sind verschiedene Organisationsformen denkbar. Zum Beispiel könnten sich 4–6

Kinder in der Mitte aktiv am Aufziehen beteiligen, während die anderen im Sitzkreis zuschauen (und anfeuern). Wir haben zwei Minuten Zeit gegeben.

Man kann die Aktivität auch als Lernstation anbieten:

Jeweils ein Kind bedient die Stoppuhr oder eine Sanduhr (z. B. eine 3-Minutenuhr wie man sie beim Zähneputzen gebraucht), während die übrigen Kinder Perlen um die Wette aufziehen.

Die Kinder können ihre Ergebnisse dokumentieren, indem sie die Ketten aufzeichnen, bevor die Perlen von einer anderen Gruppe verwendet werden.

Auf der Seite 16 erkennen die Schüler/innen ihre Aktivitäten wieder und können die Ergebnisse der Matheprofis interpretieren und zu ihren eigenen in Beziehung setzen. Wenn man zunächst gemeinsam ins Schulbuch schaut und sich von der Darstellung anregen lässt, kann man gemeinsam vorbesprechen, wie man es am besten machen könnte und auf was man achten sollte.

Folgende Fragen sollten möglichst von den Kindern selbst entwickelt werden:

Die Ketten der Größe nach aufhängen – wie macht man das? Ist es gerecht, große und kleine Perlen zu nehmen? Was passiert, wenn ich große nehme?

Auf der Schulbuchseite 17 sind Ketten mit „schönen", d. h. regelmäßigen Mustern angefangen. Um sie fortzusetzen, müssen die Kinder das Muster erkennen. Die Ausführung kann direkt im Buch geschehen oder das Muster wird ins Heft übertragen. Im Lerntagebuch können die Kinder auch eigene Musterketten entwerfen.

Differenzierung/Freiarbeit

Manche Kinder sind vor allem an langen Ketten und am Zählen interessiert, andere mehr an „schönen Mustern".

Mögliche weitere Arbeitsaufträge:
- Male die Ketten deiner Gruppe in geordneter Reihenfolge ins Lerntagebuch.
- Nimm 20 Perlen, von jeder Farbe gleich viele!
- Welche Muster kann ich aus 8 blauen und 4 roten Perlen machen?
- Schöne Ketten gestalten:
Wer möchte eine schöne Kette machen? Wie viele Perlen muss sie haben, damit sie um deinen Hals passt? Welche Farben soll sie haben? Soll sie ein Muster haben? Große und/oder kleine Perlen?

Lernbeobachtung

- Werden die Perlen in der Anzahl richtig übertragen?
- Kann das Kind die Muster erkennen und richtig übertragen?
- Beachtet das Kind beim Vergleichen der Ketten die Anzahl der Perlen?
- Kann das Kind sprachlich eine Beziehung zwischen der Länge der Ketten und der Größe der Perlen herstellen?

Lerntagebuch

- Vorausgehende Aktivität: Nimm dir einige Perlen und ziehe sie auf. Male deine Kette in dein Lerntagebuch.
- Zahlen aufschreiben: Wie viele insgesamt? Wie viele von jeder Farbe?
- Übe die Zahlen, wenn du sie noch nicht schreiben kannst.

Arbeitsheft

Seite 5
- Die Perlen sollen der vorgegebenen Anzahl entsprechend farbig ausgemalt werden.
- Ziffernschreibkurs: 4

Seite 6
- Immer fünf gleichartige Perlen werden zu einer Kette verbunden. Am besten dünn mit Bleistift vorzeichnen lassen, bis die Kinder sich vergewissert haben, dass sie keine Perle ausgelassen haben. Außerdem muss man „hinten" und „vorn" bei den Perlen beachten.
- Ziffernschreibkurs: 5

Seite 7
- Die Muster sollen erkannt und fortgesetzt werden.
- Ziffernschreibkurs: 6

Kopiervorlage

- „Schöne Ketten" (Seite 50):
Perlenketten können hier mit Mustern frei gestaltet werden.
- Ziffernschreibkurs 4–6 (Seite 28–30)

Material

- Holzperlen 8 mm, evtl. unterschiedliche Größen
- Schnürsenkel (rutschfest, gut zum Einfädeln)
- Stoppuhr oder Sanduhr (2–3 Minuten), ersatzweise eine Uhr mit Sekundenzeiger
- Namensschilder

50 Schöne Ketten

Erfinde neue Muster.

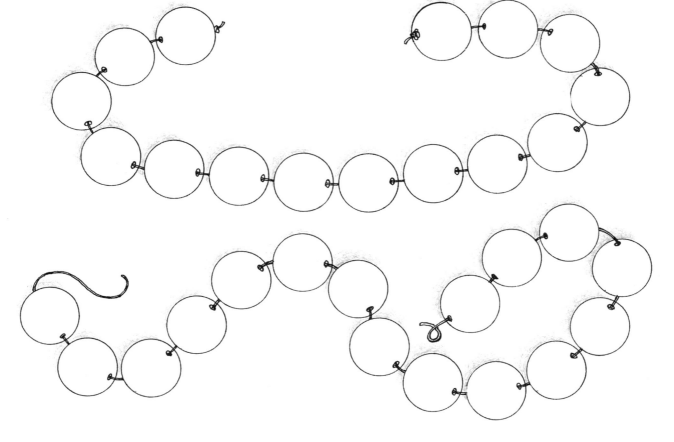
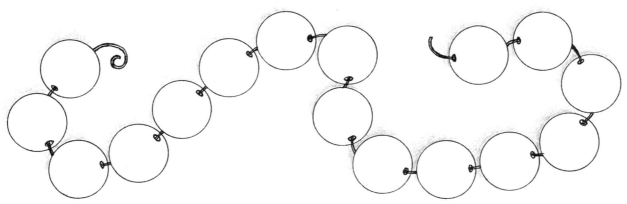

Name: ....
Datum: ....

Die größere Zahl gewinnt!   51

Wer hat gewonnen?

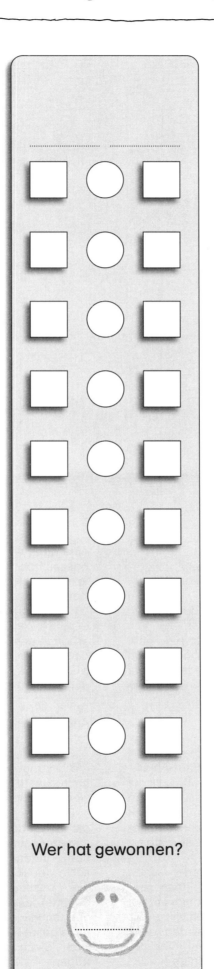

Wer hat gewonnen?

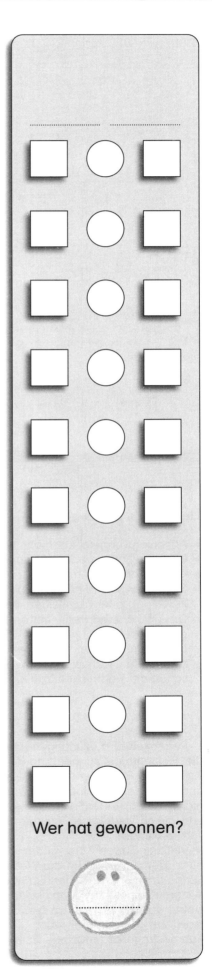

Wer hat gewonnen?

Seite 14/15: Ketten ordnen / Die größere Zahl gewinnt!

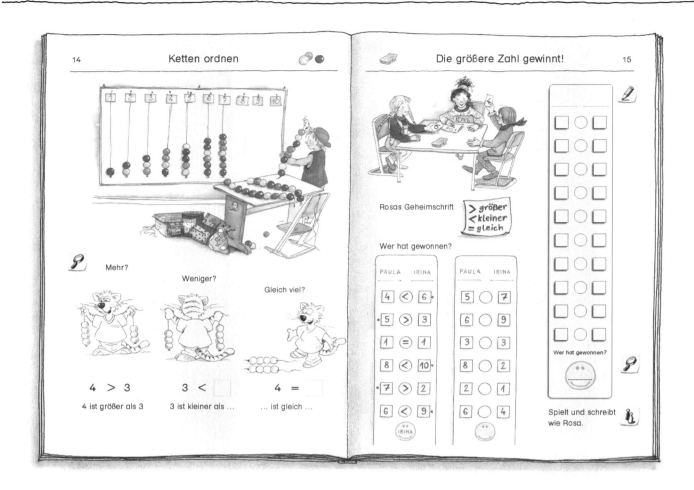

Ziele/Lehrplanbezug

- Anzahlen vergleichen: mehr, weniger
- Längen vergleichen: länger als, kürzer als
- Ordnen der Zahlen 1–10
- Zahlenvergleiche notieren mit den Zeichen >, <, = (größer als, kleiner als, gleich)

Die geordneten Perlenketten haben eine charakteristische Eigenschaft: Vorgänger und Nachfolger haben genau eine Perle weniger bzw. mehr (stetige Differenz um 1 als Eigenschaft der natürlichen Zahlen).

Didaktische Überlegungen

Perlenketten aufzuhängen ist ein guter Anlass, die Reihenfolge zu begründen: Warum soll die Kette mit 5 Perlen genau an diese Stelle? Fehlen uns noch Ketten? Haben wir mehrere Ketten mit gleich vielen Perlen? Die Begriffe mehr, weniger und gleich viel werden hier ganz selbstverständlich verwendet.

Vielleicht haben die Kinder ihre Perlen schon nach dem „Perlen-um-die-Wette-aufziehen" der Länge nach geordnet. Jetzt geht es jedoch um ein systematisches Anordnen der Anzahlen von 1–10. Dabei sollte den Kindern bewusst werden, dass jede Anzahl und somit auch jede Zahl ihren genau bestimmten Platz innerhalb der Folge hat.

Neben den bekannten Zahlzeichen wird jetzt eine neue Art von Zeichen eingeführt: die Relationszeichen. Fridolin entwickelt sie aus unterschiedlich langen bzw. aus zwei gleich langen Ketten.

Die Zeichen < („kleiner als") und > („größer als") werden als „Geheimschrift" eingeführt. Wir erhoffen uns davon eine starke Motivation, die Bedeutung der neuen Zeichen zu entschlüsseln. Sie wird hier also nicht vorgegeben, sondern soll von den Kindern selbst erfasst werden.

Anregungen zur Unterrichtsgestaltung

Es bleibt der Lehrerin überlassen, ob sie auf die vorangegangene Aktivität zurückgreift oder noch einmal Perlen von 1–10 oder auch mehr aufziehen und ordnen lässt.

Die Seite 18 greift links oben solche Ordnungsaktivitäten auf und präsentiert das Ergebnis. Das stetige Ansteigen um genau eine Perle sollte von den Kindern selbst entdeckt werden. Ebenso sollte deutlich werden, dass alle Ketten links vor einer bestimmten Kette (beispielsweise der Fünferkette) kürzer sind und alle rechts davon hängenden länger sind als diese.

Es gelingt den Kindern nach unserer Erfahrung leicht, diese Erkenntnisse auf die Zahlen zu übertragen, also nach „größer als" bzw. „kleiner als" zu vergleichen. Jedoch müssen die Kinder lernen, die passenden Zeichen zu verwenden.

Häufig werden die Zeichen durch eine emotional ansprechende Merkhilfe eingeführt: Das gefräßige Krokodil öffnet sein Maul zur größeren Zahl. Dies kann man natürlich zusätzlich einführen, jedoch empfehlen wir hier, zunächst das mathematische Denken der Kinder auf die Probe zu stellen: Was könnten die Zeichen wohl bedeuten? Fridolin gibt hierfür eine Hilfe.

Für das Gleichheitszeichen, das häufig nur als Aufgabenimpuls („Finde das Ergebnis") angesehen wird, haben wir eine visuelle Hilfe angeboten: gleichlange, parallele Ketten (siehe Fridolin).

Eine weitere Möglichkeit ist, die Beziehungen zwischen den Zahlen mit zwei Stäbchen zu legen:

$4 < 6$
$5 < 6$
$6 = 6$ (Übergang von $<$ zu $>$)
$7 > 6$
$8 > 6$

Bezug zur Erfahrungswelt: Auf manchen Fernsteuerungen kann man die Zeichen $<$ und $>$ finden. Was bedeuten sie dort? (Umschalten in ein anderes Programm oder Zu- bzw. Abnahme der Lautstärke)

Will man die Zuordnung von Perlenmengen, Zahlwörtern und Zahlzeichen vertiefen, kann dies auf folgende Weise geschehen: Die Kinder gestalten in Gruppen zu einer selbstbestimmten Zahl verschiedene „Perlzusammenfassungen". Es werden z. B. 6 Perlen durch einen Draht zusammengehalten, 6 Perlen auf Pfeifenputzer gesteckt und 6 Perlen mit einem Gummiband zusammengebunden. Die Perlengruppen können aus einfarbigen und mehrfarbigen Perlen zusammengesetzt werden (siehe Abbildung).

Den Ergebnissen können nun immer wieder Ziffernkarten zugeordnet werden. Dabei werden die Kinder merken, welche der Perlenanordnungen sich schneller und sicherer bestimmen lassen. Sie erfahren die Vor- und Nachteile einer Anordnung, was später auf Seite 32 thematisiert wird.

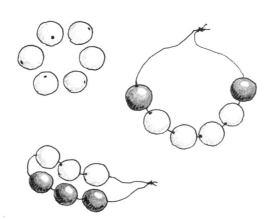

Das auf S. 15 vorgeschlagene Spiel bietet dann eine erste Möglichkeit der Anwendung der Relationszeichen.

Spielvorbereitung:
- 2 Sätze Zahlenkarten von 1 – 10, 1 – 12 oder 1 – 20
- 2 Spieler

Jeder Spieler mischt seine Karten und legt den Stapel umgedreht vor sich hin.

Spielregel (Verlauf):
Beide Spieler decken gleichzeitig die oberste Karte auf. Wer die höchste Zahl hat, erhält beide Karten. Die nächsten Karten werden aufgedeckt.

Wer am Ende die meisten Karten besitzt, hat gewonnen.

Gleichzeitig zum Spiel wird der Spielverlauf mitprotokolliert. Der Protokollführer kann an seiner Tabelle ebenfalls erkennen, wer der Sieger ist.

Differenzierung/Freiarbeit

Die kleinere Zahl gewinnt (Partnerarbeit):

Damit nicht immer „mehr" mit „besser" gleichgesetzt wird, kann man vereinbaren, dass derjenige, der die kleinere Zahl hat, als Ausgleich so viele Muggelsteine o. Ä. bekommt, wie die Differenz zur größeren Zahl ausmacht (vgl. auch Spiele mit Würfeln wie auf den Schulbuchseiten 8, 38 und 70).

Arbeitsheft

Seite 8
- Aufgaben zu größer, kleiner und gleich
- Ziffernschreibkurs: 7

Kopiervorlage

- Die größere Zahl gewinnt (Seite 51): Spielverlaufsprotokoll zum Üben der Zeichen $<$, $>$, $=$
- Ziffernschreibkurs 7 (Seite 31)

Material

- Perlenketten
- Zahlenkarten

Seite 16 / 17: Herbstfrüchte

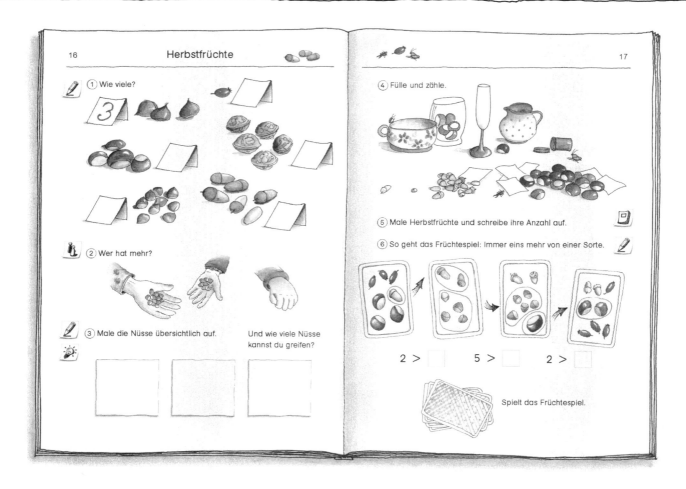

Ziele/Lehrplanbezug

- Merkmale von Dingen aus der Lebenswirklichkeit beschreiben, vergleichen, ordnen und sortieren
- Gruppieren und Zählen bzw. Anzahlen überblicken (Der Zahlenraum kann den Vorkenntnissen der Kinder angepasst werden.)
- Zahlvorstellungen anhand des Zählfeldes bis 10 oder darüber hinaus anbahnen
- Überschauen von Anzahlen bis 10 (mithilfe des Zählfeldes)

Fächerverbindende Aspekte

Tiere im Winter, eine erste Anbahnung:

Aus einer halben Walnussschale kann man sehr einfach ein Waldmäuschen basteln, indem man Ohren, Augen und einen Schwanz anklebt. Es bekommt einen Namen und ein Zuhause. Aus mitgebrachten Fundsachen aus dem Wald oder Park (Moos, Tannenzapfen, Steinchen etc.) kann man in einem Schuhkarton ein Haus für die Waldmaus bauen.

Didaktische Überlegungen

Die Zählmotivation entsteht ganz natürlich, wenn Gesammeltes geordnet wird. Bei größeren Anzahlen werden die Kinder immer wieder nachzählen und leicht von selbst feststellen, dass man durch geschicktes Gruppieren Anzahlen leichter überblicken kann und dadurch die Gefahr sich zu verzählen, geringer ist. So wird hier bereits vorbereitet, was zukünftig verstärkt erfolgen soll, nämlich die Kinder allmählich vom Zählen zum Überblicken von Anzahlen zu führen und damit eine flexible Anzahlvorstellung vorzubereiten, die wiederum Voraussetzung für flexibles Rechnen ist.

Das leere Zehnerfeld kann man hier bereits als Hilfe zur Anzahlbestimmung einsetzen. Man erhält ein stabiles „Zählfeld", wenn man die roten Teile der Beilage vorsichtig abtrennt, die Quadrate herausdrückt und die beiden roten Teile auf das blaue Feld klebt. Die Quadrate sammelt man am besten in einem Umschlag. Man kann sie später zum Gruppieren von Anzahlen und für Rechenübungen verwenden.

Anregungen zur Unterrichtsgestaltung

Die Kinder haben Herbstfrüchte gesammelt. Wir betrachten die Häufchen nach quantitativen Aspekten: Viel oder wenig? Ein Säckchen Kastanien oder Haselnüsse wird an die Kinder verteilt. Jeder darf sich einige aus dem Sack nehmen. Wie viel hat jeder? Wer hat mehr, wer weniger? Wie können wir die Anzahl ausgleichen?

Eine Aufforderung für die Stillbeschäftigung könnte sein: „Malt eure Kastanien ins Lerntagebuch und schreibt die Zahl dazu."

Die Schulbuchseiten können als Handlungsanregung dienen, indem man sie mit Teilgruppen oder auch mit der gesamten Klasse bespricht. Da wir die Kinder dahin führen wollen, dass sie zukünftig auch selbstständig mit dem Buch arbeiten, sollten die Kinder lernen, die Darstellungen und Arbeitsaufträge im Buch selbst als Handlungsaufforderungen zu interpretieren.

Dominospiel (gelegt mit Naturmaterialien):

Alle Kinder und die Lehrerin erhalten ein Blatt Papier mit einer klaren Trennlinie in der Mitte, einen „leeren Dominostein".

Die Lehrerin beginnt. Sie legt in eine Hälfte z.B. drei Nüsse, in die andere drei Eicheln. (Das entspricht der Regel beim Dominospiel, dass derjenige beginnt, der einen Stein mit zwei gleichen Anzahlen hat.) Nun darf an beiden Seiten angelegt werden. Gleiche Anzahl, aber verschiedenes Material in der einen Hälfte, eine neue, selbstbestimmte Anzahl in der anderen Hälfte des „Dominoblattes". Da die anzulegenden „Dominos" selbst gestaltet werden können, stellt sich nicht die Frage, ob ich anlegen kann oder nicht. Es gibt keine Gewinner, aber ein gemeinsames, wunderschönes Werk.

Weitere Aktivitäten, einzeln oder in Gruppen bis sechs spielbar:
1. Die Lehrerin oder ein Kind gibt einen Dominostein (zwei verschiedene Materialien) vor, die anderen legen weitere Dominosteine mit der gleichen Gesamtzahl dazu. Regel für eine Veränderung: Was ich bei der einen Menge wegnehme, muss ich bei der anderen dazutun.
2. Ein Rechteck aus leeren Dominoblättern ist vorgegeben (siehe Abb.). Die Dominos sollen nun so ausgefüllt werden, dass immer je zwei aneinander angrenzende Dominosteine zusammen die gleiche Gesamtzahl an Gegenständen zeigen.

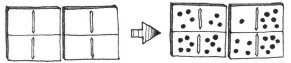

3. Klassisches Dominospiel (mit handelsüblichen Dominosteinen):
Jedes Kind nimmt sich drei Dominosteine. Wer einen „Doppelstein" hat, beginnt. Es wird der Reihe nach ein Stein (oder auch mehrere passende Steine) angelegt. Wer nicht anlegen kann, muss einen neuen Spielstein aufnehmen. Passt er, so darf er ihn sofort anlegen, passt er nicht, muss er ihn behalten. Wer zuerst keine Steine mehr hat, ist Sieger.

Früchtespiel (Spielkarten oder Kopiervorlagen Seite 17–20):

Das Früchtespiel besteht aus 32 Karten (inkl. 2 Joker) mit 6 verschiedenen Herbstfrüchten in Gruppierungen von 1–5. Die Karten werden an eine beliebige Anzahl von Spielern verteilt. Eine beliebige Karte wird offen abgelegt. Jeder möchte nun seine Karten als Erster anlegen. Aber nur der, der von einer der Früchte der abgelegten Karte genau eine mehr hat, kann das auch tun (also z.B. 2, dann 3 Kastanien). Die Sorte kann bei jedem Anlegen wechseln.

Die Spielregel kann am besten in einer Teilgruppe erarbeitet werden, die dann andere Kinder in den Spielverlauf einführt.

Kreis-Puzzle (siehe Kopiervorlage Seite 56):

Zahl und Anzahl müssen richtig zugeordnet werden. Das Leerformat auf Seite 57 können Sie selbst gestalten.

Lerntagebuch

Die Kinder zeichnen kleine Anzahlen von Kastanien oder Ähnlichem in ihr Lerntagebuch und schreiben die Zahlen dazu.

Arbeitsheft

Seite 9
- Suchbild: Tiere im Wald:
  Eine motivierende Übung zur visuellen Wahrnehmung (Wahrnehmungskonstanz und Figur-Grund-Diskrimination)
  Die Tiere können ausgemalt und in einer Strichliste zahlenmäßig erfasst werden.

Seite 10
- Strukturiertes Zählen: Anzahl der Früchte auf den Karten bestimmen und diejenigen mit 8 Früchten ankreuzen
- Ziffernschreibkurs: 8

Kopiervorlagen

- Kreis-Puzzle (bedruckt) (Seite 56)
- Kreis-Puzzle (leer) (Seite 57)
- Ziffernschreibkurs 8 (Seite 32)

Material

- Verschiedene gesammelte Naturmaterialien
- Zehnerfelder aus der Beilage
- Spielkarten: Früchtespiel
- Weiße DIN A4-Blätter mit mittlerem Trennstrich als Leerfelder für die Dominos

Achtung:

Das Projekt „Zahlenausstellung (Siehe S. 20/21) sollte bald vorbereitet werden. Lesen Sie dazu die Beschreibung zu den Buchseiten 20/21.

Kreis-Puzzle

Kreis-Puzzle 57

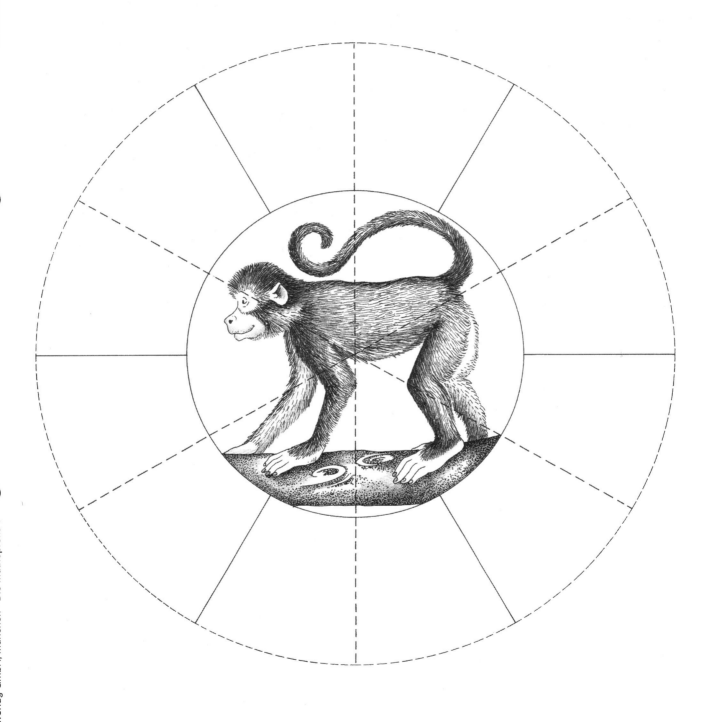

Seite 18/19: Sammeln im Herbst

Ziele/Lehrplanbezug

- Eigenschaften und Merkmale von Gegenständen wahrnehmen und benennen
- Sortieren und Zusammenfassen von Gegenständen
- Zählen
- Erkennen von Formen aus der Umwelt
- Figuren aus Teilformen legen
- Beschreiben von Formen: spitz, gezackt, rund, herzförmig etc.

Fächerverbindende Aspekte

- Sprache: Eigenschaften von Blättern: gezackt, gebuchtet, herzförmig etc.
- Heimat- und Sachunterricht: Wer kennt die Blätter? Von welchen Bäumen stammen sie? (Pressen von Blättern)
- Kunst: Basteln und Gestalten mit Herbstmaterial

Didaktische Überlegungen

Sammeln und Ordnen sind grundlegende und zugleich lustvolle Tätigkeiten der kindlichen Welterfassung. Sammeln und Ordnen sind auch grundlegende Tätigkeiten wissenschaftlicher Disziplinen, insbesondere auch der Mathematik. Hier spricht man dann von Mengenbildung, vom Klassifizieren, von Ordnungsrelationen etc.

Hier wird das Sammeln und Ordnen noch einmal thematisiert. Das Erfassen der Eigenschaften von Gegenständen gehört seit der Einführung des Mathematikunterrichts in der Grundschule zu dessen wichtigen Grundlagen und Voraussetzungen. Wir praktizieren es hier an Dingen aus der näheren oder auch ferneren Erfahrungswelt der Kinder. Klassifizieren und Ordnen sind damit keine isolierten Übungen, sondern haben ihren Wert in einer genaueren Wahrnehmung und sprachlichen Erfassung der umgebenden Welt. In der Biologie beispielsweise spielt die Erfassung der Form und die quantitative Bestimmung von Pflanzenteilen eine grundlegende Rolle für die Bestimmung der Pflanzenfamilien. Die geometrische Sicht (Erfassen der Form) und die arithmetische Sicht (Erfassen der Anzahl) können hier sinnvoll angewendet werden.

Sie als Lehrerin können am besten vor Ort einschätzen, wie differenziert sie die sprachliche Benennung der Blattformen fassen wollen, je nach den sprachlichen Möglichkeiten der Kinder. Wichtige Formerfahrungen machen die Kinder auch, wenn sie die gepressten Blätter mit einem Bleistift vorsichtig umranden oder versuchen, die Form aus freier Hand wiederzugeben.

Anregungen zur Unterrichtsgestaltung

Wichtig ist die eigene Sammeltätigkeit der Kinder. Falls kein gemeinsamer Unterrichtsgang möglich ist, kann man die Kinder auffordern, selbst zu sammeln oder bereits Gesammeltes mitzubringen. Es bieten sich hier gute fächerverbindende Möglichkeiten: Was erzählen uns die einzelnen Gegenstände? Was haben sie für Eigenschaften? Warum sind die Steine so schön glatt?

Die Kinder können mit ihren Fundstücken einen Schaukasten gestalten u. Ä. In der Klasse werden die Herbstblätter nach Sorten geordnet („sortiert"). Hier können sich Fragen anschließen, die das Vorwissen der Kinder aktualisieren: Von welchen Bäumen stammen die Blätter? Woran erkennt man ein Lindenblatt? Wörter wie spitz und rund, gezackt und gebuchtet, beschreiben kennzeichnende Eigenschaften.

Nachdem die Blätter gepresst wurden, kann man sie zu vielfältigen Gestaltungszwecken verwenden.

Die Waldszene der Seite 18 dient als Gesprächsanlass im Sitzkreis oder auch in der Gruppe. Sie ist zugleich sinnstiftender Kontext: Blätter sammeln, betrachten, vergleichen, ordnen, etwas mit Blättern gestalten. Die Kinder sollen die Blattformen wiedererkennen, Blätter der gleichen Sorte zählen und in die Tabelle eintragen. Die Kinder können auch eigene Tabellen entwerfen. Die Anzahlen sind im Buch bewusst klein gehalten. Rosa hat ihre Blättersammlung nach dem Kriterium Anzahl der Spitzen sortiert. In Rosas Blätterausstellung sind Blätter, die nicht so häufig zu finden sind, aber besonders interessante Formen haben: ein Ginkoblatt, ein Blatt von einem Tulpenbaum mit den ungewöhnlichen vier Spitzen. Das Ginkoblatt kann man bei Irinas Fischen wiederentdecken. Welche anderen Blätter hat sie verwendet?

Bei der Gestaltung von Bildern mit Blattformen werden die Formen umgedeutet: Fischkörper, Schwanzflosse etc. Man kann fragen: „Wie gefallen euch die Fische?" „Erkennt ihr die Blätter wieder?" „Wollt ihr auch Fische legen oder andere Tiere?"

Differenzierung/Freiarbeit

Schatz erobern:
4 bis 6 Kinder können zusammen spielen. In der Mitte liegt ein Schatz, z. B. ein Schoko-Goldtaler. Drum herum ist eine Mauer aufgebaut, z. B. aus Nüssen. Es wird reihum gewürfelt. Je nach Augenzahl werden die Nüsse aus der „Mauer" weggenommen. Wer mit seinem Wurf die letzten Nüsse wegnehmen kann, erhält den Schatz.

Nüsse würfeln:
Alle Spieler (2–6) sitzen um einen Korb voller Nüsse oder Haselnüsse. Es wird reihum gewürfelt. Jeder darf sich so viele Nüsse nehmen, wie seine gewürfelte Zahl angibt, wenn dies eine 2, 3, 4 oder 5 ist.

Achtung: Wer eine Sechs würfelt, muss sechs Nüsse zurücklegen. Hat er nicht so viele, muss er alle, die er besitzt, abgeben. Wer eine Eins würfelt, schenkt dem Mitspieler eine Nuss, der die wenigsten hat. Das Spiel endet, wenn der Korb leer ist.

Herbst-Lotto (siehe Kopiervorlage Seite 60):
Jedes Kind benötigt ein Spielfeld und einen Kartensatz. Es wird abwechselnd gewürfelt. Das Kästchen, das der gewürfelten Zahl entspricht, wird auf das entsprechende Spielfeld gelegt. Wer zuerst alle Kärtchen auf sein Spielfeld gelegt hat, hat gewonnen.

Schnipp Schnapp:
(siehe Spielanleitungen Seite 15)

Lerntagebuch

Die Kinder zeichnen verschiedene Blätter in ihr Lerntagebuch, indem sie entweder die Blattformen umranden oder versuchen, die Formen frei nachzuzeichnen.

Arbeitsheft

Seite 11
- Strukturiertes (schnelles) Zählen
- Ziffernschreibkurs: 9

Kopiervorlagen

- Herbst-Lotto (Seite 60)
- Schnipp Schnapp (Seite 61)
- Ziffernschreibkurs 9 (Seite 33)

Material

- Blätter sammeln und pressen
- Für das Spiel „Nüsse würfeln":
  10 Bohnen oder Haselnüsse für jedes Kind, 1 Schale, 1 Würfel

Herbst-Lotto

Schnipp Schnapp 61

Ziele/Lehrplanbezug

- Erweiterung und Vertiefung des Zahlbegriffs
- Bewusste Wahrnehmung der Zahlzeichen (1 – 10) in ihren unterschiedlichen Aspekten in der Erfahrungswelt der Kinder
- (Gruppierte) Anzahlen von Dingen
- Sammeln von Gegenständen und Abbildungen, die zu den einzelnen Zahlen passen
- Verwendungszusammenhänge von Zahlen können thematisiert werden: „Was sagen uns die Zahlen hier?" (Wie viel etwas kostet, wie viel Stromspannung man braucht…)

Fächerverbindende Aspekte

Ästhetischer Bereich:
- Mit verschiedenen Materialien Zahlen gestalten

Die Gestaltungsaspekte können gezielt ausgebaut werden.

Didaktische Überlegungen

Der Auftrag, passende Dinge zu den Zahlen zu sammeln, lenkt noch einmal die Aufmerksamkeit der Kinder auf Zahlbezüge in ihrer Lebenswelt. Viele Eltern werden ihre Kinder sicherlich bei der Suche unterstützen. Dies ist pädagogisch durchaus erwünscht, da es die Wichtigkeit der Aktion noch unterstützt.

Die vielen zusammengetragenen Dinge bieten echte Gesprächsanlässe zur Verwendung der Zahlen in der Alltagswelt wie auch zu den Zahlen selbst. Den krönenden Abschluss bildet eine Zahlenausstellung oder Collage zu jeder Zahl, die im Klassenraum oder auf dem Flur präsentiert werden sollten.

Anregungen zur Unterrichtsgestaltung

Im Laufe der vorausgegangenen Schulwoche sollten Abbildungen und Gegenstände gesammelt werden, bei denen Zahlen in Anwendungszusammenhängen dargestellt sind. Hierfür sollte für jede Zahl ein Schuhkarton oder Ähnliches vorbereitet werden. Als Material dienen auch Zahlen in Prospekten, Zeitschriften usw. Diese Sammlung bzw. ausgewählte Kartons können immer wieder Gegenstand eines Gruppen- oder Klassengesprächs sein.

Die Seiten 20 und 21 bieten unter dem Motto „Die Matheprofis haben eine Zahlenausstellung gemacht" wieder einen Handlungsanreiz selbst aktiv zu werden bzw. die Möglichkeit, die eigenen Aktivitäten im Schulbuch wiederzuerkennen. Im Gruppen- oder Klassengespräch können die Kinder erzählen, was die einzelnen Dinge mit der Zahl zu tun haben.

Sicher haben die Kinder Lust, selbst eine Zahlenausstellung zu machen.

Aus einem Praxisbericht:

„Über eine Woche lang haben die Kinder Dinge und Abbildungen zu den Zahlen 1–12 als „Hausaufgabe" gesammelt. Sie hatten dazu einen beschrifteten Briefumschlag mitbekommen, so dass die Eltern informiert waren und eventuell helfen konnten. In der Klasse haben sie ihre Fundstücke zunächst in die vorbereiteten Schuhkartons mit der passenden Zahl gelegt. Während der nächsten Unterrichtstage wurden immer wieder Fundstücke aus einem der Schuhkartons im gemeinsamen Morgenkreis angeschaut und gewürdigt (was die Sammelleidenschaft noch mehr entfachte) und in ihrem Bezug zu der Zahl auf dem Karton thematisiert. Dabei stellte sich auch heraus, dass manche Dinge nicht ganz eindeutig zuzuordnen waren: Das Uhrenmodell beispielsweise, könnte je nach Zeigerstellung zu verschiedenen Zahlen gehören …"

Die Collagen, je eine zu den Zahlen 1 – 12, können arbeitsteilig von einzelnen Kleingruppen von 2 bis 3 Kindern angefertigt werden. Gemeinsam sollten die Gegenstände und Bilder ausgewählt und angeordnet werden, bevor sie endgültig aufgeklebt werden. Die Kinder sollten dabei auch darauf achten, dass es schön aussieht. Gute Zusammenarbeit ohne Streit wird verabredet und bei Gelingen besonders gewürdigt. Beispiele von mitgebrachten Dingen und Bildern:

- 7: Stundenplan, Spielkarten, Postkarte mit Krippe und 7 Schafen
- 8: Bild von einem aufgespannten Regenschirm, 2 Gummiringe, Oktopus
- 9: Preisschilder aus Prospekten: 9,99
- 12: Jahreskalenderblatt etc.

Differenzierung/Freiarbeit

Die Kartons können als Fundgruben immer wieder herangezogen werden. Zu bestimmten Zahlen können Dinge im Lerntagebuch gemalt werden. Was passt zur Null?

Lernbeobachtung

- Hat eifrig gesammelt
- Kennt bereits viele bzw. wenige Zahlzeichen
- Kennt Verwendungszusammenhänge von Zahlen
- Kann dies sprachlich gut ausdrücken
- Kann gut kooperieren
- Kann gut gestalten

Arbeitsheft

Seite 12
- Ziffernschreibübungen

Kopiervorlagen

- Ziffernschreibkurs 0 (Seite 34) (Abschluss des Ziffernschreibkurses)

Material

- 12 Schuhkartons oder Ähnliches zum Sammeln der Materialien
- 1 Briefumschlag für jedes Kind mit Sammelauftrag
- Für die Ausstellung: 12 DIN A3-Blätter o. Ä.
- Diverse Materialien zum Herstellen von Zahlzeichen, z. B. Knete, Pfeifenreiniger, Wollfäden, Büroklammern, Klebepunkte, Sand für Sandziffern …

Seite 22 / 23: Schachteln füllen / Fridolins Streich

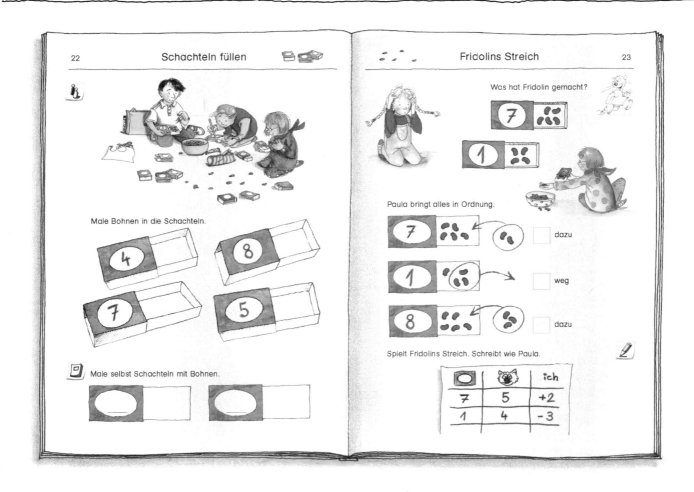

Ziele/Lehrplanbezug

- Zahlen als Kardinalzahlen (Anzahlen) verwenden durch Zuordnung von „Mengen" zu Zahlzeichen
- Erkennen und Benennen der Zahlzeichen (im Schwierigkeitsgrad variabel entsprechend den Möglichkeiten Ihrer Klasse)
- Abzählen von konkreten Gegenständen
- Vergleichen von Zahlzeichen und Anzahl: Anbahnung des ersten Rechnens (Fridolin hat den Matheprofis einen Streich gespielt und die Bohnen umgefüllt.)

Didaktische Überlegungen

Das Verpacken von Bohnen oder Ähnlichem ist eine gute Übung zum Verständnis der Zahlzeichen als Repräsentanten einer Anzahl. Die Anzahl wird durch Abzählen bestimmt. Die letzte Zählzahl bestimmt also die Anzahl (Kardinalzahlprinzip).

Für die Zuordnung von Zahlzeichen und Mengen sind Schachteln auch psychologisch gut geeignet: Bei der geschlossenen Schachtel ist das konkrete Material noch präsent aber nicht mehr sichtbar und kann dennoch jederzeit wieder angeschaut und nachgezählt werden. Den Kindern wird im Umgang mit dem Material deutlich: Das Zahlzeichen vertritt die Anzahl der Gegenstände. Damit kann sich das Verständnis für den Zusammenhang der Abstraktionsebenen vertiefen.

Diese Handlungserfahrungen sind am Anfang unbedingt notwendig. Die Kinder sollten diese Aktivitäten also in jedem Fall selbst mit dem Material durchführen können.

Auch Schachteln mit größeren Zahlen können verwendet werden. Jedoch wird die Anzahl zunehmend unübersichtlich. Die Reihenfolge der Zahlzeichen kann thematisiert werden, indem die Schachteln geordnet werden.

Anregungen zur Unterrichtsgestaltung

Ein möglicher Einstieg:

Jedes Kind bekommt eine Schachtel. (Insgesamt könnten es dreimal 10 Schachteln sein, jeweils mit den Zahlen von 1 – 10 oder entsprechend der Anzahl der Kinder in Ihrer Klasse weniger.)

Die Kinder füllen nun ihre Schachtel mit der entsprechenden Menge Bohnen o. Ä. Sie tauschen mit dem Nachbarn und kontrollieren, ob die Schachteln mit der richtigen Anzahl gefüllt sind. Sie zeichnen ihre Schachtel in ihr Lerntagebuch. Kinder, die schneller fertig sind, tauschen untereinander die Schachteln, die vorher wieder geleert wurden, und malen sie ebenfalls in ihr Lerntagebuch. Die Anzahl der Schachteln und die Größe der Zahlen kann den Vorkenntnissen der Kinder angepasst werden.

Die Seite 22 greift die Aktivitäten der Kinder auf oder bereitet sie vor. In die Schachteln sollen die entsprechenden Anzahlen Bohnen gemalt werden. Wenn nicht ins Buch geschrieben werden soll, können die passenden Schachteln mit gleichfarbigen Plättchen belegt werden. Auf den unbeschrifteten Schachteln können die Kinder selbst gewählte Zahlen eintragen. Hier wird die Notation weiterer Schachteln im Lerntagebuch vorbereitet.

Fridolins Streich (Seite 23):
Die Kinder überprüfen, was Fridolin falsch gemacht hat. Um es wieder in Ordnung zu bringen sind verschiedene Lösungen möglich, die die Kinder besprechen sollten (z. B. alles ausschütten oder zu jedem Inhalt den passenden Deckel finden, was jedoch nicht immer möglich ist). Für das Verständnis der Addition und Subtraktion ist es wichtig auf die Handlung des Dazutuns und Wegnehmens hinzuleiten. Dies wird durch Paula angedeutet: Sie nimmt die 5er-Schachtel mit den 3 Bohnen und legt 2 dazu. Die Kinder sollen also zunächst die Anzahl der Bohnen in der Schachtel bestimmen, diese Zahl dann mit der Zahl auf der Schachtel vergleichen und entscheiden, ob sie Bohnen dazutun oder wegnehmen müssen und wie viele es sein müssen.

Differenzierung/Freiarbeit

Die Schachteln sollten weiterhin für die Freiarbeit zur Verfügung stehen. Hier können die Kinder auch den Inhalt mehrerer Schachteln vergleichen. Die Anzahl der Schachteln und die Größe können die Kinder selbst wählen.

- Schachteln ohne Aufschrift:
„Kannst du hören, in welcher Schachtel mehr Bohnen sind?"
Über das Hören soll die Größenvorstellung aktiviert werden. Wichtig ist das anschließende Überprüfen. Durch das vorherige Raten: „In dieser Schachtel sind mehr" entsteht ein hoher Zählanreiz. Geübt wird natürlich nicht zuletzt der Vergleich der Zahlen hinsichtlich ihrer „Größe", also die Größer- bzw. Kleinerbeziehung.

Lerntagebuch

Die Kinder können Schachteln in ihr Lerntagebuch zeichnen, indem sie ihre Schachteln mit dem Bleistift umfahren. Neben der geometrischen Erfahrung, dass man auf diese Weise Flächen von Körpern abbilden kann, die im 2. Schuljahr noch eingehender thematisiert werden, wird auch die wichtige Übersetzung zwischen konkreter und ikonischer Ebene sinnfällig (hier die wirkliche Schachtel, dort das Bild der Schachtel). Unseren Kindern hat dieses Abzeichnen viel Freude gemacht. Die Kinder sollten ihre Aktivitäten beim Füllen der Schachteln bzw. beim Wegnehmen aus den Schachteln im Lerntagebuch dokumentieren. Wie sie das machen können, ist in dem Schreibbeispiel auf der S. 23 unten dokumentiert.

Arbeitsheft

Seite 13
- Zuordnen von Anzahlen und Zahlzeichen durch Verbindungslinien
- Zu Zahlen die entsprechende Anzahl Bohnen malen und umgekehrt

Material

- Dreimal 10 Schachteln von 1 bis 10 (jede Serie in einer anderen Farbe beklebt und beschriftet) (Die Schachteln können auch von den Kindern selbst hergestellt werden, evtl. auch als Hausaufgabe. Es hat sich bewährt, den Schachtelmantel mit farbigem Papier rundherum zu bekleben.)
- Bohnen oder Maiskörner

Seite 24 / 25: Dazutun – Wegnehmen

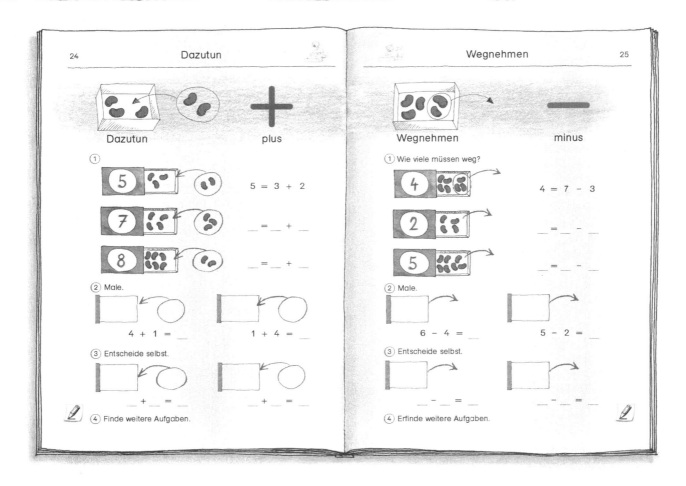

Ziele/Lehrplanbezug

- Verständnis der Zeichen + (plus) und – (minus) als symbolische Darstellungen von Handlungen:
  + entspricht „dazutun"
  – entspricht „wegnehmen"
- Verständnis und Gebrauch des Gleichheitszeichens
- Übung im Verbalisieren mathematikbezogener Situationen begleitend zum Reflektieren eigener Handlungen
- Die Zeichen + und – stehen für entgegengesetzte Operationen („Umkehroperationen").

Didaktische Überlegungen

Die Seiten 24 und 25 sind der Einführung der Zeichen + und – gewidmet. Sie stellen neben den schon bekannten Zahlzeichen und den Relationszeichen <, >, = eine dritte Qualität mathematischer Zeichen dar, die Operationszeichen.

Verglichen mit den Zahlzeichen ist das Verständnis der Operationszeichen weitaus schwieriger: Hier wird keine Eigenschaft repräsentiert, sondern eine Handlung (worauf das Wort „Operation" auch verweist). Handlungen sind in Bildern oder Ikonisierungen nur sehr schwer darstellbar. Daher muss man sich hier einiger Hilfsmittel bedienen, um den Prozess deutlich zu machen: Der Kreis mit dem Pfeil bedeutet, dass hier eine Anzahl Bohnen aus einer Schachtel herausgenommen bzw. in eine hineingetan wird. Vergewissern Sie sich bitte, dass alle Kinder diese Bedeutung verstanden haben. Die symbolische Gleichung bezeichnen wir als „Zahlensatz". Das Gleichheitszeichen soll von Anfang an nicht als Verbindung zwischen Aufgabe und Ergebnis angesehen werden, sondern als Verbindung von Gleichem.

Wichtig zum Verständnis der Schulbuchseiten ist: Sie sind über die ganze Breite dreigeteilt. Im oberen Teil werden die Operationszeichen erklärt. Im mittleren Teil werden die Handlungen der vorangegangenen Doppelseite dargestellt. Die Gleichung entwickelt sich aus der dargestellten Handlung. Im unteren Teil werden dann zu Aufgaben auf der symbolischen Ebene entsprechende Bilder gefordert.

So wird der Vorgang in verschiedenen Darstellungsformen protokolliert, so dass eine enge und sinnvolle Beziehung zwischen der Handlung und der Rechenoperation hergestellt werden kann.

Anregungen zur Unterrichtsgestaltung

Die Seiten 24 und 25 können mit der ganzen Klasse oder in Teilgruppen besprochen werden. Zum Verständnis der Zeichen + und – werden im mittleren Teil Paulas Handlungen noch einmal aufgegriffen und mit der symbolischen Schreibweise (mit plus/minus) verbunden. Arbeitet man zunächst mit einer Teilgruppe, so können diese Kinder sodann die Darstellungen jeweils einem anderen Kind erklären. Diese wiederum sollen in der Gesamtgruppe sagen können, was die Zahlen und Operationen bedeuten (welche Handlung sie „protokollieren"). Auch Kinder, die schon vorausgearbeitet haben, kann man dazu heranziehen, die anderen zum Verständnis zu führen, wobei die Kinder lernen sollen, dass dies nicht „vorsagen" bedeutet, sondern jemandem helfen, es selbst zu tun. Interessant ist es festzuhalten, was Fridolin wohl gemacht hat und was Paula unternimmt, um es in Ordnung zu bringen. Vielleicht erkennen sie dann in der Besprechung, dass Paula mit der Umkehroperation den Ausgangszustand wiederherstellt. Lassen Sie den Kindern Zeit, dies selbst zu entdecken! Kinder, die die Aufgaben verstanden haben, können im Arbeitsheft arbeiten, mit den anderen kann evtl. die Situation noch einmal nachgespielt werden.

Differenzierung/Freiarbeit

Das Spiel „Fridolins Streich" kann gut in Freiarbeitsphasen gespielt werden, am besten in Partnerarbeit.

Ein Kind darf den Fridolin spielen, das andere bringt die Schachteln wieder in Ordnung. Dies sollte durch Dazutun oder Wegnehmen erfolgen. (Eine Schüssel mit Bohnen sollte bereitstehen.) Am besten protokollieren die Kinder ihr Spiel in der Gleichungsform, um nachher darüber berichten zu können (oder damit sie ein Arbeitsdokument im Lerntagebuch haben).

Weitere Vorschläge zur Freiarbeit:
- Übung einfacher Grundaufgaben mit konkretem Material: Schachteln mit Termen (z.B. 3 + 5) „Wie viele Bohnen sind in der Schachtel?"
Die Aufgaben bzw. „Terme" geben an, wie viele Bohnen in der Schachtel sind. Die Kinder können also die Anzahl berechnen und das Ergebnis durch Öffnen der Schachtel überprüfen.

Förderaktivität:
Sie können während der Freiarbeit mit einzelnen Kindern üben, die besondere Hilfe benötigen.
Eine Anzahl Bohnen wird in die Schachtel gelegt und dann wird gefragt, wie viele Bohnen (Hölzchen o.Ä.) nun in der Schachtel sind. Sodann wird eine zweite kleine Menge in die Schachtel gepackt, während die erste nicht mehr sichtbar ist. Wie viele Bohnen sind nun in der Schachtel? Die gleiche Übung auch mit Wegnehmen durchführen. Wenn die Aufgabe im Kopf richtig gelöst wird, kann man beginnen gleichzeitig mit den Notationen + und − zu arbeiten.

Lernbeobachtung

Ein Operationsverständnis ist vorhanden, wenn dem Kind die Darstellung der Operation auf allen Abstraktionsebenen gelingt und wenn es auch zwischen diesen Ebenen übersetzen kann.

Prüfen Sie bei Schwierigkeiten also:
- Hat das Kind die Operation auf der Handlungsebene verstanden?
- Kann es handelnd nachvollziehen, wenn es heißt: „Fridolin hat von den 6 Bohnen 2 weggenommen?"
- Kann es das Ergebnis bestimmen?
- Kann es die Umkehroperation bestimmen? („Was muss Paula tun, um es wieder richtig zu machen?")
- Kann es die Handlung zeichnerisch und symbolisch darstellen?

Von großer Wichtigkeit ist auch die Konkretisierung: Kann es zu einem Zahlensatz sagen, was geschehen ist? Hier sollte man, um im situativen Kontext des Fridolinspiels zu bleiben, jeweils 2 Zahlensätze zusammennehmen. Also beispielsweise: $6 - 2 = 4$ und $4 + 2 = 6$ und etwa so formulieren: „Zuerst waren es 6. Dann hat Fridolin 2 weggenommen und es waren nur noch 4. Dann hat Paula wieder 2 dazugetan. Dann waren es wieder 6." Wenn dies sprachlich zu schwierig ist, kann man auch die Handlungen zeichnen.

Arbeitsheft

Seite 14
- Bohnen dazutun: Übungen zur Verbindung von ikonischer und symbolischer Darstellung
- Erste Aufgaben auf der rein symbolischen Ebene lösen

Seite 15
- Bohnen wegnehmen: die gleichen Übungen zur Minus-Darstellung

Material

Zahlenschachteln (bzw. Schachteln mit Termen) und Bohnen oder Maiskörner

Seite 26/27: Aufgaben schütteln

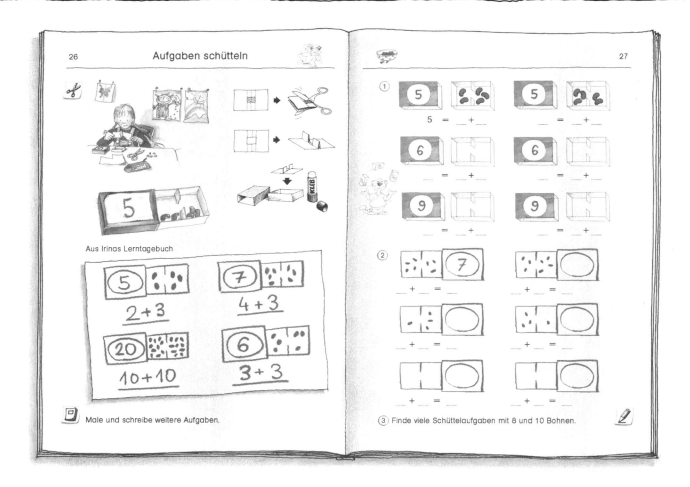

Ziele/Lehrplanbezug

- Zerlegung der Zahlen 1 – 10
- Vorbereitung der Ergänzung zu 10
- Verständnis des Pluszeichens als Zusammendenken von Teilmengen
- Die Null als leere Menge
- Vorbereitung des Rechnens im Zahlenraum bis 10 oder 12
- Verwendung des Gleichheitszeichens
- Darstellung von Ergebnissen in ikonischer und symbolischer Form

Didaktische Überlegungen

Wir gehen jetzt von einer Gesamtmenge aus und zerlegen diese in zwei Teile. In der symbolischen Schreibung hat das Plus-Zeichen nur die Funktion, die beiden Teile wieder zusammenzufügen. Diese Teil-/Teil-Ganzes-Vorstellung gilt in der didaktischen Literatur als ein wichtiger weiterer Schritt auf dem Weg zum Rechnen. Nach einiger Übung im konkreten Tun werden die Kinder sich solche Zerlegungen vorstellen können.

Das Schütteln und Öffnen der Schachteln ist für die Kinder sehr motivierend. Auch wird durch die eigene Darstellung der Ergebnisse in zeichnerischer Form und als Zahlenterme der Zusammenhang zwischen den Abstraktionsebenen unmittelbar deutlich. Die „Eigenikonisierung" fördert zugleich die zeichenmotorischen Fertigkeiten der Kinder. Die schnelle Produktion immer neuer Lösungen hat einen hohen Übungseffekt. Sie fördert auch die Flexibilität der Zahlvorstellung und ist eine gute Vorbereitung des materialunabhängigen Rechnens.

Der Übergang zum Rechnen im Kopf ist fließend, so dass für schwache Rechner kein Schwellencharakter entsteht. Schwache Rechner sollten hier viel Übungszeit bekommen.

Anregungen zur Unterrichtsgestaltung

Auf der Seite 26 wird gezeigt, wie Irina sich einen Steg für ihre Schachtel bastelt. Mit einiger Sorgfalt können die Kinder die Stege selbst basteln. Es hat sich auch bewährt, statt der gebastelten Stege einfach kleine Holzdübel, die genügend Platz lassen, in die Schachteln zu kleben.

Die Anzahl der Bohnen variiert den Schwierigkeitsgrad. Die Kinder sollen die Handlungen selbst ausführen. Sie können die Schachteln untereinander tauschen.

Selbstverständlich kann die Lehrerin auch mit fertigen Schüttelschachteln in den Unterricht kommen und sie im Stuhlkreis vorstellen. Sie lässt eine Schachtel auswählen. Ein Kind schüttelt, öffnet die Schachtel und beschreibt, was es sieht. Es nennt die Anzahl der Bohnen in beiden Kammern. Dann schließt es die Schachtel und reicht sie weiter. Die zuhörenden Kinder können beide „Teile" immer wieder zu dem „gleichen Ganzen" zusammendenken. Durch aufmerksames Zuhören erfahren sie außerdem, dass einige Zerlegungen häufig, andere dagegen selten vorkommen. Sie freuen sich, wenn ihre beiden Zahlen von einem anderen Kind genannt werden oder wenn neue Zerlegungen auftauchen.

Der Übergang zur ikonischen Ebene ist recht einfach. Schachtelhülle und Einschubteil werden getrennt umrandet, die Bohnen oder andere Materialien eingezeichnet. Die Zerlegung lässt sich leicht ablesen. Sie kann noch zusätzlich durch zwei Zahlen, verbunden durch ein Pluszeichen, deutlich gemacht werden. Konkretes Tun (enaktive Stufe) führt so auf sinnvolle Weise über das Zeichnen (ikonische Stufe) zum Aufschreiben von Termen bzw. Zahlensätzen (symbolische Stufe).

Die zeichnerische Darstellung wird von einigen Kindern genutzt, um den Rahmen der vorgegebenen Zahlen zu überschreiten. Sie schreiben auf die gemalten Schachteln die Zahlen, die sie gerne zerlegen wollen. Die Kinder nehmen es als Chance zu selbstbestimmtem, aktivem Lernen wahr, wenn sie sich vom konkreten Material lösen können.

Im unteren Teil sind Zeichnungen von Kindern aus einem Lerntagebuch abgebildet. Die Kinder sollen sie aufmerksam betrachten und interpretieren: „Was haben die anderen Kinder gemacht?" Zum einen wird dadurch die Ikonisierung rückübersetzt in konkretes Handeln, zum anderen wird die Aufmerksamkeit auf andere Schülerlösungen gelenkt. Dies sollte zunehmend zum Unterrichtsprinzip werden: Verstehen, was die anderen gemacht haben. Die Kinder können nach diesem Muster von ihnen gefundene Zerlegungen im Lerntagebuch notieren.

Auf Seite 27 wird davon ausgegangen, dass die Schüler/innen schon viel Erfahrung mit dem Schütteln von Schachteln, mit Eigenikonisierungen und dem Zuordnen von Termen gemacht haben. Nun wird die Darstellung der Schüttelschachteln genutzt, um das Verständnis von Zahlensätzen weiterzuentwickeln. Die Zahlensätze beschreiben das vorausgegangene konkrete Handeln auf abstrakte Weise: Die fünf Bohnen in einer Schachtel lassen sich in zwei und drei Bohnen zerlegen; 5 = 2 + 3 ist die dazu passende mathematische Aussage. Die umgekehrte Anordnung der beiden Schachtelteile auf der zweiten Hälfte der Seite soll als Vorstellungshilfe dienen, um den Zahlensatz 2 + 3 = 5 als gleichwertige Aussage zu verstehen. Die Kinder werden mit beiden Möglichkeiten vertraut. Das Gleichheitszeichen verbindet in beiden Zahlensätzen zwei Aussagen über dieselbe Menge. Es wird in jeder Klasse Kinder geben, denen der Schritt auf die symbolische Ebene leicht fällt und auch andere, die auf der konkreten Ebene bleiben wollen.

Um das Zusammenfügen der Teile zu einem Ganzen (siehe didaktische Überlegungen) anzuregen, können die Schachteln in veränderter Form eingesetzt werden: Das Zahlzeichen ist dann nicht sichtbar, es befindet sich auf der unteren Seite der Schachtel. Wieder wird eine Schachtel ausgesucht, geschüttelt, geöffnet und die Zerlegung abgelesen. Nun muss außerdem herausgefunden werden, welche Zahl zu der Schachtel gehört. Die Lösung kann durch Nachschauen auf der Unterseite kontrolliert werden.

Im Folgenden wird nur eine Hälfte der Schachtel aufgezogen: Die Kinder sollen „raten", wie viele in der anderen Hälfte liegen, also im Kopf zu der angegebenen Zahl ergänzen (vgl. Schulbuch Seite 26/27).

Differenzierung/Freiarbeit

Eine weitere strukturgleiche Aktivität:
Cent werfen mit dem Knobelbecher: Wie viele landen mit „Kopf" oder „Zahl"? Hier ist allerdings das Ergänzen im Kopf nicht möglich (vgl. auch das Pflaumenkernspiel und das Spiel „Plättchen werfen" im Lehrerband Seite 44).

Lerntagebuch

Die Aktivitäten mit den Schüttelschachteln sollten in Freihandzeichnungen im Lerntagebuch dokumentiert werden.

Arbeitsheft

Seite 16 und Seite 17
- In die „Schüttelschachteln" Bohnen eintragen bzw. passende Zahlensätze aufschreiben

Kopiervorlagen

- Aufgaben schütteln (Seite 72)

Material

- Zahlenschachteln
- Bohnen oder Mais
- Etwas festeres Papier für die Stege oder Holzdübel
- Würfelbecher und Cent-Münzen

Achtung:

Für die Seite 30/31 „Immer 10" kann schon mit der Sammlung von Behältern wie Eierkartons, Tablettenpackungen oder Pralinenschachteln begonnen werden.

Seite 28/29: Wie viele sind versteckt?

Ziele/Lehrplanbezug

- Ergänzungsaufgaben mit Platzhaltern
- Verständnis des Platzhalterzeichens
- Zahlzerlegungen üben
- Alle Zahlzerlegungen zu einer Zahl finden (Platzhalter auch an der ersten Stelle möglich)

Didaktische Überlegungen

Vom Überblicken und Zählen einer konkreten Menge soll das Rechnen mehr in die Vorstellung verlagert werden. Die konkrete Menge ist aber noch gegenwärtig und kann jederzeit überprüft werden. Aufgaben mit Leerstellen machen vielen Kindern Schwierigkeiten, da hier der Handlungsablauf aus zwei Teilmengen die Gesamtmenge festzustellen, nicht funktioniert. Die halb aufgezogene Schachtel bietet nun eine sehr sinnfällige und anschauliche Hilfe. Das Verständnis des Platzhalters wird spielerisch vorbereitet. Die Matheprofis machen es wieder vor. Indem die Kinder „raten" bzw. im Kopf ergänzen, wird die verdeckte Anzahl bestimmt. Der Platzhalter steht auf der symbolischen Ebene für den verdeckten Teil der Schachtel. Zuerst wird aufgeschrieben, was sichtbar ist: die Teilmenge und die Zahl auf der Schachtel, sodann wird die verdeckte Anzahl im Platzhalter bestimmt. Zur Ergebniskontrolle kann die Schachtel ganz aufgezogen werden.

Das Erfassen aller möglichen Zahlzerlegungen für die Zahlen 6, 8 und 9 auf der rechten Schulbuchseite wird später noch einmal aufgegriffen und systematisiert. Die Aufgabe ist also nur vorbereitend gedacht. Im Sinne der Differenzierung könnten einzelne Schüler/innen aber auch schon die Arbeitsheftseiten 18 und 19 bearbeiten.

Anregungen zur Unterrichtsgestaltung

Erraten! Was machen Paula und Rosa? Paula zieht nur eine Hälfte der Schachteln auf, Rosa muss raten, wie viele in der anderen Hälfte liegen. Im Gespräch mit der Klasse kann geklärt werden, dass Rosa vielleicht gar nicht rät, sondern rechnet. Was muss sie dabei überlegen? Können wir, die Kinder der Klasse, das auch? Das wird in Partnerarbeit versucht; die Ergebnisse werden kontrolliert.

Nachdem die Kinder selbstständig Erfahrungen machen konnten, wird ihnen der unvollständige Zahlensatz vorgestellt; die Leerstelle wird gezeigt und benannt; die Kinder werden die Entsprechung von Handlung und symbolischer Ebene auf ihre Weise erkennen und nutzen. Bei der „Siebenerschachtel" kann die Lösung auf symbolischer Ebene gefunden werden, es kann aber auch gemalt werden. An dieser Stelle müssen die Kinder noch nicht alle Zerlegungen finden. Mithilfe der Kopiervorlage Seite 73 oder durch Eigenikonisierungen lassen sich weitere Zahlen zerlegen.

Zur Bearbeitung der rechten Schulbuchseite sollten die Kinder wählen können, ob sie weiter mit Schachteln arbeiten wollen oder ob sie „im Kopf" die möglichen Zahlzerlegungen finden wollen. Arbeitet man mit der Schachtel, so ist zu klären, dass hier jede mögliche Zerlegung nur einmal aufgeschrieben werden darf. Kommt eine Teilmenge mehrmals vor, so muss von Neuem geschüttelt werden. Olgun möchte herausfinden, wie viele Zahlzerlegungen es für die aufgeschriebenen Zahlen gibt. Solche Forscherfragen (mit der Lupe gekennzeichnet) werden zukünftig häufiger auftauchen. Über das einfache Probieren hinaus werden hier erste Ansätze zu systematischem Arbeiten angebahnt.

Differenzierung/Freiarbeit

Die Arbeit mit Schüttelschachteln fördert die Entwicklung strukturierter Zahlvorstellungen. Konkrete Mengen werden zerlegt; die Kinder lernen Zahlen als Zusammensetzungen aus anderen Zahlen kennen. Deshalb sollte man die Arbeit mit den Schüttelschachteln mit neuen Spielen fortsetzen: Die Kinder haben als Spielplan eine vollständig ausgefüllte Zerlegungstabelle einer Zahl. (Für die Zahlen 6, 7, 8, können sie das Buch Seite 27 benützen). Sie nehmen sich die entsprechende Schachtel und schütteln abwechselnd. Jedes Kind kennzeichnet auf seinem Plan mit einer Spielmarke die Zerlegung, die es geschüttelt hat. Wer zuerst seinen Plan vollständig belegt hat, hat gewonnen.

Eine Zerlegung besonderer Art, mit einer besonderen Menge, kann als Vertiefung und als Möglichkeit angeboten werden, die bisher gewonnenen Erkenntnisse zu übertragen: Es wird eine Gruppe von Kindern ausgewählt; ihre Anzahl wird an der Tafel notiert. Die Kinder dürfen nun entscheiden, ob sie auf ein Zeichen hin stehen bleiben oder sich auf den Boden setzen. Eine deutliche Zerlegung der Gruppe entsteht; sie kann in einer Tabelle festgehalten werden. Das Zeichen wird erneut gegeben.

Auch auf ikonischer Ebene können Zahlzerlegungen vertieft werden:

Eine Menge von Kreisen wird an die Tafel gemalt. Sie werden von den Kindern auf kleine Karteikarten abgemalt und durch zwei Farben unterteilt. Entsprechende Terme werden zugeordnet oder auf die Rückseite geschrieben.

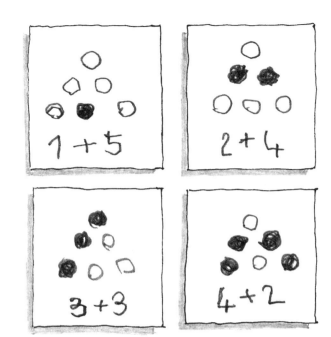

Die Bilder der Kinder können nun verglichen und geordnet, und wenn nötig, ergänzt werden.

Zerlegungen in drei Teilmengen ergeben sich, wenn drei Farben benutzt werden; sie sind eine gute Vorbereitung für die Seite 30 „Schöne Muster mit 10" und die Seite 32 „Auf einen Blick!".

Arbeitsheft

Seite 18
- Zerlegungen finden und die passenden Zahlenterme aufschreiben

Seite 19
- Zerlegungen passenden Zahlen (Schachteln) zuordnen
- Zerlegungen in Gleichungsform aufschreiben

Lernbeobachtung

- Löst das Kind die Zerlegungsaufgaben bereits im Kopf?
- Wie geht es bei Forscherfragen vor?

Kopiervorlage

- Zerlegungen finden (Seite 73)

Material

- Zahlenschachteln mit Stegen

Aufgaben schütteln

___ + ___ = ___

___ + ___ = ___

___ + ___ = ___

___ + ___ = ___

___ + ___ = ___

___ + ___ = ___

___ + ___ = ___

___ + ___ = ___

___ + ___ = ___

___ + ___ = ___

___ + ___ = ___

___ + ___ = ___

Name: .... Zerlegungen finden 73
Datum: ....

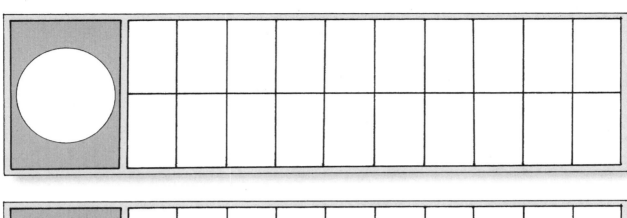
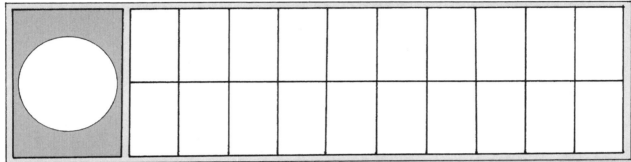
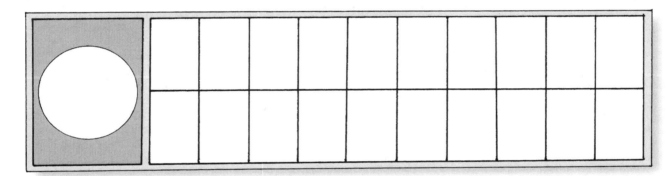
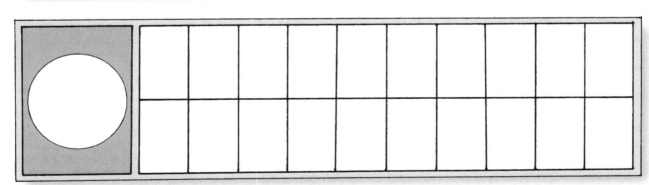
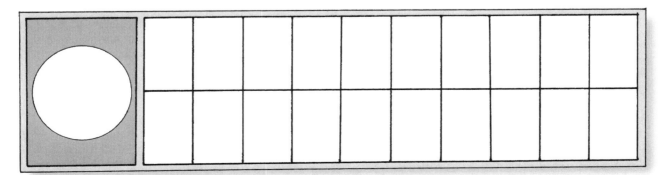

Seite 30/31: Immer 10

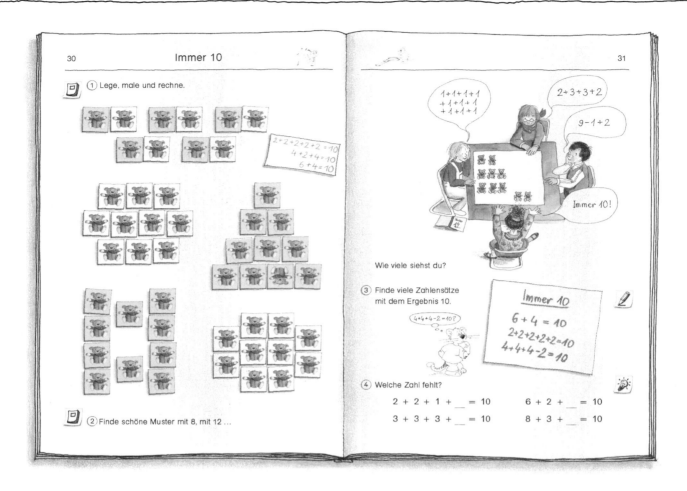

Ziele/Lehrplanbezug

- Anzahlen in „schönen" Anordnungen gruppieren
- Zusammenhang zwischen gruppierten Anordnungen und Zahlzerlegungen erkennen
- Anzahlen auch in mehrgliedrige Terme zerlegen können
- Eine Anordnung gedanklich in verschiedene Teile zerlegen können
- Die Verbindung von konkreten bzw. ikonischen Anordnungen und Zahlentermen und umgekehrt die Verbindung von Zahlentermen und unterschiedlichen Teilordnungen sehen können
- Nachvollziehen anderer Perspektiven
- Auffinden von gruppierten Gegenständen oder Motiven in der Erfahrungswelt

Didaktische Überlegungen

Anzahlen gruppieren ist eine wichtige Vorbereitung für Zahlzerlegungen und damit für das flexible Rechnen, wie es beispielsweise für das Rechnen über den Zehner (sog. Zehnerübergang) gebraucht wird. Die Gruppierungen werden hier mit den Bärchenkarten vorgenommen. Man könnte auch andere konkrete Materialien nehmen. Die Bärchenkarten haben den Vorteil, dass sie aufgrund ihrer quadratischen Grundform übersichtlich zu gruppieren sind und auch symmetrische Anordnungen gut herzustellen sind. Außerdem haben sie eine nicht zu unterschätzende emotionale Qualität, über die manche Kinder einen Zugang zu Zahlen und zum Rechnen finden. Das Erfassen von gruppierten Anzahlen ist keine konkrete Tätigkeit mehr, sondern erfolgt in der Vorstellung. Es ist zum geistigen Akt geworden (evtl. unterstützt durch Zeigen). Dies schult die visuelle Wahrnehmung. Vielfach sind Gruppierungen zugleich ästhetisch ansprechend, da sie symmetrischen Gliederungsprinzipien folgen.

Auf der rechten Seite werden durch Irina, Paula, Olgun und Rosa verschiedene mögliche Sichtweisen ein und derselben Sache thematisiert. Es geht also darum, andere Sichtweisen aufzunehmen und nachzuvollziehen. Dabei wird auch angedeutet, dass Verstehen immer Interpretieren bedeutet: „Was könnte Paula gemeint haben?" „Gibt es noch eine andere Möglichkeit?" „Olgun hat sich etwas besonders Schweres ausgedacht. Wie ist er wohl darauf gekommen?" Die Matheprofis sollen hier ein Vehikel sein, sich mit den Lösungswegen der Mitschüler/innen zu beschäftigen.

Anregungen zur Unterrichtsgestaltung

Vorbereitung:

Bevor die Schulbuchseiten 30 und 31 betrachtet werden, schauen wir uns um, wo wir gruppierte Anordnungen in der Alltagswelt vorfinden. Auch hier ist es gut, rechtzeitig mit dem Sammeln zu beginnen. Geeignet sind alle möglichen Behältnisse zur geordneten Aufbewahrung gleichartiger Dinge. Diese können im Sitzkreis angeschaut werden.

Wir betrachten jetzt vor allem Materialien, die ähnlich wie die Zehnerfelder durch ihre Einteilung bereits eine maximale Füllmenge anzeigen: Einlagen von Pralinenschachteln, Eierkartons, Knopfkarten, ausgedrückte Tablettenpackungen, Postkarten mit Minimotiven, Stickerbilder, geometrische Motive aus verschiedenen und gleichartigen Teilstücken (z. B. Irinas Sternschnuppen im Schulbuch Seite 42/43 etc.) Vieles davon werden wir im 2. Schuljahr beim Malnehmen wieder gebrauchen können.

Zu vielen dieser Materialien lassen sich Rechenfragen stellen bzw. Rechengeschichten erzählen: Wie viele Flaschen passen in die Kiste? Wie viele sind jetzt drin? Wie viele passen noch hinein? Etc.

Um die Gesamtanzahl zu erfassen, kann man unterschiedliche Teilgruppierungen vornehmen. Diese sollten von einzelnen Kindern zunächst selbst genannt und gleichzeitig gezeigt werden, später nur noch genannt und von anderen Kindern gezeigt werden.

Zu jedem Gegenstand werden nun im Laufe einiger Tage Zahlengleichungen gesammelt. Dies kann nebenbei in freien Unterrichtsphasen geschehen. Am besten werden sie groß und deutlich sichtbar auf ein zugehöriges Blatt geschrieben, so dass sie später im Sitzkreis wieder angeschaut und überprüft werden können.

Die Seite 30 bildet Gruppierungen von 10 Bärchenkarten in verschiedenen Anordnungen ab. Stickerbilder eignen sich ebenfalls. Die Kinder sollen die Gruppierungen nach Übersichtlichkeit und „Schönheit" beurteilen: „Wie gefällt dir 10 am besten?" Die Kinder können sodann eigene Anordnungen legen und in ihr Lerntagebuch zeichnen. Bei anderen Anzahlen geht man ebenso vor. Die Kinder sollten gleichzeitig dazu angeregt werden, zu ihrer Anordnung eine entsprechende Gleichung aufzuschreiben.

Die Abbildung auf der rechten Seite kann zuerst in Partnerarbeit besprochen werden. Weitere Möglichkeiten des gruppierten Zählens können im Sitzkreis besprochen werden.

Die Aufgabe „Finde viele Zahlensätze mit dem Ergebnis 10." wird sich als unerschöpfliche Quelle von Aufgaben herausstellen.

Die mit einer Glühbirne gekennzeichnete Aufgabe „Welche Zahl fehlt?" ist eine herausfordernde Problemstellung für leistungsstarke Kinder. Sie können auch ähnliche Aufgaben selbst erfinden.

Differenzierung/Freiarbeit

Partnerarbeit:
Rechenaufgaben finden mit Umweltmaterial

Insbesondere für Lernschwächere:
Anzahlanordnungen ertasten

Eine Variante, die über den Tastsinn Aufmerksamkeit provoziert und für manche Kinder Gedächtnis stützend sein kann, ist das Ertasten von Punkteanordnungen aus ausgestanztem Karton, Sandpapier oder Filzpunkten. Ein großer Lerneffekt gerade auch für lernschwache Kinder ist die eigene Herstellung solcher Punktemengenbilder.

Hier werden bereits multiplikative Anordnungen ins Spiel kommen, wie sie im 2. Schuljahr dann ausgiebig thematisiert werden.

Als Freiarbeitsmaterial haben wir vorgestanzte Pralineninlets gesammelt. Sie weisen ein 10er- oder 20er-Format auf. Die Kinder füllen Plättchen hinein und fordern ihren Partner auf, ganz schnell zu sagen, wie viele drin sind, bzw. wie viele (bis 10 oder 20) fehlen. Auch Eierkartons, die wir zwar ästhetisch nicht so ansprechend finden, haben hier natürlich ihre Berechtigung.

Lernbeobachtung

- Findet das Kind verschiedene, auch symmetrische Anordnungen?
- Kann es dazu passende Zahlensätze bilden? Kann es umgekehrt zu Zahlensätzen Gruppierungen herstellen?
- Findet es geschickte Gruppierungen für die Fühlkarten?
- Gelingt das Erfassen der Anordnung über Fühlkarten?
- Findet das Kind für die Aufgabe immer 10 kreative Lösungen?

Lerntagebuch

Die Kinder können die Anordnungen aus dem Schulbuch nachlegen oder eigene finden und ins Lerntagebuch zeichnen und eine entsprechende Rechnung dazu aufschreiben.

Arbeitsheft

Seite 20 und Seite 21
- Gruppierte Anordnungen erfassen und passende Zahlensätze finden

Material

- Bärchenkarten
- Karteikarten
- Ausgestanzte Kartonkreise oder Filzpunkte zum Herstellen von Anzahl-Fühlkarten, Pralinen-Inlets, Eierkartons oder ausgedrückte Tablettenpackungen u. Ä.

Seite 32/33: Auf einen Blick!

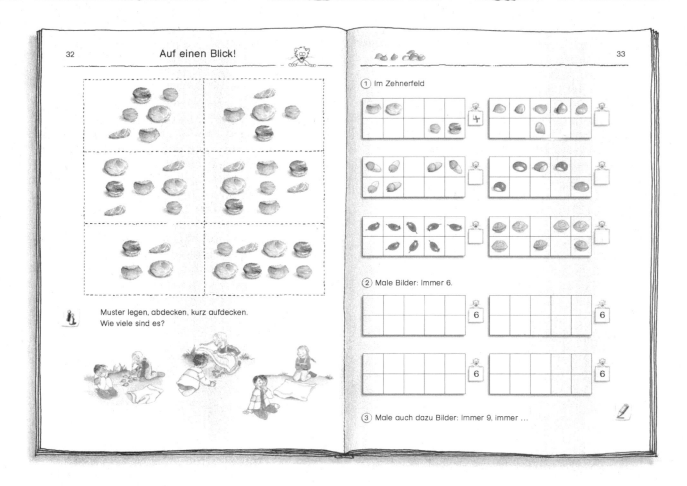

Ziele/Lehrplanbezug

- Anzahlen in übersichtlichen Anordnungen gruppieren
- Gruppierte Anordnungen in ihrer Gesamtanzahl erfassen (Teil-Teil-Ganzes-Prinzip)
- Hinführung zur Darstellung im Zehnerfeld

Fächerverbindende Aspekte

Gespräche über die Herkunft der Materialien: Wo findet man solche Steine? Welche Waldfrüchte haben wir hier? Woher stammen die Hagebutten? Etc.

Didaktische Überlegungen

Hier geht es um das quasi-simultane Erfassen von Anzahlen.
Das Abdecken mit dem Tuch und das kurze Zeigen motiviert die Kinder die gruppierten Anzahlen auf einen Blick zu erfassen. Dies unterstützt den Aufbau von Vorstellungsbildern. Der im Vorangegangenen in der Vorstellung schon geübte geistige Akt des Gruppierens (Analyseaspekt) ist hier wieder gefordert. Hinzu kommt der Syntheseaspekt: Es geht darum, aus den Teilen die Gesamtanzahl zu bestimmen.

Diesen Übungen des analytischen und synthetischen Erfassens von Anzahlen sollte große Bedeutung beigemessen werden. Sie sind eine wichtige Voraussetzung für den souveränen Umgang mit Zahlen. Die Teil-/Teil-Ganzes-Auffassung ist, wie schon erwähnt, für die Vorbereitung des Rechnens zentral.
Wichtig im Sinne des konstruktiven Lernens ist wieder, dass die Kinder eigene Gruppierungen finden und darüber sprechen. Sie sollen selbst entdecken, welche Anordnungen besonders übersichtlich sind und den Wert des Zehnerfeldes als Strukturierungshilfe schätzen lernen.

Anregungen zur Unterrichtsgestaltung

Ein möglicher Einstieg:
Die Kinder arbeiten in Dreiergruppen. Jeder bekommt einen Teelöffel voll Linsen (o. Ä.). Der Arbeitsauftrag lautet, die Dinge möglichst so zu legen, dass man sofort sehen kann, wie viele es sind. Die Kinder sprechen in der Kleingruppe darüber.
Eine Unterrichtsbeobachtung dazu: Jan legt acht und drei und unterteilt die acht dann noch einmal in 2 Viererreihen, damit noch nicht zufrieden legt er dann eine Fünfer- und eine Sechserreihe. Fiona und Manuel behaupten beide 14 zu haben, aber man kann es nicht gleich sehen. Sie erhalten den Auftrag zu beweisen, dass beide gleich viel haben. Im Nachhinein fällt uns ein, dass

man sie hätte anregen können, zu überlegen, was man tun kann, damit alle drei gleich viel haben. Die anderen Kinder legen überwiegend lieber Häufchen von vier oder fünf Dingen, gern auch die Würfel-Fünf, so fällt ihnen der Überblick am leichtesten. Reihen kommen seltener vor. Sie sind, wenn es fünf oder mehr sind, auch mit einer Zäsur nicht mehr so gut zu überblicken.

Die Bildergeschichte der Schulbuchseite 32 soll als Handlungsfolge verstanden werden. Die Kinder sollten erzählen, was Irina und Olgun dort tun. Anschließend können sie das Spiel mit ihrem Nachbarn ausprobieren. Anordnungen, die sich gut überblicken lassen, sollen anschließend ins Lerntagebuch gemalt werden.

Die Steine werden anschließend auf leeren Zehnerfeldern gruppiert. Dazu müssen die roten, gestanzten Quadrate der Schulbuch-Beilage herausgedrückt, die Beilage zweimal entlang der perforierten Linien gefaltet und dann aufeinander geklebt werden. Die Schulbuchseite 33 zeigt einige Beispiele und lässt weitere Möglichkeiten offen. Die Kinder können eigene Anordnungen entweder ins Buch malen oder die Kopiervorlage Seite 79 verwenden.

Differenzierung/Freiarbeit

Die Aktivität „Anzahlen auf einen Blick" kann ein Freiarbeitsangebot für zwei Kinder sein.

**Bes Tas –
ein Geschicklichkeitsspiel mit sieben Steinen:**

1. Spieldurchgang:

Sieben rundliche, für die jeweilige Spielhand gefällige Steine liegen am Boden. Ein Stein wird in die Hand genommen und hochgeworfen. Bevor man ihn wieder fängt, muss man einen am Boden liegenden Stein aufheben. Ist dies gelungen, legt man ihn zur Seite. Während des erneuten Hochwerfens muss man wieder einen Stein vom Boden aufgreifen, den hochgeworfenen Stein auffangen und danach wieder einen Stein zur Seite legen. Der erste Spieldurchgang ist beendet, wenn man auf diese Art und Weise alle sechs Steine aufgehoben hat.

2. Spieldurchgang:

Nun werden gleichzeitig zwei Steine aufgenommen, während sich der Wurfstein in der Luft befindet, so lange bis alle 6 Steine aufgehoben sind.

3. Spieldurchgang:

Dann muss man auf einmal drei Steine vom Boden aufnehmen.

4. Spieldurchgang:

Ist man bis hierher gekommen, werden die sieben Steine locker vor den Spieler geworfen. Eine seiner Hände bildet eine Brücke. Die Steine werden nacheinander mit der freien Hand zwischen dem gespreizten Daumen und dem Zeigefinger hindurch gekickt (in Anlehnung an: Die Grundschulzeitschrift 101/1997, S. 12).

Kimspiel:

In einen Karton werden verschiedene Muscheln oder Steine gelegt. Ein Kind darf sich den Karton so lange anschauen, bis es sich alles eingeprägt hat.

Nun wird ein Gegenstand weggenommen oder in der Lage verändert (später vielleicht zwei oder mehrere Gegenstände). Das Spiel kann man auch mit dem Zehnerfeld spielen.

Forscherfrage:

Die Kinder sollten angeregt werden, die Frage, welche Gruppierungen schnell zu überblicken sind, experimentell zu bearbeiten. Beispiele können sie in ihr Lerntagebuch zeichnen und anschließend vorstellen.

Lernbeobachtung

- Kann das Kind Anzahlen gliedern und erfassen?
- Hat es ein gutes visuelles Gedächtnis?
- Ist es geschickt im Greifen und Fangen?
- Wie hat es die Forscherfrage bearbeitet?
- Hat es schöne Anordnungen gefunden?

Lerntagebuch

Zu den Zahlenbildern im Zehnerfeld können weitere Zahlensätze gefunden werden. Zu einem Siebenerbild beispielsweise:
6 + 1 = 7 oder
5 + 2 = 7 und die Tauschaufgaben etc.

Arbeitsheft

Seite 22
- „Wie viele Steine liegen auf dem Zehnerfeld?" Ein Zahlensatz mit „plus" und ein Zahlensatz mit „minus" soll gefunden werden.

Kopiervorlagen

- Abdeckfenster (Seite 78)
- Im Zehnerfeld (Seite 79)

Material

- Zehnerfeld (siehe Schulbuch-Beilage)
- Nach Möglichkeit Halbedelsteine, die in Farbe, Schwere und Glätte ihren besonderen ästhetischen Reiz haben (im Kindergartenhandel Dusyma preiswert erhältlich, ersatzweise Bohnen für Bes Tas oder Linsen zum einfachen Gruppieren).
- Für das Kimspiel: Karton mit verschiedenen Gegenständen (Muscheln, Steine, …)

Auf einen Blick!

Abdeckfenster

Machen Sie sich eine Folie von der Schulbuchseite 34.
Schneiden Sie die Kopiervorlage entlang der gestrichelten Linien auf.
Legen Sie die Kopiervorlage auf die Folie und decken Sie damit die
Muster abwechselnd auf.

Name: ....
Datum: ....

Im Zehnerfeld

79

Zu Schulbuch Seite 33

© Oldenbourg Schulbuchverlag GmbH, München – Die Matheprofis 1

Seite 34 / 35: Zahlenbilder im Zehnerfeld / Aufgaben legen

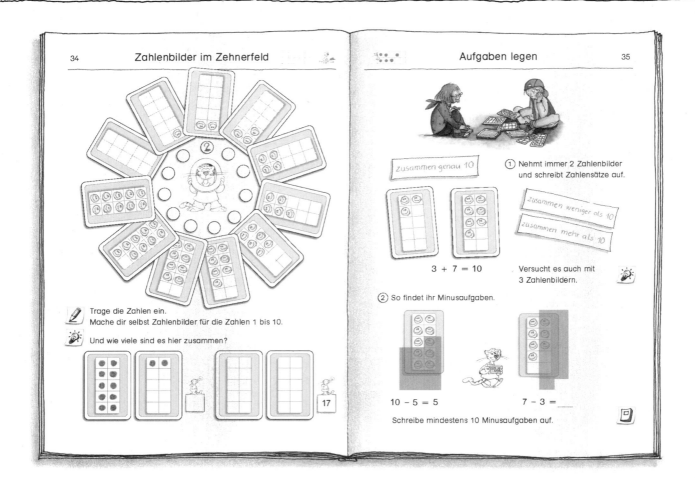

Ziele/Lehrplanbezug

- Anzahlen auf dem Zehnerfeld von links nach rechts auffüllend darstellen
- Punktebilder im Zehnerfeld nach der Anzahl ordnen
- Erkennen, dass die steigenden Anzahlen „immer einen Punkt mehr" haben
- Darstellung von Zahlen über 10 hinaus anbahnen
- Ergänzungen in anderen Zahlenfeldern
- Erarbeiten von Plus- und Minusaufgaben auf der ikonischen und symbolischen Ebene

Didaktische Überlegungen

Zunächst ist es nötig, eine begriffliche Klärung vorzunehmen. Anfänglich mögen die Begriffe etwas umständlich erscheinen und auch für die Lehrerin und die Kinder weiteren Lernstoff bedeuten, jedoch helfen sie, wenn sie präzise gebraucht werden, Vorstellungen aufzubauen, die für das Zahlenverständnis hilfreich sind, denn eine präzise Sprache unterstützt präzise Vorstellungen.

Hier sind einige wichtige Begriffe:

Zehnerfeld – Hier ist die leere Gitterstruktur gemeint.

Punktebild im Zehnerfeld – alle Punktebilder von 1 bis 9

Zehn-Punktebild – speziell für das ausgefüllte Zehnergitter

Natürlich wird man diese Fachbegriffe nicht gleichzeitig einführen, sondern sehr allmählich an ihren Gebrauch gewöhnen.

Während bis jetzt unterschiedliche Gruppierungen vorgenommen wurden, um ein aktives und konstruktives Lernen zu unterstützen, erweist sich für den Aufbau von Vorstellungsbildern und den Übergang zum Rechnen mit abstrakten Zahlen eine einheitliche Form als zweckmäßig.

Nach unseren Erfahrungen wird der „Doppelfünfer" besser überblickt als die nur durch eine Lücke oder durch Farbunterschiede in zwei Fünfer gegliederte Zehnerreihe. Wir arbeiten deshalb mit dieser Gliederung. Hier gibt es nun wieder zwei zweckmäßige Darstellungen: Bei der einen wird zunächst der obere Fünfer ausgefüllt (Zahlen von 1 bis 5) und dann die untere Reihe. Nach unseren Beobachtungen legen Kinder von sich aus die Reihung (besonders bei 4 und 5) seltener als die Anordnung in zwei Reihen (wie auf der linken Seite des Schulbuchs). Diese scheint noch besser überschaubar zu sein, so dass wir uns entschieden haben, diese zunächst überwiegend zu verwenden. Die Gleichwertigkeit mit der Aufteilung des ersten Fünfers sollte mit den Kindern herausgearbeitet werden. Letztlich kann man sich in der Klasse auch auf diese einigen.

Das von links aufgebaute Punktebild im Zehnerfeld soll den Aufbau der Zahlvorstellung bis hin zum Operieren mit Zahlen vor allem bei den Kindern unterstützen, die darstellende Hilfen brauchen. Im Gegensatz zu den vielfach üblichen vorgegebenen strukturierten Materialien sollen die Kinder diese für die Folgezeit wichtigen Arbeitsmittel selbst strukturieren, allerdings jetzt einheitlich nach der gemeinsam gefundenen, gut überblickbaren Form. Die Punktebilder im Zehnerfeld werden im Schulbuch bei der Thematisierung der Zahlen 11 bis 20 wieder aufgegriffen, hier wird das Zehn-Punktebild zur Zehnerreihe umstrukturiert. Beide Möglichkeiten der Zehnerdarstellung bleiben aber erhalten.

Zunächst jedoch haben sich die Punktebilder im Zehnerfeld zur Zahlerfassung bewährt. Sie bieten weiterhin den Vorteil, dass durch die Gitterstruktur die Ergänzung zur Zehn immer gleich mitgesehen werden kann.

Anregungen zur Unterrichtsgestaltung

Herstellung der Punktebilder im Zehnerfeld:
Nachdem in den vorangegangenen Stunden ausreichend Gruppierungen vorgenommen wurden, wird nun eine übersichtliche Struktur festgelegt. Zunächst können die Kinder im Schulbuch oder auf der Kopiervorlage Seite 79 mit eigenen Motiven aber in der vorgegebenen Struktur Zahlenbilder gestalten.

Dann werden Zahlenbilder von 1–10 hergestellt. Dabei werden die Zehnerfelder des Kartenspiels „Fridolin + 20" oder die Kopiervorlage Seite 23–24 mit Klebepunkten beklebt. Die Punkte oder Smilies können auch einfach mit Buntstiften aufgemalt werden. Die Schulbuchseite 33 gibt Gelegenheit, sich darüber zu einigen, welche Anordnungen als besonders übersichtlich angesehen werden können. Die individuelle Gestaltung der Zehnerfeldkarten hat auch den Vorteil, dass die Kinder ihre eigenen Karten nach gemeinsamen Spielen schnell wieder herausfinden.

Auf Seite 34 sind die Zahlenbilder von 0 bis 10 der Größe nach im Kreis angeordnet. Bei der gemeinsamen Besprechung können die Kinder ihre Entdeckungen sprachlich formulieren, sinngemäß etwa: „Es wird immer eins mehr." „Bei jeder zweiten Karte ist ein Punkt einzeln." Anschließend können die Kinder die dazugehörigen Zahlen eintragen.

Unten auf der Seite geben wir einen Ausblick in den Zwanzigerraum. Ausführlich thematisiert wird er ab den Schulbuchseiten 60/61.

Die Aufbewahrung der Karten sollte gut organisiert werden. Die Kinder sollten angehalten werden, die Vollständigkeit der Karten selbst zu überprüfen, bevor sie sie beispielsweise in namentlich gekennzeichneten Briefumschlägen aufbewahren.

Die Zahlenkarten lassen sich gut für erste Rechenübungen nutzen. Dies wird auf S. 35 dargestellt: Jedes Kind hat einen Satz Karten. Zunächst ordnen die Kinder ihre Karten so, dass sie sie gut überblicken können. Dann werden die Kinder aufgefordert, in Partnerarbeit immer je eine Karte zusammenzulegen und das Gesamtergebnis der Punkte zu ermitteln. Im Buch schlagen wir 3 Kategorien vor, nach denen die Kinder die Ergebnisse ihre Punktekarten-Additionen sortieren können.

Zusammen genau 10: Man sieht in der Vorstellung, wie sich die Punkte beider Karten zu einem gefüllten Zehn-Punkte-Bild ergänzen.

Zusammen weniger als 10: Man sieht, dass Felder im Zehnerfeld unbesetzt bleiben.

Zusammen mehr als 10: Nicht alle Punkte beider Karten haben auf einer Zehnerkarte Platz.

Auch Minusaufgaben können mithilfe der Karten gefunden werden. Bei den Beilagen befindet sich eine durchsichtige Folie. Wenn in diese Folie eine Ecke geschnitten wird, kann jede beliebige Anzahl auf den Karten abgedeckt werden. Die Punkte auf der Karte stellen quasi den Minuenden dar, die Folie deckt den Subtrahenden ab, die nicht verdeckten Punkte stellen die Differenz dar.

Differenzierung/Freiarbeit

Zur Vorstellungsbildung bieten sich folgende Aktivitäten mit den Zahlen- und Punktekarten an:
Partnerarbeit (Jedes Kind arbeitet mit seinen Zahlenkarten):

Ein Kind legt eine Zahlenkarte, das andere legt das passende Zahlenbild bis alle Karten abgelegt sind. Dann wird gewechselt.
Förderaktivität in der Kleingruppe:

Die Lehrerin legt nacheinander die Zahlenkarten 1–10 auf einen Tisch. Die Kinder legen das passende Zahlenbild dazu und überlegen, wie das Zahlenbild zur folgenden Karte aussehen könnte.

Arbeitsheft

Seite 23
- Verbinden von Zahlenbildern, die die gleiche Anzahl repräsentieren
- Finden von Termen zu Zahlenbildern

Seite 24
- Finden von Plusaufgaben zu Zahlenbildern
- Plusaufgaben auf symbolischer Ebene lösen

Seite 25
- Zu Zahlenbildern Minus- und Ergänzungsaufgaben notieren
- Plus- und Minusaufgaben rechnen

Material

- Zahlen- und Punktekarten (Kartenspiel „Fridolin + 20" oder Kopiervorlagen Seite 21–24)
- Grünfolie

Seite 36/37: Paare bilden

Ziele/Lehrplanbezug

- Erste Eigenschaften von Zahlen erkennen: gerade oder ungerade (Teilbarkeit durch 2)
- Tabellennotation
- Ergänzen zu 10
- Experimentelles Erkunden: Mit welchen Anzahlen kann man Paare legen?
- Ableiten einfacher Gesetzmäßigkeiten

Didaktische Überlegungen

Mit der gewählten Zahldarstellung auf dem Zehnerfeld lassen sich mühelos gerade und ungerade Anzahlen unterscheiden. Aus geraden Anzahlen lassen sich Paare bilden, bei ungeraden bleibt eines übrig. Der Vorgang wird zunächst auf der enaktiven Ebene, also durch konkretes Legen aktiv vollzogen.

Neu dürften für die Kinder die mathematischen Begriffe „gerade" und „ungerade" sein. Hier ist die Frage, wann man sie einführt. Zunächst sollten die Kinder selbst Namen für die Zahlen finden. Die geraden werden sie möglicherweise „Paarzahlen" nennen, für die ungeraden ist es schwieriger einen Namen zu finden. Die üblichen mathematischen Begriffe können später oder auch parallel eingeführt werden mit dem Hinweis: „Man nennt diese Zahlen auch gerade Zahlen." Grundsätzlich gilt für die Einführung mathematischer Begriffe, dass zunächst der Begriffsinhalt verstanden sein muss und dann die Bezeichnung gelernt werden kann. Mit eigenen Bezeichnungen charakterisieren die Kinder selbst das Wesentliche des Begriffs. Die üblichen mathematischen Begriffe sind Konventionen, die gelernt werden müssen. Als Schwierigkeit kommt dabei oft hinzu, dass die Umgangssprache keine Hinweise für das Verständnis der mathematischen Begriffe liefert oder dass sie gar falsche Assoziationen hervorruft, z. B. wenn Zahlen als „größer" oder wie hier als „gerade" bezeichnet werden.

Nachdem die Kinder ihre Punktekarten in solche mit geraden Zahlen und solche mit ungeraden Zahlen sortiert haben, erkennen sie, dass sich gerade Zahlen in 2 gleich große Mengen aufteilen lassen. Bei ungeraden Zahlen bleibt immer 1 übrig. Dies wird in den Aufgaben 4 und auf symbolischer Ebene notiert.

Anregungen zur Unterrichtsgestaltung

Zu Seite 36

Um die Aktivität zu motivieren, dürfen die Kinder in eine Tüte mit einfarbigen Plättchen greifen und eine zufällige Anzahl herausnehmen. Die konkrete Untersuchung sollte von der schriftlichen Notation begleitet werden. Dazu bietet sich, wie im Schulbuch dargestellt, eine einfache Tabelle an.

Auf der Seite 36 wird die Aktivität von den Matheprofis vorgestellt. Die Frage: „Was machen Rosa und Felix hier? Was haben sie sich ausgedacht?" werden die Schüler/innen leicht beantworten können. Der Begriff „Paar" sollte geklärt werden. Hier ist lediglich gemeint, dass immer zwei zusammen sein sollen, in der Alltagssprache bedeutet es gewöhnlich, dass immer zwei zusammenpassen, ein Ehepaar, ein Paar Schuhe etc. Die Idee bekamen wir von einer sechsjährigen Schülerin, die gerade Zahlen besonders mochte, weil immer zwei zusammen spielen konnten und keiner alleine blieb.

Auf der Seite unten können die Schüler/innen gerade Zahlen rot und ungerade grün anmalen. Sie werden dabei feststellen, dass die geraden (und entsprechend die ungeraden) Zahlen im Zweierrhythmus wiederkehren.

Gruppenarbeit:

Die Aktivität eignet sich auch für die Einführung der Kinder in Gruppenarbeit. Jedoch sollte dafür zunächst besprochen werden, wie man in der Gruppe arbeiten kann: Wer bekommt die Tüte? Wer darf ziehen? Wie kann man wechseln? Soll ein Kind das Aufschreiben in der Tabelle übernehmen oder soll das Blatt der Reihe nach wechseln? Wenn man diese Fragen vorher mit den Kindern gemeinsam klärt und im Anschluss auch noch einmal über das Funktionieren der Gruppenarbeit spricht, wird man im Laufe der Zeit gute Gruppenarbeitsergebnisse erreichen.

Wichtig für eine gut funktionierende Gruppenarbeit ist auch die anschließende gemeinsame Präsentation der Arbeitsergebnisse. Dazu kann man die Kinder auffordern, ihre Tabelle noch einmal groß und übersichtlich auf ein DIN A3-Blatt zu schreiben und der Klasse vorzustellen.

Zu Seite 37

In Aufgabe 3 wird angeregt, die Zehnerfeldkarten in gerade und ungerade Zahlen zu sortieren. In den Aufgaben 4 und 5 werden dazu dann symbolische Notationen gefordert. Die Aufgabe 5 ist für leistungsstärkere Schüler gedacht, die die erworbenen Kenntnisse im größeren Zahlenraum erproben wollen.

Differenzierung/Freiarbeit

Übungen mit Zehnerfeldkarten:

Mit den Zehnerfeldkarten können die Kinder beliebig oft eigene Aufgaben entwickeln. Zum Beispiel können sie in Partnerarbeit aus zwei Stapeln von umgedrehten Karten immer zwei aufdecken und den passenden Zahlensatz schreiben. Dabei kann das Schwierigkeitsniveau von den Kindern selbst bestimmt werden. Entweder nehmen sie nur die Karten 0 bis 5 oder auch bereits höhere. Die Zahlensätze dienen der Lehrerin als Lernkontrolle (vgl. Seite 35).

Forscheraktivität:

Einzelne Kinder sollten (z. B. in der Freiarbeit) die Möglichkeit erhalten, gerade und ungerade Zahlen genauer zu untersuchen. Hierzu können folgende Frage- bzw. Aufgabenstellungen dienen: Finde alle geraden Zahlen bis 20 (oder darüber hinaus). Wie hast du sie gefunden? Was für Zahlen erhält man, wenn man zwei gerade Zahlen addiert? … wenn man zwei ungerade Zahlen addiert? … wenn man eine gerade und eine ungerade addiert? Probiere Beispiele. Ist das immer so? Warum? (Siehe dazu auch Arbeitsheft Seite 45.)

Lerntagebuch

Die Seite 37 soll Schüler/innen anregen, Zehnerfelder mit Punktebildern in ihr Lerntagebuch zu zeichnen. Dies entspricht unserem Prinzip der Eigenikonisierung.

Es ist von großem didaktischen Wert, wenn die Struktur der Zehnerfelder von den Kindern selbst abgebildet wird (vgl. auch die Seiten 56/57 im Schulbuch). Zum einen wird dadurch die Struktur tiefer erfasst, wobei es am Anfang gelegentlich noch zu Fehlern kommt, die die Kinder selbst entdecken und verbessern sollten. Darüber hinaus stärkt das Freihandzeichen aber auch das Formgefühl und damit das geometrische Verständnis für Rechteck- und Quadratformen, wenn auch letztere zunächst nur annäherungsweise gelingen. Im Allgemeinen waren wir aber überrascht über das gute Gelingen der Zeichnungen.

Lernbeobachtung

- Gelingen der Freihandzeichnungen?
- Werden die Aufgaben auf der ikonischen Ebene richtig gelöst?
- Findet das Kind richtige Zahlensätze mit oder ohne Material? In welchem Zahlenraum bewegt es sich dabei?

Material

- Punktekarten
- Tüte mit einfarbigen Plättchen

Seite 38/39: Drachen füttern / Mit zwei Würfeln
Seite 40/41: Würfeln und Rechnen / Felder belegen

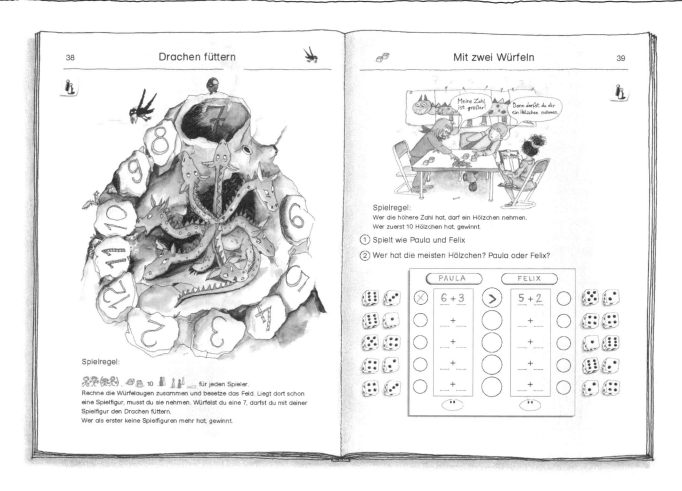

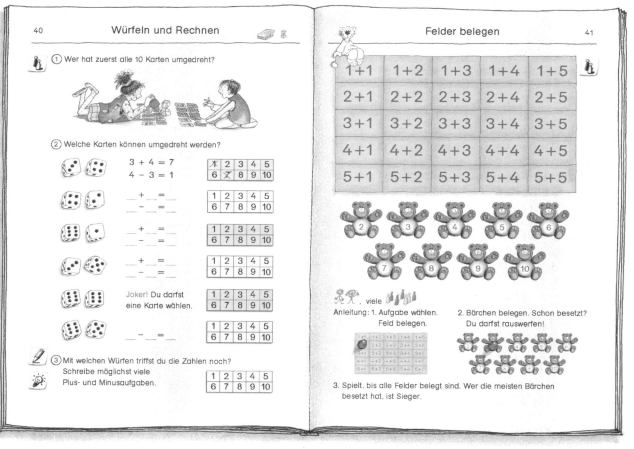

Ziele/Lehrplanbezug

- Durch lustvolles, spielerisches Üben Sicherheit beim Addieren von Zahlen gewinnen
- Das im Unterricht erworbene Wissen festigen und vertiefen
- Durch häufiges Spielen erste Einsichten zu einem Geflecht von Beziehungen ausbauen
- Strategien entwickeln
- Erste statistische Erfahrungen machen

Didaktische Überlegungen

Nachdem die Kinder vielerlei Lernangebote erhalten haben, um eine Vorstellung von den Zahlen zu entwickeln, Beziehungen zwischen den Zahlen zu entdecken und Operationen (Addieren und Ergänzen) vorzunehmen, ist es sinnvoll und wichtig, diese Fertigkeiten zu üben. Dafür eignen sich Rechenspiele besonders gut.

Jede Lehrerin weiß auch aus eigener Erfahrung, wie unterschiedlich der Begriff „Spiel" benutzt wird, welche unterschiedlichen Tätigkeiten mit „spielen" bezeichnet werden. Jeder kennt das Motto „Spielend Lernen, lernend Spielen", das eine Spielorientierung in den Mathematikunterricht brachte und vermeintliche Gegensätze miteinander verband.

Unsere Absicht ist es, neben den spielerischen Elementen im Mathematikunterricht auch noch „Rechenspiele" im strengen Sinn in den Unterricht einzubringen; es sind Spiele, die sich über Jahre hin bewährt haben. Kriterien hierfür sind:
1. Die Spiele machen Spaß und werden von Lernerfolgen begleitet.
2. Es sind Zufälle eingebaut; der Erfolg hängt also nicht bzw. nicht nur von der Leistungsstärke der Schüler/innen ab.
3. Die Spielregeln sind verständlich und leicht zu behalten; es ist möglich, sie zu variieren und zu erweitern.
4. Die Spieldauer ist nicht zu lang; nach unseren Erfahrungen sollten Spiele nur in Ausnahmefällen länger als 20 Minuten dauern, da die Konzentrationfähigkeit der Kinder begrenzt ist.
5. Ein Spiel ist kein „offenes Lernangebot". Dennoch soll es möglich sein, Leistungen, die beim Spielen verlangt werden, auf unterschiedlichen Niveaus zu erbringen.

Mit den Würfelspielen der Schulbuchseiten 38 und 39 knüpfen wir an die vorschulische Spielerfahrung der Kinder an. Wir nutzen die Tatsache, dass Kinder schon die Tätigkeit des Würfelns als reizvoll empfinden.

Mathematisch gesehen geht es in beiden Spielen um dasselbe Ziel: Zwei Würfelbilder geben eine Additionsaufgabe vor. Diese wird von den Kindern ganz selbstverständlich angenommen und ihren Fähigkeiten entsprechend gelöst. Die Chance zu gewinnen, veranlasst auch Kinder, die noch Schwierigkeiten haben, die Aufgaben rechnend zu lösen oder andere Wege zu finden. Deshalb eignet sich das Spiel „Drachen füttern" besonders gut, um den Lernstand der Kinder zu beobachten. Man entdeckt hierbei Kinder, die sich nicht scheuen, die Würfelpunkte auf beiden Würfeln nacheinander abzuzählen, um so die Ergebniszahl zu erhalten und andere, die die Ergebniszahl sicher und schnell finden. Man sieht Kinder, die keinerlei Verbindung zu den vorausgegangenen Aufgaben herstellen und solche, die die Wiederholungen, Umkehrungen und Nachbaraufgaben von sich aus in ihre Überlegungen einbeziehen. Einem Schüler, der große Angst vor Misserfolg hatte, verdanken wir die Idee, einen Drachenfütterer zu benennen. Dieser sammelt die abzugebenden Spielmarken und kann aufgrund seiner Aufgabe vielleicht als Erster feststellen, dass die Ergebniszahl 7 am häufigsten bzw. sehr häufig vorkommt.

Die Spiele auf den Seiten 40 und 41 regen zu Entscheidungen und dadurch zum Vorausdenken an. So kann man z. B. bei „Würfeln und Rechnen" auf Seite 40 zwischen einer Additionsaufgabe und einer Subtraktionsaufgabe wählen.

Beim „Felder belegen" auf Seite 41 sind es eine Fülle von Überlegungen, die die Kinder ihren Fähigkeiten entsprechend anstellen können, aber nicht müssen.

Anregungen zur Unterrichtsgestaltung

Wie lassen sich Spiele im Unterricht vermitteln? Wie lernen Erstklässler die Spielregeln kennen?

Folgende Vorschläge gelten im Großen und Ganzen für alle Spiele im ersten Schuljahr:
1. Die Spielpläne werden betrachtet und Spielvorschläge gesammelt.
2. Die Texte werden entschlüsselt, Symbole übersetzt.
3. Die Lehrerin liest den Text vor, Unklarheiten werden besprochen, Ergänzungen hinzugenommen.
4. Das Spiel wird einmal im Stuhlkreis gespielt oder die Lehrerin spielt das Spiel mit einer kleinen Gruppe; danach gehen diese Kinder in neue Gruppen und geben dort ihr Wissen weiter.
5. Das Spiel wird als Hausaufgabe zu Hause gespielt. (Diese Hausaufgabe wird sehr geschätzt.)

Wenn alle Spiele bekannt sind, soll es den Kindern freigestellt werden, welches Spiel sie in den „Spielzeiten" bevorzugen.

Zu Seite 38

Drachen füttern:
Spielregel und Spielverlauf:
Jedes Kind erhält 10 Spielfiguren. (Anfangs bzw. wahlweise kann auch nur mit 6 Spielfiguren pro Spieler gespielt werden.) Die Spielfiguren müssen sich nicht unterscheiden. Ziel ist es, die Spielfiguren so schnell wie möglich loszuwerden. Dies geschieht folgendermaßen: Es wird nacheinander mit zwei Würfeln gewürfelt. Der erste Spieler berechnet die Summe und stellt eine seiner Spielfiguren auf das Ergebnisfeld. Ist im weiteren Spielverlauf das Ergebnisfeld schon besetzt, so kann der Spieler keine Spielfigur loswerden, sondern er muss im Gegenteil diese Spielfigur aufnehmen. Ist die Würfelsumme sieben, so werden die Drachen gefüttert und die Spielfigur wird aus dem Spiel genommen. Das Spiel endet, wenn ein Kind alle Spielfiguren loswerden konnte (auch die dazugekommenen!).

Beobachtungen: Es ist lange nicht vorauszusehen, wer gewinnen wird. Es ergeben sich viele Möglichkeiten zum denkenden Rechnen.

Zu Seite 39

Mit zwei Würfeln (Knobelspiel):
Bei diesem Spiel lässt sich der Gewinner wie folgt ermitteln:

Jedes Kind erhält zwei Würfel (sie sollten sich farblich unterscheiden). Beide Spieler würfeln gleichzeitig mit beiden Würfeln; die Würfelbilder werden verglichen. Wer mit beiden Würfeln zusammen die größere Augenzahl erwürfelt hat, erhält ein Hölzchen (Spielmarke o. Ä.). Gespielt wird so lange, bis ein Spieler eine vereinbarte Zahl an Hölzchen (z. B. 10) besitzt. Die Kinder stellen schnell fest, dass die Summe nicht immer genau errechnet werden muss. Es wird viele Fälle geben, wo sofort zu sehen ist, wer gewonnen hat, wenn z. B. beide Würfel eines Spielers eine kleinere Zahl anzeigen. Sie erkennen ebenfalls schnell, dass es vielfältige Möglichkeiten gibt, die gewürfelten Zahlen zu vergleichen, will man den Gewinner schnell und sicher ermitteln.

Mit der Tabelle von Paulas und Felix' Spielverlauf wird den Kindern eine Möglichkeit gezeigt, Spielverläufe mathematisch auszudrücken und zu notieren. Es ist denkbar, dass einige Kinder dies gern aufgreifen und eigene Spielprotokolle anfertigen (siehe Kopiervorlage Seite 88).

Differenzierung/Freiarbeit

Beide Spiele lassen sich gut differenzieren.

1. Vorschlag:
Felder erobern (mathematische Weiterführung des Spiels „Drachen füttern"; vgl. auch das Spiel „Felder belegen" (Seite 41):

Es wird mit drei Würfeln gespielt. Die Ergebnisfelder von 5 bis 16 werden auf ein Papier aufgemalt oder durch entsprechende Zahlenkarten ausgelegt.

Spielverlauf/Spielregeln:
Es wird zu zweit gespielt. Jeder Spieler bekommt 10 Spielfiguren von einer Farbe. Es wird gewürfelt. Die Ergebnisfelder werden besetzt. Ist das Feld schon von einer fremden Spielfigur besetzt, wird diese „hinausgeworfen" und die eigene aufgestellt. Das Spiel ist zu Ende, wenn alle Felder besetzt sind. Gewonnen hat der Spieler, der die meisten Felder erobern konnte (für den Spielplan siehe Kopiervorlage Seite 89).

2. Vorschlag:
Die anspruchsvollere Spielvariante von Seite 89 kann ebenfalls mit zwei Würfeln gespielt werden.

Zu Seite 40

Würfeln und Rechnen:
In diesem Spiel geht es darum, möglichst schnell alle Zahlen von 1 bis 10 als Ergebnis von Additions- bzw. Subtraktionsaufgaben zu erhalten.

Spielverlauf/Spielregeln:
Das Spiel kann mit zwei bis vier Spielern gespielt werden. Jeder Spieler braucht die Zahlenkarten von 1 bis 10 oder ersatzweise ein Zehnerfeld mit den Zahlen von 1 bis 10 (siehe Schulbuch Seite 40).
1. Die Spielkarten werden ausgelegt.
Es wird reihum mit zwei Würfeln gewürfelt.
Die Würfelpunkte werden zusammengezählt oder voneinander abgezogen.
2. Die Karte mit der Ergebniszahl wird gesucht und umgedreht bzw. durchgestrichen.

Wer zwei Sechsen würfelt, darf die Karte, die er umdrehen will frei bestimmen. Bei einer Sechs und einer Fünf gibt es nur eine Möglichkeit. Sieger ist der Spieler, der zuerst alle Karten umgedreht bzw. alle Zahlen durchgestrichen hat.

Dieses Spiel lässt sich gut an der Tafel einführen: Die Zahlen von 1 bis 10 werden aufgeschrieben. Die Kinder dürfen nacheinander würfeln. Es wird so lange gespielt, bis alle Zahlen durchgestrichen sind. Wie lange dauert das wohl?

Zu Seite 41

Felder belegen:
Die Spielidee ist nicht neu; die Ausführungen, in denen das Spiel angeboten wird, sind jedoch oft nicht ansprechend genug. Wir hoffen eine Gestaltung gefunden zu haben, die zu wiederholtem Spielen motiviert. Nur häufiges Spielen kann die

Kinder zu Überlegungen und Strategien veranlassen, die zu Einsichten in die Gesetze der Addition führen.
Ausführliche Spielanleitung:
Spielt zu zweit. Jeder Spieler braucht viele Spielmarken (etwa 30), die sich deutlich von denen seines Mitspielers unterscheiden.
(Ihr könnt auslosen, welcher Spieler beginnen darf.)
1. Sucht euch ein Aufgabenfeld (einen Term), von dem ihr annehmt, dass ihr die Ergebniszahl sicher kennt, und besetzt Aufgaben- und Ergebnisfeld mit je einer Spielfigur.
2. Ihr spielt so lange, bis alle Aufgabenfelder besetzt sind, d. h. bis 25 Aufgaben gelöst wurden.
3. Alle Lösungszahlen kommen nur einmal vor. Ist ein Ergebnisfeld besetzt, so wird die Spielfigur, sofern sie eine des Gegners ist, gegen eine eigene ausgetauscht.

Sieger ist derjenige Spieler, der am Ende die meisten Ergebnisfelder besetzt hat.

Auch bei diesem Spiel lassen sich interessante Beobachtungen machen, wenn man es mit Kindern gemeinsam spielt:
- Die Möglichkeit der Spieler zu entscheiden, welche Aufgabe sie jeweils rechnen wollen oder können, baut Ängste ab und stärkt das Selbstwertgefühl.
- Wer sich traut, als erste Aufgabe 1 + 1 oder 5 + 5 zu wählen, hat einen sicheren Platz bei den Ergebniszahlen erobert.
- Schwache Rechner überlegen oft genau, welche Aufgabe sie als nächstes rechnen wollen und entdecken so die Tauschaufgaben. Sie kennen die Lösung für 5 + 3 zunächst nicht, wissen jedoch, dass für 3 + 5 die gleiche Zahl gilt und können diese vom Mitspieler übernehmen.
- Ist das Spiel gut bekannt, wird häufig so lange um ein Feld gekämpft, bis es keine Aufgabe mit dieser Ergebniszahl mehr gibt, d. h. bis der endgültige Besetzer dieses Feldes feststeht.

Alle Strukturen, die bei der „Plus-Rechentafel" thematisiert werden, können hier genutzt werden; so können sie nach und nach zu Lösungshilfen werden.
Die Spiele im Buch sollen den Kindern die Möglichkeit geben, in Phasen freien Arbeitens ohne großen Aufwand ein Spiel zur Hand zu haben. Das Gleiche gilt für den häuslichen Bereich.
Auch das Kreis-Puzzle (siehe Kopiervorlage Seite 91) eignet sich für Phasen freien Arbeitens.

Arbeitsheft

Seite 26
- Zu Würfelbildern Aufgaben notieren
- Termvergleiche mit <,>,= notieren
- In Aufgaben passende Rechenzeichen einsetzen
- Terme mit gleichen Ergebnissen mit derselben Farbe kennzeichnen

Kopiervorlagen

- Notationstabelle zu (Seite 88) „Mit 2 Würfeln"
- Spiel: „Felder erobern" (Seite 89)
- Spielplan zu „Felder belegen" (Seite 90)
- Kreis-Puzzle (Seite 91): Aufgaben und ihre Ergebnisse so eintragen, dass der Pfeil auf das Ergebnis zeigt. Dann entlang der gestrichelten Linie schneiden.

Material

- 10 Spielfiguren pro Spieler
- 4 bzw. 6 Würfel
- 2–4 Sätze Zahlenkarten 1–10

88   Mit zwei Würfeln

Name: ....

Datum: ....

Würfelt mit 2 Würfeln, tragt die Zahlen ein und vergleicht:

$<$ $=$ $>$

Wer hat gewonnen?

Felder erobern

 , , je 10 von einer Farbe.

Es wird abwechselnd mit 3 Würfeln gewürfelt.
Zähle die Augen der 3 Würfel zusammen und setze dann eine deiner
Spielfiguren auf die Zahl, die du ausgerechnet hast.

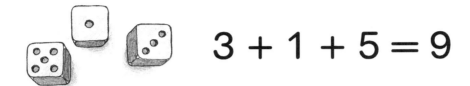

$3 + 1 + 5 = 9$

- Wenn du 3, 4, 17 oder 18 als Ergebnis errechnet hast, darfst du dir ein Feld aussuchen.
Steht schon eine fremde Spielfigur auf dem Ergebnisfeld, so musst du diese hinauswerfen.
Das Spiel ist zu Ende, wenn alle Felder besetzt sind.
Gewonnen hat der Spieler, der die meisten Felder besetzt hat.

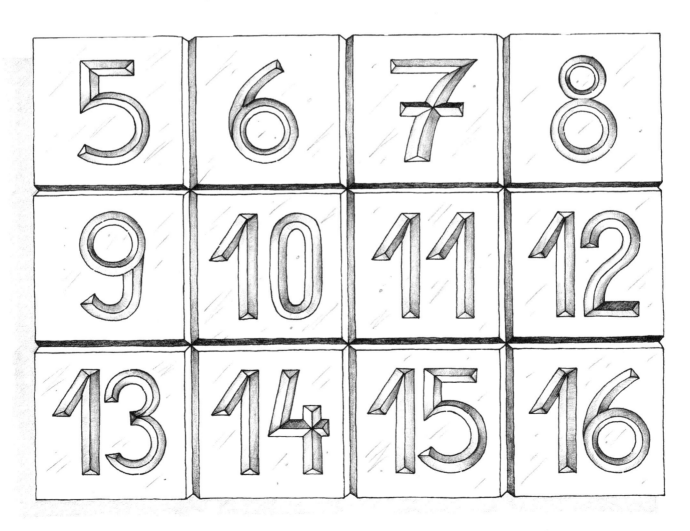

Felder belegen

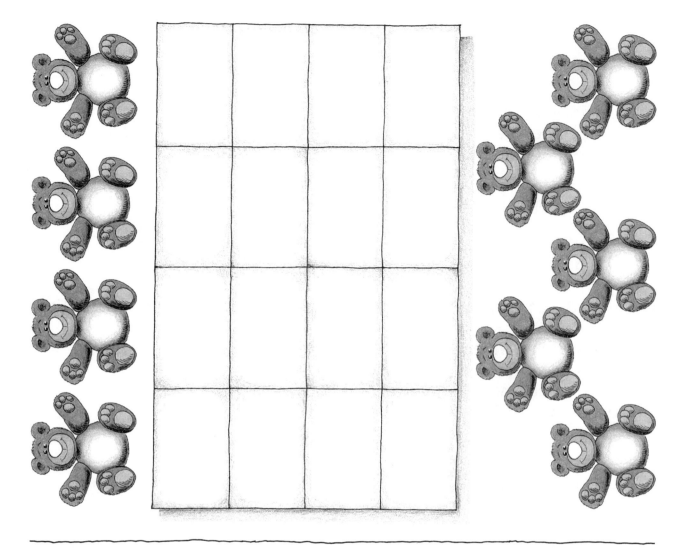

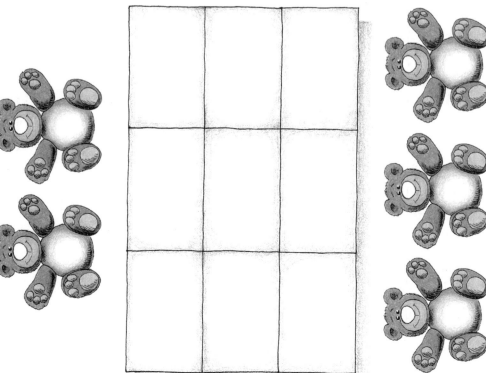

Kreis-Puzzle 91

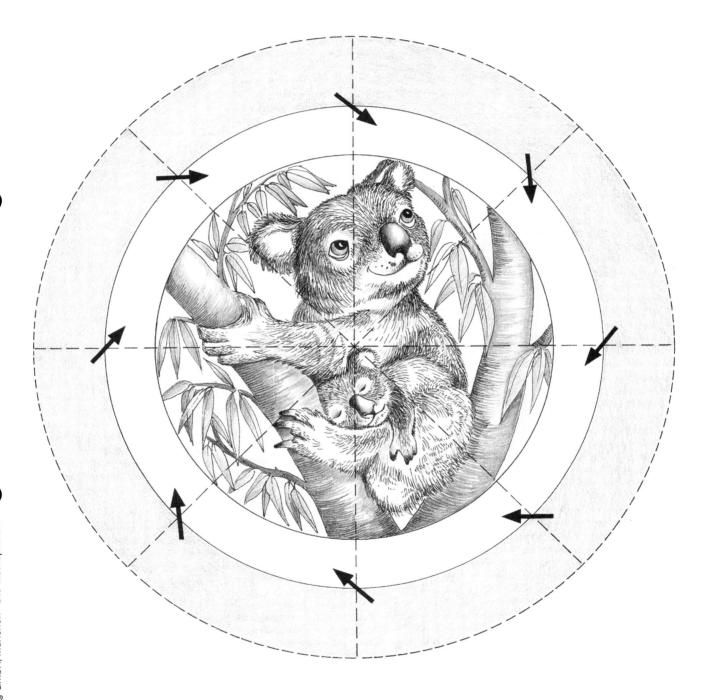

Seite 42/43: Irina träumt

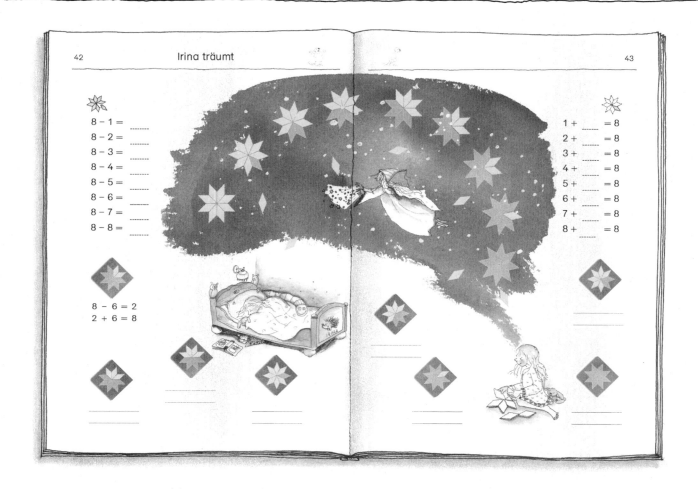

Ziele/Lehrplanbezug

- Subtraktion als Minusaufgabe (Wegnehmen) und als Ergänzung („Wie viel fehlt bis …?")
- Zusammenhang von Addition und Subtraktion erkennen: Umkehraufgaben
- Übung zum Minusrechnen (hier speziell von 8 sowie der Ergänzung zur 8)
- Visuell geometrisches Sehen: Erkennen der Teil-Ganzes-Beziehung beim Stern
- Erkennen einer Handlungsfolge auf der Bildebene
- Zuordnung von entsprechenden Zahlengleichungen
- Regelmäßigkeiten in der Zahlenfolge erkennen
- Übungen zur Konkretisierung einer Zahlengleichung
- Zahlengleichungen zu entsprechenden Bildern bzw. verbalen Darstellungen finden

Fächerverbindende Aspekte

Sprache:
- Zu Rechenaufgaben Geschichten erzählen
- Das Märchen vom Sterntaler
- Gespräch über Träume
- Etwas schenken, etwas geschenkt bekommen

Didaktische Überlegungen

Die Subtraktion kann unterschiedlich interpretiert werden: als Handlung des Wegnehmens, als Ergänzen und als Vergleichen. Häufig sind Minusaufgaben bei Kindern negativ besetzt. Dies hängt nicht nur mit dem angeblich schwierigen Rechenprozess zusammen (der vom Rückwärtszählen ausgeht), sondern auch mit den Inhalten: Es geht etwas verloren, kaputt, fliegt weg …

Durch die Sternschnuppengeschichte bekommen die Minusaufgaben eine positive Rahmung. Der Stern verschenkt seine Zacken. Irina bekommt immer mehr. Die Übersetzung zwischen der Geschichtenebene und der mathematischen Darstellung ist für Kinder im Allgemeinen nicht ganz einfach. Sie muss deshalb klar und deutlich herausgearbeitet werden. Hier liegt die Basis für ein späteres erfolgreiches Sachrechnen. Die Schwierigkeit liegt u. a. darin, dass die Kinder verstehen müssen, dass in der mathematischen Gleichung der gesamte Prozess wiedergegeben wird und nicht nur das Resultat. Der Zahlensatz erzählt uns das ganze Geschehen. Folgende sich wiederholende Fragestruktur bezogen auf die erste Nacht, die zweite Nacht usw. ist deshalb nützlich: Wie viele Zacken hatte der Stern am Anfang? Wie viele hat er bis jetzt verschenkt? Wie viele hat er noch? Wie viele hat Irina schon bekommen?

Wie viele braucht sie noch für einen ganzen Stern?

Genau diese Überlegungen müssen die Kinder anstellen, wenn sie Aufgabe und Umkehraufgabe zu den verschiedenen Stadien des Zacken Verschenkens notieren.

Anregungen zur Unterrichtsgestaltung

Irinas Traum von den fallenden Sternschnuppen oder Sternzacken bildet den Sinnrahmen der Rechengeschichte. Sie erinnert an das Märchen vom Sterntaler. Jede Nacht verschenkt der Stern eine weitere Zacke. Die einzelnen Zacken werden von Irina zu einem neuen Stern zusammengesetzt. Zur Einstimmung könnte man auf das Märchen vom Sterntaler zurückgreifen: Vielleicht ist es Irina als Gute-Nacht-Geschichte erzählt worden? Wenn die Kinder dann die Schulbuchseite aufschlagen, lässt sich gemeinsam entwickeln, was Irina träumt.

Die Kinder sollen die Reihe von Sternen als zeitliche Folge erkennen. Entsprechende Aktivitäten können mit farbigem Papier in Partnerarbeit im Unterricht durchgeführt werden. Hierzu ist eine einfache Faltarbeit (siehe Faltanleitung) erforderlich, die die Kinder gut selbstständig bewerkstelligen können. Anschließend wird es ihnen nicht schwer fallen, die Schulbuchseite selbstständig zu interpretieren.

Faltanleitung:

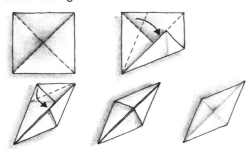

Wichtig ist sodann, die Zahlengleichungen mit der Geschichte in Zusammenhang zu bringen. Es ist notwendig, dass die Kinder ein Verständnis dafür entwickeln, dass jeder Zahlensatz eine kleine Geschichte erzählt (bzw. eine Handlung mit einem Vorher und einem Nachher wiedergibt).

Was erzählen uns die Zahlensätze? Die Minus-Reihe erzählt vom Stern, wie viele Sternzacken er am Anfang hatte und wie viele ihm in jeder Nacht zum Ganzen fehlen. Die Plus-Reihe erzählt, wie viele Irina jede Nacht hat und wie viele ihr immer noch bis zum ganzen Stern fehlen. Durch die sich wiederholende Fragestruktur wird den Kindern die Interpretation erleichtert. Vergleicht man die einzelnen Aufgaben der Minus- und der Plusreihe, wird der Zusammenhang von Aufgabe und Umkehraufgabe deutlich.

Für gute Schüler/innen kann man die Aufgaben auch abwandeln. Man könnte die Zahlensätze zum Beispiel auch fortlaufend schreiben: 8 − 1 = 7, 7 − 1 = 6 etc. Was erzählen uns die Zahlensätze dann?

In den folgenden Stunden und immer wieder im Laufe des Schuljahrs sollten ähnliche Kettenrechengeschichten mit den Kindern mündlich geübt werden. Die Kinder können sich dabei allmählich selbst Geschichten ausdenken. Zum Beispiel:

- Felix verschenkt Murmeln an Irina.
- Fensterchen am Adventskalender werden geöffnet (vgl. Buchseite 106).
- Konfekt wird gegessen.
- Ein Hase wird mit Mohrrüben gefüttert.

Differenzierung/Freiarbeit

„Erfindet selber Geschichten zu Zahlensätzen." Die Zahlengleichungen können in Partnerarbeit interpretiert werden, der eine verschenkt etwas, der andere bekommt etwas. Wenn sich die Partner auf eine Geschichte geeinigt haben, können sie diese in ihr Lerntagebuch zeichnen. Am Schluss können verschiedene Geschichten in einer Vorstellungsrunde vorgetragen werden.

Lerntagebuch

- Zeichnen von Geschichten zu Zahlensätzen

Arbeitsheft

Seite 27
Eine Naschgeschichte:

Die Konfektschachtel macht ähnlich wie das Zehnerfeld die Beziehung zwischen Ausgangs- und Endzustand visuell erfassbar, so dass die Operation direkt hineinzuinterpretieren ist. Die Einkerbungen deuten die ursprüngliche Menge an. Felix, der immer gerne isst, gibt den Sinnrahmen für eine Geschichte. Die Konfektschachteln sind nicht mehr voll, verschiedene Stücke wurden herausgenommen. Die Kinder sollen versuchen, die Aufgabe selbst zu interpretieren.

Lernbeobachtung

- Kann das Kind eine Bildfolge als zeitliche Folge erfassen?
- Kann es zu einer Rechengeschichte eine passende Zahlengleichung schreiben?
- Kann es sich zu einer Zahlengleichung eine passende Rechengeschichte ausdenken?

Material

- Grün-Folie (Wollen Sie die Folie bei einer Aufgabe zum Abdecken nutzen, bei der eine ungerade Zahl von einer geraden abgezogen wird, so müssen Sie vorher noch einen rechten Winkel in eine Ecke schneiden.)

Seite 44/45: Vorfreude auf den Geburtstag

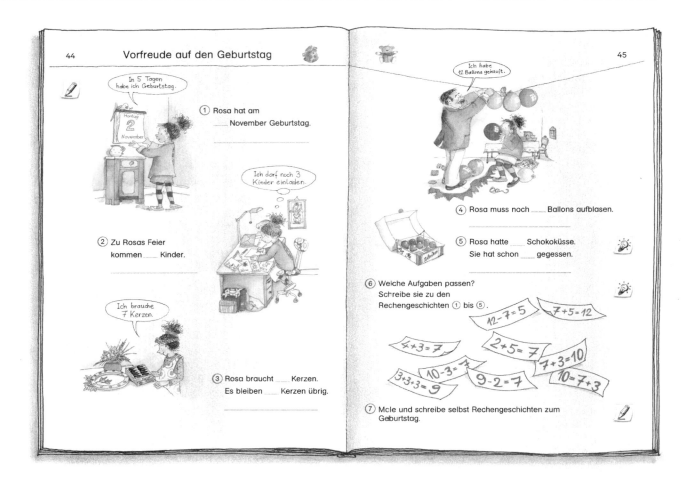

Ziele/Lehrplanbezug

- Sachsituationen mathematisieren mithilfe einfacher Plus- und Minusrechnungen
- Interpretation von Bildern vor dem Hintergrund von Handlungsabläufen in einer vertrauten Sachsituation
- Vergleichen von Anzahlen
- Entwicklung von kleinen Rechengeschichten

Fächerverbindende Aspekte

- Eine Geburtstagsgeschichte vorlesen
- Wie feiern Kinder in anderen Ländern Geburtstag?

Didaktische Überlegungen

Die Rechengeschichten werden aus einem Kontext entwickelt, der einen für Kinder vertrauten und lustbetonten Erfahrungshintergrund bildet. Bilder sind Momentaufnahmen und können keine Prozesse darstellen. Rechenoperationen aber basieren auf Handlungen. Kinder müssen nun lernen (hier wie in anderen Fächern auch), Bilder in Handlungszusammenhänge zu stellen und sie zu interpretieren. Es kommt hier weniger auf die Rechenübung selbst an als auf die Entwicklung einer sinnvollen Rechenaufgabe anhand eines Situationsbildes. Es geht also darum, das Bild unter quantitativen Aspekten zu betrachten und dies in Rechenaufgaben zu „übersetzen". Genau dies macht die Tätigkeit des Mathematisierens aus.

Wichtig ist aber auch das umgekehrte Vorgehen: Zu vorgegebenen Rechensätzen soll eine passende Rechengeschichte gefunden werden. Neben der Übersetzung in die abstrakte Ebene ist auch das Rückübersetzen, also die Konkretisierung, wichtig für das zukünftige Sachrechnen.

Anregungen zur Unterrichtsgestaltung

Schön wäre es, die Seiten dann zu besprechen, wenn tatsächlich ein Kind Geburtstag hat. Vorausgesetzt, dass man keine soziale Diskriminierung befürchten muss, können die Schüler/innen im Sitzkreis zunächst von eigenen Geburtstagsfeiern erzählen und sodann davon, was sie auf dem Bild sehen.

Die Bilder auf Seite 44 zeigen Rosa bei der Vorbereitung ihres Geburtstags. Was denkt, sagt, macht Rosa?

Die Kinder beschreiben und interpretieren zunächst das, was sie sehen. Danach werden Rosas Aussagen oder Gedanken von der Lehrerin vorgelesen. Die Kinder nehmen sie auf und erzählen nun zu jedem Bild eine kleine Geschichte. Jede der dargestellten Situationen ist so angelegt, dass die Kinder zwei Informationen entnehmen können. Diese lassen sich miteinander verbinden. Das macht eine neue Aussage möglich, wie sie mit dem „Lückentext" neben dem Bild angedeutet wird. (Wenn auf dem Kalender der 2. November ist und Paula in 5 Tagen Geburtstag hat, dann hat Paula am 7. November Geburtstag.)

Die formulierten, unvollständigen Sätze werden wiederum von der Lehrerin vorgelesen. Die Ergebnisse werden vorgetragen und miteinander verglichen. Nahezu von selbst schließt sich die Frage an, wie die Kinder die genannte Zahl gefunden haben. Sie führt zur Beschreibung von individuellen Rechenvorgängen und auf ganz natürliche Weise zum Nennen von Zahlensätzen. Sie können auch nach jeder Geschichte oder am Ende als Wiederholung auf Seite 45 gesucht und den Situationen zugeordnet werden.

Die erste Begegnung mit dem Rechnen in Sachsituationen wollten wir so gestalten, wie es die Kinder tun, wenn sie selbst Rechengeschichten erzählen; sie stellen keine Fragen, sondern erzählen fortlaufend weiter. Sie bleiben auf der Sachebene, ziehen Schlüsse und fügen neu gewonnene Erkenntnisse an die bisherige Geschichte an. Sachtexte mit bestimmten Fragen können sie erst viel später formulieren. Das heißt jedoch nicht, dass zu den Bildern keine Fragen gestellt werden dürfen.

Auf Seite 45 ist der Geburtstag noch ein Stück näher gerückt. Luftballons werden aufgeblasen; von den für die Feier besorgten Schokoküssen fehlen schon zwei. Was gibt es da zu rechnen? Zunächst sollen die Kinder eigene Ideen entwickeln. (Da sie die Texte noch kaum lesen können, werden sie von ihnen auch wenig beeinflusst.) Dann liest die Lehrerin die Texte vor. Wie viele Luftballons muss Rosa noch aufblasen? Kann ich das irgendwo erkennen oder darf ich das gar selbst bestimmen?

Die Aussage von Rosas Vater macht deutlich, dass Rosa 12 Luftballons aufblasen muss. Was müssen sie nun noch tun? Sie zählen die aufgeblasenen Luftballons und rechnen aus, wie viele noch fehlen.

Auch eine offene Schachtel mit Schokoküssen kann Anlass zu mathematischen Überlegungen sein. Sie soll die Kinder zu eigenen Aussagen anregen. Zwei Möglichkeiten werden vorgestellt.

Bei der Beschäftigung mit Rosas Geburtstagsvorbereitungen werden die Kinder erfahren, wie nützlich die bisher erworbenen Rechenfertigkeiten sein können, um im Alltag Fragen zu beantworten und neue interessante Kenntnisse zu erwerben.

Die dargestellten Situationen lassen sich auch leicht umgestalten, Fragen können formuliert werden: Was denkt Rosa am 6. (4.) November? Wenn Rosa sieben Kinder einladen darf, wie viele Personen sind es dann zusammen? Zu Rosas Geburtstag kommen zwei Jungen. Wie viele Mädchen sind es? Luftballons können platzen oder verschenkt werden. Geschenke werden gezählt, neue Geschenke kommen hinzu.

Da die Kinder ihre Geschichten noch nicht aufschreiben können, schlagen wir vor, sie auf Tonband sprechen zu lassen.

Es gibt also eine Fülle von kleinen Rechengeschichten, einfachen und schwierigeren. Wie weit man dies ausschöpfen kann, hängt von den Möglichkeiten der Klasse ab. Wichtig ist, dass man Folgendes beachtet: Es gibt keine eindeutigen (richtigen) Ergebnisse, die Situation ist vielmehr mehrdeutig und deshalb unterschiedlich quantifizierbar.

In einer Eigenarbeitsphase können die Kinder nun selbst Rechengeschichten zum Geburtstag finden und vielleicht auch etwas dazu malen.

Lerntagebuch

- Eigene Rechengeschichten zum Geburtstag malen und eigene Zahlensätze aufschreiben

Arbeitsheft

Seite 28 und Seite 29
Plus- und Minus-Geschichten:
Durch den Vergleich von jeweils zwei Bildern (vorher – nachher) lässt sich ein Geschehen, eine Veränderung ablesen. Passende Zahlensätze sollen gefunden werden.

Wichtig zu beachten ist auch hier, dass die Situation mehrdeutig und deshalb unterschiedlich quantifizierbar ist.

Kopiervorlage

Rechengeschichten zum Geburtstag (Seite 96):
Kärtchen ausschneiden, jeweils 3 in eine Reihenfolge bringen lassen, erzählen und passende Zahlensätze aufschreiben lassen.

Rechengeschichten zum Geburtstag

Name: ....

Datum: ....

Gitterpapier

97

Seite 46/47: Formen und Farben – ein Kunstwerk

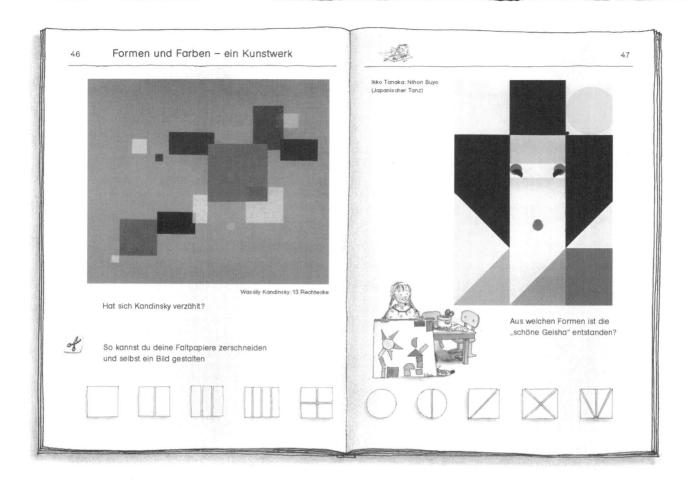

Ziele/Lehrplanbezug

- Durch vielfältige Erfahrungen, die beim Handeln gewonnen werden, zu Erkenntnissen über geometrische Grundformen der Ebene gelangen
- Regelmäßige Formen des Vierecks, Rechtecke und deren spezielle gleichseitige Form, das Quadrat, benennen und zeichnen; ebenso Dreiecke und Kreise
- Ästhetische Wirkungen geometrischer Formen wahrnehmen
- Über die Betrachtung von abstrakter Kunst geometrische Grundformen der Ebene bewusst wahrnehmen und als Möglichkeit zu kreativem, fantasievollem Gestalten entdecken

Didaktische Überlegungen

Wer die vielfältigen Verbindungen von Geometrie und Kunst einmal entdeckt hat, möchte auf die Faszination, die Anregungen zum Denken und die Lust zu eigenem Tun, die von ihnen ausgehen, nicht mehr verzichten. Von nahezu allen Inhalten des Geometrieunterrichts her lassen sich Verbindungen zur Kunst herstellen. Sie eröffnen Zugänge zu beiden Bereichen, regen zu Fantasie und Kreativität an, geben den geforderten Eigenaktivitäten wie Zeichnen, Schneiden, Konstruieren, Falten u.Ä. ästhetischen Wert und führen mit der Freude, die sie bereiten, zu Erkenntnissen und zur Bildung geometrischer Begriffe.

Die regelmäßigen ebenen Grundformen wurden in dem eben vergangenen Jahrhundert von Künstlern für ihre Arbeit entdeckt und als abstrakte, vom menschlichen Geist geschaffene Konstrukte zur Gestaltung genutzt. Ihre Werke bieten eine einzigartige Chance, die Aufmerksamkeit der Schüler/innen auf deren Besonderheiten und Eigenschaften zu lenken. Die Verbindung von Form, Farbe und Komposition schafft einen ästhetischen und damit auch emotionalen Zugang zu ihnen.

Anregungen zur Unterrichtsgestaltung

Faltpapiere sind ein besonders geeignetes Arbeitsmaterial für geometrische Aktivitäten. Sie sind in exakten geometrischen Formen und schönen, vielfältigen Farben und Größen erhältlich. (Eine erste Ausstattung liegt dem Schulbuch bei.) Durch Falten und Schneiden lassen sich Rechtecke und Dreiecke unterschiedlicher Größe auf einfache Weise herstellen. Dabei werden Kenntnisse über Zusammenhänge zwischen den einzelnen Formen (zwei Dreiecke können ein Quadrat ergeben), deren Größe und Besonderheiten handelnd vorbereitet.

Zu Seite 46
Wassily Kandinsky: 13 Rechtecke:

Dieses Bild ist besonders geeignet, den Kindern Rechtecke und damit regelmäßige ebene Figuren nahe zu bringen. Fragen, die ein Gespräch auslösen können, sind leicht zu finden, zum Beispiel: „Was seht ihr auf dem Kunstwerk?" oder „Was fällt euch alles ein, wenn ihr das Bild betrachtet?" Sicher werden einige Kinder in ihren Antworten den Begriff „Viereck" benutzen, einige vielleicht auch schon den Begriff Rechteck. Sie werden die Vierecke vielleicht auch als bunte Steine, Inseln oder Treppenstufen bezeichnen, sie zählen und hoffentlich auch fantasievolle Beschreibungen der Gesamtfigur finden. Der Titel des Bildes „13 Rechtecke", kann zu weiteren Überlegungen Anlass geben: Was sind eigentlich Rechtecke? Wie kann man sie beschreiben? Wie unterscheiden sich die 13 voneinander?

In ihren Antworten werden die Kinder ihre Vorstellungen und ihre Kenntnisse auf ihre Weise zum Ausdruck bringen. Dies ist eine Chance für die Lehrerin etwas über das Denken und Vorwissen ihrer Schüler/innen zu erfahren, um dann im Unterricht daran anzuknüpfen: Hat sich Kandinsky verzählt? Warum diese Frage? Gibt es noch mehr Rechtecke? Ja, es gibt noch mehr Rechtecke, nämlich die, die durch Überschneidungen entstehen. Zählen wir diese mit, so sind es mehr als 13. Auch das Bild selbst ist ein Rechteck. Einige Rechtecke sind quadratisch. Nimmt man diese aus und zählt die Überschneidungen hinzu, hat man wieder 13 Rechtecke. Mithilfe von transparentem Faltpapier lassen sich Überschneidungen und somit „große und kleine", „lange und kurze" Rechtecke leicht herstellen. Kenntnisse über Quadrate und Rechtecke können beim folgenden Vorhaben gewonnen oder vertieft werden:

In Gruppen soll ein eigenes Rechteckbild gestaltet bzw. nachgestaltet werden. Zur Verfügung stehen viele Quadrate aus Transparentpapier. Aus ihnen entstehen durch Falten und Schneiden unterschiedliche Rechtecke. Erhält jedes Kind ein Transparentpapier von 10 cm x 10 cm, so entstehen genügend Rechtecke, um die Fenster des Klassenzimmers mit Kunstwerken zu verzieren.

Interessant ist auch die Analyse des gegenständlichen Bildes von der schönen Geisha. Mithilfe einfacher geometrischer Formen wird hier eine verblüffende Wirkung erzielt.

Im unteren Teil der Seiten 46 / 47 befindet sich eine Anleitung für die Zerlegung der in der Beilage mitgelieferten Faltpapiere. Nun sind die Kinder selbst zu aktivem Gestalten aufgefordert.

Zu Seite 47

Aus den entstandenen Teilen werden neue Bilder zusammengesetzt. Wie können sie aussehen? So wie das Bild von der schönen Geisha? Mit drei Faltblättern pro Kind, die sorgfältig ausgesucht und zerlegt werden, lässt sich gut ein Bild in DIN A4 Größe gestalten.

Wie Ikho Tanaka können die Kinder auch mit Kreisen arbeiten. Wie bekommt man Kreise? Man kann runde Gegenstände umfahren. Das Ausschneiden ist aber sehr schwer. Deshalb schlagen wir vor, exakte Kreise als Faltpapier zu kaufen. Dann bleibt den Kindern nur noch das Halbieren und das sinnvolle Verwenden in ihrem Kunstwerk als Aufgabe.

Als Kind ist jeder ein Künstler. Die Schwierigkeit liegt darin, einer zu bleiben.
Pablo Picasso

**Differenzierung/Freiarbeit/
Fächerverbindende Aspekte**

Durch das Zerlegen von großen Quadraten nach den Vorschlägen im Buch und durch das anschließende Folieren entsteht ein wunderbares Arbeitsmaterial für die Freiarbeit. Bekannte Aufgaben aus dem Unterricht können von den Kindern wiederholt und erweitert werden. Eine interessante Aufgabe wäre z. B. ein großes Quadrat mit einem besonderen Muster zu legen.

Arbeit mit dem Buch von Manfred Bofinger, Graf Tüpo, Lina Tschornaja und die anderen. Berlin: Verlag der Sisyphos-Presse 1991. Vgl. auch: Schütte, S.: Graf Tüpo und die Kunst, mit Geometrie Sinn zu machen. Gedanken zu einem Buch von Manfred Bofinger. In: Die Grundschulzeitschrift. Sonderdruck Mathematik Bd. II: Geometrie und Sachrechnen, S. 42–43.

Mit einfachen geometrischen Formen und kurzen Texten wird eine Geschichte erzählt, wobei durch immer neue Kombinationen der Figuren lustige Effekte erzielt werden.

Material

- Faltpapiere, Transparentpapier 10 cm x 10 cm

Seite 48/49: Burg und Sonne

Ziele/Lehrplanbezug

- Geometrische Grundformen in Kunstwerken erkennen und ihrer Wirkung und Bedeutung nachspüren
- Gestalten von eigenen Bildern durch freies Zeichnen
- Nachdenken über die Verwendung von Rechtecken, Dreiecken und Kreisen als Gestaltungselemente
- Bilder in ihrer ästhetischen Wirkung erfassen und nachgestalten
- Einfache Formen als Gegenstände und Figuren interpretieren

Didaktische Überlegungen

Das Bild „Burg und Sonne" von Paul Klee ist ein Kunstwerk, zu dem Kinder leicht Zugang finden.

Es ist zusammengesetzt aus Rechtecken, Quadraten, Dreiecken, einem Kreis und einem Halbkreis, alles Formen, die ihnen bekannt sind und die sie auch in ihren Bildern verwenden: Ein Rechteck mit einem Dreieck ist bei Kindern das gängige Gestaltungsmittel für ein Haus. Die Farben strahlen Wärme aus, viel Rot, Orange, Gelb, Braun, ein warmes Grün. Nur wenige Flächen sind blau.

Auch das Burgmotiv spricht Kinder an; es scheint ihnen vertraut. Kennzeichen einer Burg sind im Bild zu entdecken: Schützende hohe Mauern, fensterlos, ein erschwerter Zugang, eine kleine Brücke. Dahinter sichtbar die Wachtürme, vielleicht auch die Dächer der Wohngemächer. Obwohl die Kinder das Bild vermutlich sehr schön finden, werden sie nicht in Bewunderung erstarren. Sie selbst können ja ebenfalls ein schönes Bild mit Häusern und Türmen malen, ganz im Sinne Klees, der Kinderzeichnungen liebte und studierte und der sagte: „…die Kinder können es auch."

Kinder zum Nachgestalten anzuregen und ihnen bewusst zu machen, wie selbstverständlich und problemlos sie mit geometrischen Formen umgehen, ist ein wichtiges Anliegen dieser Buchseiten.

Das Betrachten des Klee-Bildes, seine Ästhetik, die zum Verweilen und zu genauem Schauen einlädt und seine Farben, die Wärme und Wohlbefinden ausstrahlen, tragen dazu bei, mit Mathematik positive Gefühle zu verbinden was, wie gesagt, für erfolgreiches Lernen eine wichtige, ja notwendige Voraussetzung ist.

Anregungen zur Unterrichtsgestaltung

Es sind die nicht exakt konstruierten, sondern die nur fast regelmäßigen Vierecke und Dreiecke, die alle Bilder dieser Seiten gemeinsam haben. Sie schaffen den harmonischen Gesamteindruck, der sich in Teilbeobachtungen auflösen und wieder neu einstellen kann. Die Nähe zwischen den Kinderbildern und dem Werk eines großen Künstlers könnte die Kinder zu Beobachtungen und Fragen anregen.

Zu Seite 48

Paul Klees „Burg und Sonne" lädt zu einer Bildbetrachtung ein. „Was gefällt euch an diesem Bild?" kann eine Einstiegsfrage sein. Sie soll die Kinder veranlassen, genau hinzuschauen, über Farben und deren Leuchtkraft zu sprechen, Teile des Bildes (z. B. die Gestaltung der Dächer) genau zu beschreiben und Lust zu bekommen sie nachzugestalten.

Weitere Fragen können sein: „Wie sieht die Burg aus?" „Was gehört zu einer Burg?" „Kann man wichtige Teile einer Burg erkennen?" „Wie stellt ihr euch eine Burg vor?"

Zwei einfache Möglichkeiten der eigenen Gestaltung mit Hilfsmitteln werden im Buch gezeigt:
1. In der Klasse werden geeignete Schablonen hergestellt. Die Schablonen werden untereinander ausgetauscht.
2. Die Kinder zeichnen auf durch Linien vorstrukturierte Blätter ihre „Burg und Sonne" (vgl. Kopiervorlage Seite 97).

Besonders die zweite Möglichkeit wird von den Kindern gern angenommen. Sie gestalten Rechteck für Rechteck, entdecken, wie aus den Rechtecken Mauern entstehen oder wie Rechtecke unterteilt werden zu Dächern und Türen. Es entstehen Bilder, die Elemente von Klees „Burg und Sonne" mit den individuellen Vorstellungen der Kinder von einer Burg verbinden. Vor allem bei der Gestaltung des Hintergrunds werden sie sich unterscheiden. Keines der Kinder, die wir malen ließen, wollte die Burg mit braunen Feldern umrahmen. Sie wählten Blau als Hintergrund oder ließen ihn ungestaltet.

Zu Seite 49

„Wie malt ihr eine Burg, eine Kirche, ein Gebäude, eine Sonne?" Diese Frage soll den Kindern bewusst machen, wie selbstverständlich sie mit geometrischen Grundformen umgehen und welche Deutungen sie ihnen dabei geben. Die Lehrerin kann dabei beobachten, welche Kompetenzen die Kinder selbstständig erworben haben. Der Unterricht kann daran anknüpfen und das freie Zeichnen von geometrischen Figuren weiterentwickeln.

Lerntagebuch

- Freies Gestalten einer Stadt bzw. eines komplexeren Gebäudes

Arbeitsheft

Seite 30
- Durch Aufsuchen und Umranden der Dreiecke, Rechtecke, Quadrate und Kreise in verschiedenen Farben sollen deren Eigenschaften und Namen Bedeutung gewinnen.
Anschließend dürfen die Kinder selbst ein Bild mit diesen geometrischen Formen gestalten.

Kopiervorlage

- Gitterpapier (Seite 97)

Seite 50/51: Kleingeld / Mit zwei Münzen

Ziele/Lehrplanbezug

- Mit der Währung „Euro" und „Cent" vertraut werden
- Euro- und Cent-Münzen sicher unterscheiden; den Wert der einzelnen Münzen kennen lernen
- Münzen zählen – den Unterschied zwischen der Anzahl der Münzen und den jeweiligen Geldbeträgen erkennen
- Nachdenken über unser Münzsystem; Vorteile und Nachteile erkennen

Didaktische Überlegungen

Geld spielt schon für Kinder eine große Rolle; sie kennen es aus dem Alltagsleben und verfügen über unterschiedliche Erfahrungen und Kenntnisse. Der Umgang mit Geld, Rechnen mit Geld und das Mathematisieren von Alltagssituationen wie Einkaufen sind Lerninhalte des Mathematikunterrichts, die immer wieder aufgegriffen werden. Wie kann nun die Beschäftigung mit Geld im Unterricht aussehen? Der Unterricht muss zunächst den Kindern die Möglichkeit geben, ihre Fähigkeiten im Umgang mit Geld zu zeigen. Impulse und Fragen, die individuelle und differenzierte Beiträge und Antworten zulassen, stehen am Anfang. Die Einführung der „neuen", europaweiten Währung mit Euro und Cent als Währungseinheiten hat das Interesse und die Aufmerksamkeit der Kinder für Geld verstärkt. Das Sammeln von Euro- und Centmünzen aus anderen Ländern ist zum Volkssport geworden. Vielleicht haben die Kinder sogar solche Sammlungen zu Hause.

Um Geldbeträge anzugeben, benützen wir zweierlei Benennungen: € und ct. Es ist anzunehmen, dass Euro-Beträge im Alltag eine größere, auch emotional wichtigere Bedeutung haben werden als Cent-Beträge. Wir beginnen dennoch mit dem Kennenlernen von Cent-Münzen. Der Vorteil: Es können echte Münzen benutzt werden, was lebensnah ist, erfahrungsgemäß eine hohe Motivation auslöst und notwendige Voraussetzung ist, wenn über Aussehen und Größe von Münzen gesprochen wird. Spielgeld und überdimensionale Geldstücke für die Arbeit an der Tafel können und sollen später eingesetzt werden. Beim Ermitteln und Notieren von Geldbeträgen, begegnen den Schüler/innen die ihnen inzwischen vertrauten Zahlen von 1 bis 10 als Maßzahlen; Kenntnisse aus der Arithmetik können angewandt und dadurch gefestigt werden. Geldbeträge über 10 ct bereiten die Vorstellung von den Zahlen bis 20 vor.

Anregungen zur Unterrichtsgestaltung

Die Abbildung der Münzen auf Seite 50 kann als Anlass genommen werden, um über die Erfahrungen der Schüler/innen mit Geld zu sprechen:

Wer kennt sich mit Geld aus?
Wie viele Sorten kann man unterscheiden?
Wer kennt die andere Seite der Münzen?
Worin unterscheiden sie sich?
Sind euch schon andere Rückseiten begegnet?
Wer hat schon selbstständig eingekauft und bezahlt?
Wer besitzt ein Sparschwein, eine Spardose?
Um welche Beträge geht es?

An der überschaubaren Menge von Münzen können nun, je nach Leistungsvermögen der einzelnen Kinder, unterschiedliche Entdeckungen gemacht werden:

Es gibt verschiedene Münzen; wir unterscheiden sie nach ihrem Wert. Man kann sie sortieren und zählen. Man kann sich auch zwei, drei Münzen „aussuchen" und den Geldbetrag bestimmen. Beispiel: „Ich habe eine 10-ct-Münze, eine 5-ct- Münze und eine 2-ct-Münze. Wie viel Geld habe ich?" Die „gleichen Geldstücke" werden gezählt und die Anzahl in eine einfache Tabelle eingetragen. Selbstverständlich kann man weitere entsprechende Aufgaben mit Spielgeld anbieten.

Die Kinder können Vermutungen anstellen, wie viel Geld hier abgebildet ist und Ideen entwickeln, wie man das überprüfen kann. Fällt es einem Kind schwer, mit dem abgebildeten Geld in der Vorstellung umzugehen, so kann es sich die Münzen mit Spielgeld nachlegen.

Danach bietet es sich an, mit wirklichen Münzen zu arbeiten:

Jedes Kind darf sich verschiedene Münzen aussuchen. Diese Münzen werden verglichen, beschrieben, benannt. In Partnerarbeit soll nun geprüft werden, ob man die Münzen auch durch Fühlen erkennen kann. Ein Kind schließt die Augen, das andere Kind legt ihm eine Münze in die Hand. Das erstgenannte Kind versucht, die Münze zu erkennen und nennt den Namen, z.B. „Es ist ein 2-ct-Stück."

Auch das Ratespiel auf der Schulbuchseite 51 wird am besten mit „richtigem" Geld und mit Partner gespielt.

Die Kinder holen sich zwei 1-ct-Stücke, zwei 2-ct-Stücke und zwei 5-ct-Stücke. Zwei Münzen werden ausgesucht und in der geschlossenen Hand versteckt; die anderen Geldstücke dürfen selbstverständlich nicht sichtbar sein. Nun muss der Partner raten, welchen Geldbetrag der andere in seiner Hand hält. Dies kann natürlich nicht mit Sicherheit vorausgesagt werden. Es gibt sechs Möglichkeiten und nur durch Zufall kann der richtige Betrag genannt werden. Spielt man also abwechselnd, so ist die Wahrscheinlichkeit groß, mit den Antworten immer falsch zu liegen. Daraus ergibt sich nun gerade die Motivation, dieses Phänomen genauer anzuschauen. Welche Kombinationen gibt es und welche Beträge entstehen dabei? Die verschiedenen Möglichkeiten werden in die Tabelle eingetragen.

Mögliche Erkenntnis: Ich kann Geldbeträge bis 7 ct schon mit zwei Münzen bezahlen, für den Betrag von 8 ct und 9 ct brauche ich mindestens drei.

Das Addieren von Geldwerten, wie es das vorausgegangene Spiel verlangte, lässt sich auch, allerdings etwas abstrakter, in Gleichungsform aufschreiben. Sie können gelöst und jeweils einer Notation in der Tabelle zugeordnet werden. Eine Spielerfahrung wird mathematisiert.

Differenzierung/Freiarbeit

1. Die Kinder nehmen sich 3 Münzen und schreiben auf, wie viel Geld sie besitzen. Die Art und Weise wie sie dies tun, kann festgelegt oder freigestellt werden.
2. Die Kinder stellen Lernkarten her: Sie kleben auf Karteikarten Spielgeldmünzen; auf die Rückseite schreiben sie den Gesamtbetrag. Diese Karten können nun miteinander verglichen, geordnet bzw. immer wieder neu berechnet werden. Im Herstellen von Lern- und Freiarbeitsmaterial durch die Kinder liegen, wie schon erwähnt, große Lernchancen.

Lerntagebuch

Die Lehrerin stempelt das Wort „Geld-Stücke" ins Lerntagebuch; die Kinder stellen Geldabbildungen her, indem sie Geldstücke unter das Papier legen und mit einem weichen Bleistift darüber fahren (rubbeln!).

Arbeitsheft

Seite 31
Aufgabe 1
● Geldbeträge addieren
Aufgabe 2
● Zuordnung von gleichen Geldbeträgen
Aufgabe 3
● Darstellung von Geldbeträgen mit Münzen
Aufgabe 4
● Rechensätze mit Geldbeträgen lösen

Material

Es empfiehlt sich, für diese Einheit 1-ct-, 2-ct-, 5-ct-, 10-ct- und wenige 50-ct-Stücke bereitzustellen. Gerade der Umgang mit „richtigem" Geld ist für Kinder etwas Besonderes.

Seite 52 / 53: Wer bekommt den Eisbecher? / Geld ausgeben

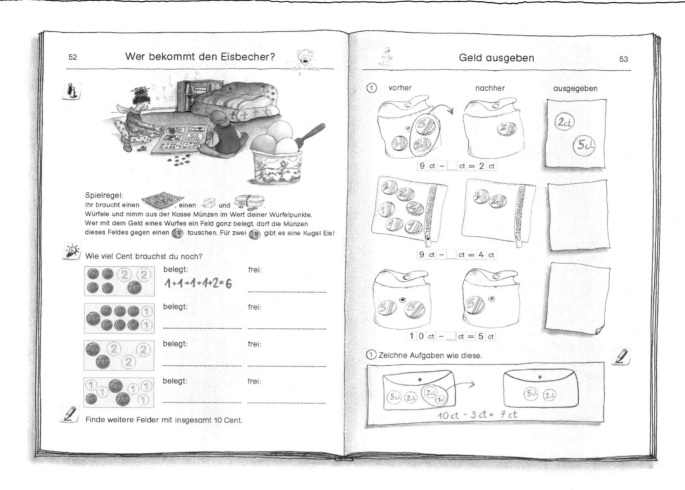

Ziele/Lehrplanbezug

- Mit 1-ct-, 2-ct- und 5-ct-Münzen Geldbeträge bis 10 ct legen und den Wert bestimmen
- Ergebnisse grafisch festhalten
- Gleiche Geldbeträge auf verschiedene Weise legen
- Geldbeträge mithilfe von Gleichungen ermitteln

Eine weitere mögliche mathematische Erfahrung: Die Anzahl der Münzen und ihr Wert stehen in keinem unmittelbaren Zusammenhang.

Didaktische Überlegungen

Keine noch so gelungene Situation aus dem Alltag kann den Kindern mehr Gelegenheit geben, sich mit Geld zu beschäftigen, Geldbeträge zu ermitteln und zu vergleichen, d. h. im Umgang mit Geld mathematische Kompetenzen zu erwerben, als ein geeignetes Spiel. Es schafft den notwendigen Sinnzusammenhang und verlockt zu Wiederholungen, sofern es den Bedürfnissen der Kinder entspricht. Dies ist erfahrungsgemäß bei dem Spiel „Wer bekommt den Eisbecher?" der Fall. Es arbeitet mit dem Wunsch, durch Glück und Geschick Geld zu gewinnen. Aber auch Vorausdenken und Erkennen von Chancen, erweisen sich als nützlich.

Die Auseinandersetzung mit den mathematischen Zielen, mit dem Addieren von Geldbeträgen, dem Ergänzen bis 10, dem Umtauschen von Münzen in eine Zehnermünze und dem Sammeln von Zehnermünzen kann auf unterschiedlichen Abstraktionsniveaus stattfinden. Hierbei wird das Verständnis der Zahlen bis 20 auf anschauliche Weise vorbereitet. Auf Einkaufen, auf Waren und ihre Preise soll hier nicht eingegangen werden. Der Eisbecher für 1 Euro entstammt mathematischen Überlegungen und erhebt nicht den Anspruch Alltagsrealität widerzuspiegeln.

Zur Beschäftigung mit Geld im Mathematikunterricht gehört es auch, Tätigkeiten wie Geld ausgeben, Einkaufen bzw. Sparen mathematisch zu deuten.

Dies soll am Beispiel „Geld ausgeben" geschehen: Geldbeträge werden verglichen, der Unterschied zwischen ihnen wird ermittelt, Zahlensätze werden gefunden.

Arbeiten die Kinder auf den vorangegangenen Seiten am besten mit echten Münzen, so soll nun das Spielgeld zum Einsatz kommen. Im Buch erscheinen auch vereinfachte Abbildungen von Münzen, sowie Zahlen mit Benennungen. Es darf nicht davon ausgegangen werden, dass Kinder sofort damit zurechtkommen, wenn in Zahlensätzen Buchstaben auftauchen.

Anregungen zur Unterrichtsgestaltung

Zu Seite 52

Wieder einmal soll das Buch zu eigenem Tun anregen, zum Spielen eines Spiels. Es zeigt nicht nur die Spielsituationen, sondern es vermittelt auch Einblicke in Ziel und Spielmöglichkeiten. Natürlich bleiben noch Fragen offen, da die Texte in ihrer Kürze Spielregeln nur andeuten können (Ausführliche Beschreibung beim Spielplan; siehe Kopiervorlage Seite 106).

Fragen stellen, Unklarheiten ansprechen und über Spielmöglichkeiten nachdenken, führen zum Verständnis des Spiels.

Die abgebildeten Felder verdeutlichen einen wichtigen Punkt der Spielregeln: Alle Felder werden nach freier Wahl belegt. Kann ein Spieler mit seiner Würfelzahl „einen Zehner füllen", so gehört ihm das Geld auf diesem Feld. Er tauscht es in einen Zehner (10 ct) um.

Bei Spielen ist es wichtig, dass sich Teilerfolge einstellen. Solch ein Teilerfolg könnte sein, dass ich für zwei Zehner eine Eiskugel erhalte. Die erstandenen Eiskugeln können auf der Kopiervorlage Seite 106 angemalt werden. Wer zuerst alle Eiskugeln angemalt hat, ist Sieger.

Zu Seite 53

Auf dieser Seite geht es um eine Vertiefung der Subtraktion. Die Darstellung regt zum Vergleichen zweier Geldbeträge an: „Wie groß ist der Unterschied?" Durch die Tatsache, dass es sich um Vorher-Nachher-Bilder handelt, wird außerdem die Frage aufgeworfen: „Was ist geschehen?" Antwort: „Ein Vorgang, eine mathematische Operation hat stattgefunden."

Operationen bildhaft so darzustellen, dass sie Kinder auch nachvollziehen können, ist schwer.

Wir schlagen deshalb vor, handelnd zu beginnen und über Eigenikonisierungen, also eigene Darstellungen der Kinder im Lerntagebuch, das Verständnis für diese Seite vorzubereiten.

Die Ausgangssituation kann so aussehen: Ein Geldbeutel, an die Tafel oder auf ein Papier gezeichnet, wird mit Spielgeld gefüllt. Nun werden von einem Kind Geldstücke so weggenommen, dass die anderen es nicht sehen (Augen schließen lassen). Sie werden danach aufgefordert, herauszufinden, wie viel Geld fehlt.

Wollen die Kinder diese Aufgabe aufzeichnen, d. h. von der enaktiven zur ikonischen Ebene wechseln, so bietet es sich an, den Geldbeutel zweimal zu zeichnen. Ein Zahlensatz mit Leerstelle kann zugeordnet werden (siehe Schülerbeispiel).

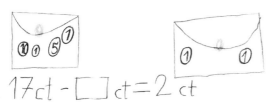

Schnell werden die Kinder bei ihren Darstellungen auch höhere Geldbeträge verwenden wollen und entsprechend ihren individuellen Fähigkeiten eine Fülle von Aufgaben schaffen und lösen.

Die Buchseiten können sie danach selbstständig bearbeiten und im Lerntagebuch weitere Aufgaben zeichnen.

Die Bedeutung des Geldes als Zahlungsmittel steht erst beim Flohmarktspiel (Schulbuch Seite 76/77) im Mittelpunkt. Dort werden auch Einkaufssituationen mit mathematischem Blick betrachtet.

Differenzierung/Freiarbeit

Vorschlag: Die Lehrerin besorgt einige wirklich kleine Leckereien, die möglichst eingepackt sein sollten. In der Apotheke gibt es z.B. Traubenzucker; es gibt auch einzeln verpackte Bonbons; als beliebt haben sich auch kleine Salzbrezeln erwiesen und aus größeren Packungen genommene Kaugummis. Diese Kleinigkeiten werden mit Preisen versehen: 1 ct, 3 ct, 4 ct und 6 ct. Jedes Kind darf für 10 ct einkaufen, die es sich aus der Kleingeldkasse holen kann.

Es ist immer wieder erstaunlich, wie Kinder bei dieser Aufgabe überlegen, abwägen und geschickt auswählen, d. h. berechnen, wie sie mit 10 ct ihre Wünsche am besten erfüllen können. Sie erleben die Einkaufsituation als „echt", was für sie von großer Bedeutung ist. Ihren Einkauf protokollieren sie im Lerntagebuch: Sie malen ihre gekauften Waren auf und schreiben den Zahlensatz dazu.

Lerntagebuch

- Einkaufsprotokolle
- Ikonische Darstellung von Geldausgabe-Situationen

Arbeitsheft

Seite 32
- Ähnliche Aufgaben wie im Arbeitsheft Seite 31, allerdings mit höherem Anspruch (mehr Summanden). Die Aufgaben können von den Schüler/innen selbstständig bearbeitet werden.

Seite 33
- Einkaufen und die dazugehörigen Zahlenterme finden.

Kopiervorlage

- Spielplan: Wer bekommt den Eisbecher? (Seite 106)

Material

- Viele 1-ct-, 2-ct- und 5-ct-Münzen
- Geld für die Magnettafel, wenn vorhanden

106 Wer bekommt den Eisbecher?

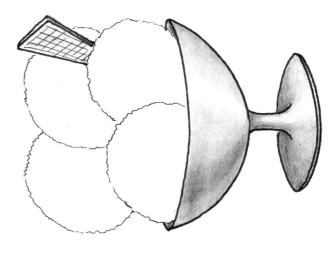

Ihr braucht Rechengeld und einen Würfel.

Spielt zu zweit. Würfelt abwechselnd. Jeder wählt einen Eisbecher.
Nimm aus der Kasse Münzen im Wert deiner gewürfelten Zahl und lege sie auf die abgebildeten Münzen eines Feldes. Gelingt es dir, mit deinem Wurf ein Feld zu füllen, so darfst du alle Münzen wegnehmen und gegen ein 10 ct-Stück tauschen. Für zwei 10 ct-Stücke erhältst du eine Kugel Eis. Male eine Eiskugel farbig an.

Sieger ist, wer zuerst 4 farbige Kugeln in seinem Eisbecher hat.

Ein Buchzeichen oder einen Hut falten

1. Falte das Quadrat zu einem „Buch",
   d.h. lege zwei gegenüberliegende Seiten aufeinander.
   Wiederhohle das mit den beiden anderen Seiten.

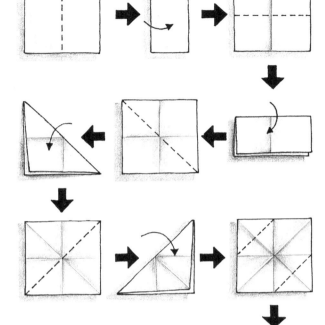

2. Falte das Quadrat zu einem „Kopftuch",
   d.h. lege zwei gegenüberliegende Ecken aufeinander.
   Wiederhohle das mit den beiden anderen Ecken.

3. Falte zwei gegenüberliegende Ecken zur Mitte.
   Wiederhole das mit den beiden anderen Ecken.
   Klappe die Figur in der Mitte zusammen.
   Falte die Ecken wie hier gezeigt und stecke sie nach innen.

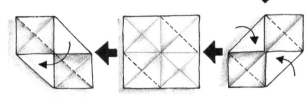

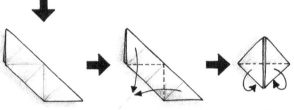

Nun ist das Buchzeichen fertig.

Falls du einen Eckenhut falten willst, klappe beide Ecken nach oben.

Seite 54/55: Klasse mit Hut

Ziele/Lehrplanbezug

- Förderung der Ausbildung innerer Bilder
- Aufbau von Zahlvorstellungen bis 20
- Anregungen zum Strukturieren des Zahlenraums bis 20 mithilfe der Fünfergliederung
- Die Bedeutung der Fünferstruktur vertiefen

Didaktische Überlegungen

Es ist eine wichtige Aufgabe des mathematischen Anfangsunterrichts, die Kinder anzuregen, Vorstellungen von Zahlen und von Operationen zu entwickeln und diese Entwicklung auch weiter zu fördern. Die Kinder sollen fähig werden, Zahlen als mentale Bilder vor dem „inneren" Auge zu sehen und später auch die erforderlichen Handlungen allein in der Vorstellung durchzuführen. Dazu ist es notwendig immer wieder Anlässe zu schaffen, die die Kinder anregen, Zahlen auf vielfältige Weise darzustellen und mit ihnen durch Umordnen, Verschieben u. Ä. zu operieren.

Die Kinder haben schon häufig mit konkreten Dingen (unstrukturierten Naturmaterialien) als Repräsentanten für Zahlen gearbeitet. Ein Ordnen, Aufstellen und Gruppieren ist für Kinder ein interessantes Lernangebot. Werden die Kinder selbst zu Objekten, so initiiert dies einen Perspektivenwechsel. Dies ist ein entscheidender Schritt zum reflektierenden Lernen: Das Subjekt des Handelns erfährt sich gleichzeitig als Objekt seines Denkens.

Wie können strukturierte Anordnungen aussehen, die es möglich machen, eine größere Anzahl von Dingen schnell zu erfassen, und zwar ohne mühsames Abzählen? Diese Frage dürfte nicht ganz unbekannt sein; Antworten darauf suchten wir schon mehrfach.

So offen wollen wir sie hier auch nicht stellen. Vielmehr wollen wir das Material, das wir in die Klasse geben, farblich vorstrukturieren (je 5 Hüte in 4 verschiedenen Farben). So führen wir zu Fünfergruppierungen und thematisieren die Bedeutung der Fünferstruktur als Gliederungshilfe. Die eigentliche Entdeckung der Kinder ist es, diese „Kraft der Fünf" wahrzunehmen und sie zu nutzen. Beim Zehnerfeld war sie vorgegeben. Hier soll sie aktiv hergestellt werden. Die Vorbereitung der Zehnerstruktur geschieht durch das Aneinanderreihen von zwei Fünfern; sie wird auf den folgenden Seiten thematisiert.

Anregungen zur Unterrichtsgestaltung

Zu Seite 54

Es werden 20 Hüte in vier verschiedenen Farben ausgeteilt, also immer fünf von einer Farbe. Ersatzweise können auch Mannschaftsbänder aus dem Sportuntericht benützt werden. In der Erprobung erwies es sich als durchaus machbar, dass die Kinder die Hüte selbst falten (siehe Faltanleitung Seite 107). In jeder Gruppe gab es einen „Experten", der den Faltvorgang vormachen konnte. Der Sinn unseres Handelns wird nicht genannt; warum wir dies tun, bleibt vorerst ein Geheimnis.

Nun wird die Klasse aufgefordert, Möglichkeiten zu suchen, wie sich die Kinder mit Hüten gruppieren und aufstellen können. Erfahrungsgemäß bilden sich schnell Gruppen mit Kindern, die gleichfarbige Hüte tragen. Meist stellen die Kinder auch schnell von sich aus fest, dass es vier Gruppen mit je fünf Kindern gibt, zusammen also 20 Kinder, die Hüte tragen. Man braucht nicht zu zählen. Und genau das ist wichtig! (Sind mehr Kinder in einer Klasse, so wird nach den einzelnen Aufstellungen gewechselt.)

Einige Kinder dürfen nun das Klassenzimmer kurz verlassen. (2, 4 oder 5 Kinder mit gleichfarbigen Hüten werden von der Lehrerin ausgesucht und vor die Tür geschickt.) Wieder kann man nach dem Gruppieren der restlichen Kinder die Gesamtzahl ohne zu zählen erkennen. Beispiel: Drei Kinder sind vor der Tür, ich sehe fünf Kinder und noch fünf Kinder und noch einmal fünf Kinder und dann noch zwei. Wenn die Kinder zu unruhig sind, kann diese Phase kurz gehalten werden. Die Hüte werden nun abgegeben und an der Tafel gruppiert.

Vorerst wird angeregt nach Möglichkeiten zu suchen, wie die Hüte gruppiert werden können. Es gibt verschiedene Möglichkeiten: Würfel-Fünferbilder, vier untereinander angeordnete Fünfergruppen, zweimal zwei Fünfer aneinandergereiht oder eine 20er-Schlange, die farblich geordnet ist. All dies sind Anordnungen, die uns später in Zahlentafeln wieder begegnen und deren Verständnis wir so vorbereiten.

Das geschieht vor allem dann, wenn wir in Gedanken die Hüte nummerieren bzw. den einzelnen Plätzen Zahlen zuordnen. Dabei muss die Reihenfolge der Zahlen nicht von Anfang an der üblichen entsprechen. Jedoch einigen wir uns mit den Kindern bald auf eine einheitliche Anordnung der Richtung.

Zu Seite 55

In ihrem Lerntagebuch dokumentiert nun Irina, wie sie sich Zahlen zwischen 10 und 20 vorstellt, wie sie sie aufbaut oder zerlegt. Die Kinder werden aufgefordert, ebenfalls Anzahlen zu legen bzw. bildlich darzustellen.

Selbstverständlich können gerade bei dieser Aktivität unsere Vorschläge abgewandelt oder durch neue, spontan entstandene ersetzt werden. Es ist auch denkbar, die Fünferstruktur nicht vorzugeben, sondern sie auch hier selbst finden zu lassen, analog zur Arbeit mit Naturmaterialien am Anfang des Schuljahres. Wichtig ist die Bedeutung der Fünf zu erkennen, die weit in die Menschheitsgeschichte zurückgeht. Fünf Dinge kann man noch ganz gut überblicken. Die Fünferstruktur kann also als entscheidende Hilfe bei der Zahlvorstellung und zur Kontrolle genutzt werden.

Differenzierung/Freiarbeit

Auf vier dicke Schnüre (oder lange Tücher) werden jeweils fünf Knoten gemacht.

Nun werden vier Kinder ausgesucht, die jeweils eine Schnur erhalten. Sie stellen sich gut sichtbar auf, am besten auf Stühle. Die Schnüre halten sie hinter dem Rücken.

Drei dieser Kinder dürfen nun entscheiden, ob sie ihre Knoten zeigen oder hinter dem Rücken halten. Das vierte Kind darf entscheiden, wie viele Knoten es von seiner Schnur zeigen will. Auf ein Zeichen der Lehrerin wird gehandelt. Wie viele Knoten werden insgesamt gezeigt?

Die restlichen Kinder der Klasse versuchen, die Anzahl der sichtbaren Knoten zu bestimmen. Zählen ist dabei nicht möglich.

Mit diesen Erfahrungen wird auch folgender Arbeitsauftrag gelingen: Die Kinder nennen oder notieren aus ihrem Gedächtnis Zahlensätze, in denen die Zahl 5 mehrmals vorkommt und Zahlen bis fünf ein- oder zweimal.

Beispiele:

$5 + 2 + 5 + 5 = 17$
$5 + 1 + 2 + 5 = 13$
$4 + 5 + 5 = 14$
$2 + 5 + 3 + 5 = 15$
$3 + 5 + 5 + 3 = 16$

Lerntagebuch

- Verschiedene Anzahlgruppierungen malen. Zahlensätze dazu schreiben.

Arbeitsheft

Seite 34
- Verschiedene Anzahlgruppierungen erfassen

Kopiervorlagen

- Faltanleitung Hut (S. 107)

Seite 56/57: Ein Rechendreh

Ziele/Lehrplanbezug

- Festigung des Zahlenaufbaus von 11–20: Sukzessiver Aufbau der Zahlen 11 bis 20 in Analogie zum Aufbau der Zahlen 1 bis 10
- Die Zahlen von 11 bis 20 als zusammengesetzte Zehner und Einer verstehen

Didaktische Überlegungen

Wie bei vielen Materialien liegt in der Herstellung der „Rechenmaschinen" (oder Zahlendrehbücher) ein wichtiger Lerneffekt: Man braucht nur ein Zehn-Punktefeld oder kurz gesagt einen Zehner und die Punktebilder von 1 bis 10, um die Zahlen 11 bis 20 herzustellen. Die Punktebilder müssen in der richtigen Reihenfolge aufgeklebt oder aufgemalt werden und mit der passenden Rechenoperation versehen werden. Man sollte die Punktebilder in den Zehnerfeldern auch selbst zeichnen lassen (vgl. die Eigenproduktionen im Schulbuch Seite 56 unten). So wird das Aufbauprinzip des Zehnerfeldes noch einmal vertieft. Das fertige „Drehbuch" stellt dann die Aufbaufolgen der Zahlen 11–20 ikonisch und symbolisch mit den Zahlensätzen 10 + 1 = 11 usw. dar. Die Analogie zum Aufbau der Zahlen 1–10 wird auf beiden Ebenen deutlich.

Anregungen zur Unterrichtsgestaltung

Die Schulbuchseite 56 kann als Anreiz dienen, selbst eine „Rechenmaschine" anzufertigen. Sie kann als Anleitung zur Herstellung benutzt werden. Die Kinder sollten selbst beschreiben können, worin der Effekt liegt, und wie man so etwas herstellen kann. Die Grafik bietet einen guten Anlass die Aktivität auch als Gruppenarbeit zu organisieren.

Die Seite 57 kann als Übung angesehen werden, die Zahlensätze der Rechenmaschine nun auch ungeordnet richtig aufzuschreiben.

Für Fortgeschrittene und Kinder, die gerne basteln, hat Fridolin einen Tipp für die Freiarbeit. Hier wäre der Clou natürlich die Herstellung der Zahlen bis 99 (vgl. Differenzierung/Freiarbeit).

Bei der eigentlichen Herstellung kann man so vorgehen: Zunächst wird eine Vorlage mit leeren Zehnerfeldern mit den entsprechenden Punktebildern von 1–10 und einem weiteren vollen Zehner ausgefüllt oder die Kinder malen die Zehnerfelder gleich auf den Notizblock. Kleine Notizblöcke mit Spiralbindung werden so präpariert, dass die einzelnen Blätter vertikal halbiert werden und die linken Hälften bis auf eine entfernt werden. Auf der rechten Seite werden dann die Punktebilder der Reihe nach aufgeklebt. Unter dem Zehn-Punktefeld auf der linken Seite steht die 10. Auf der rechten Seite steht entsprechend + 1 = 11 etc. Nun können die Kinder blättern und die Zahlensätze ablesen. Funktioniert die Rechenmaschine richtig?

Man kann dies auch als Teilgruppenaktivität veranstalten: Die Kinder einer Teilgruppe basteln die Rechenmaschinen und verschenken sie an andere Kinder der Klasse.

Falls es zeitlich und organisatorisch nicht möglich ist, die Rechenmaschinen basteln zu lassen, können die Zahlen auch mit den Zehnerfeldkarten gelegt und die entsprechenden Zahlensätze ins Heft geschrieben werden. Der Lerneffekt bei der Herstellung ist jedoch nicht zu unterschätzen. Da wahrscheinlich nicht jedes Kind eine Rechenmaschine bastelt, ist es sinnvoll, dass die Kinder die Zahlenbilder und die entsprechenden Rechensätze in das Lerntagebuch malen bzw. schreiben.

Da es hier um die Darstellung der Zahlen 11 bis 20 geht, ist es auch sinnvoll, die Gleichung umgekehrt zu schreiben (z. B. 11 = 10 + 1). Die Kinder sollten von Anfang an auch mit dieser Anordnung des Gleichheitszeichens vertraut werden und sich nicht auf eine Aufgabe/Ergebnisvorstellung fixieren, denn dies würde eine Verengung der Gleichheitsvorstellung bedeuten.

Differenzierung/Freiarbeit

Eine Aktivität, die Kinder herausfordern wird, die schon weiter in den Hunderterraum hineingehen wollen, sind die Ringbuchzahlen, die nach Zehner und Einer getrennt geklappt werden können. Tüftler können versuchen, solche Rechenmaschinen selbst herzustellen (vgl. Schulbuch Seite 65 unten).

Fünfer verstecken:

Mit einer weiteren Aktivität kann auf die Aufgaben im Arbeitsheft Seite 35 hingearbeitet werden:

Zwei Kinder arbeiten zusammen. Jedes Kind nimmt eine Anzahl Bohnen (oder andere kleine Gegenstände) in eine Hand. Es sollen mehr als fünf und weniger als zehn sein. Dann legen beide ihre Bohnen auf den Tisch. Wie viele sind es zusammen? Die Gesamtzahl soll bestimmt werden ohne zu zählen und ohne die Zahl des Partners zu kennen. Wie ist das möglich?

Beide Kinder nehmen gleichzeitig fünf Bohnen auf. Damit halten sie zehn Bohnen in ihren Händen.

Die restlichen Bohnen sind leicht überschaubar; ihre Anzahl wird zu der Zehn addiert und schon erkennt man die Gesamtzahl.

Auch eine zeichnerische Darstellung ist möglich (siehe Abb.).

vorher

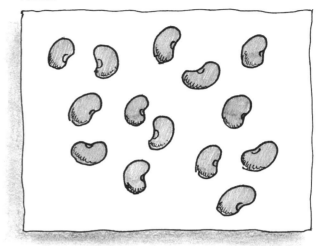

nachher

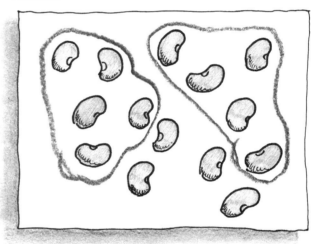

Lerntagebuch

- Zahlenbilder von 11 bis 20 malen

Arbeitsheft

Seite 35
Aufgaben zum Prinzip der Zehnerbündelung
- Aufgabe 1: Perlen zu Zehnerketten verbinden
- Aufgaben 2 und 3: Zahlen zwischen 10 und 20 als Summe aus einem Zehner und einer Einerzahl darstellen

Material

- Notizblöcke, Schere, Kleber oder Zehnerfeldkarten

Seite 58/59: Irinas Idee

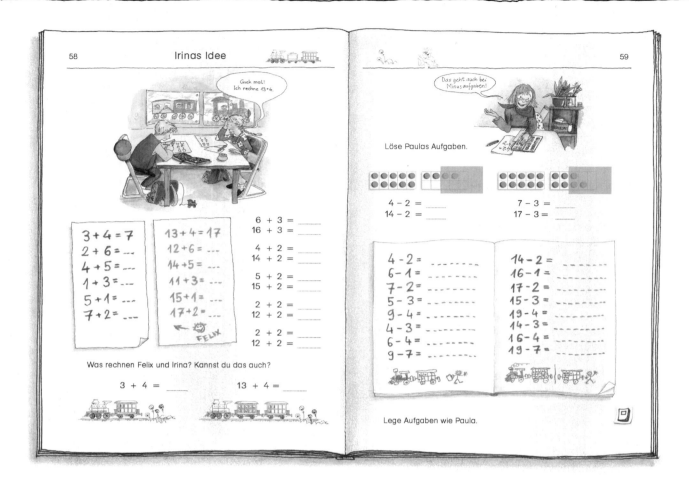

Ziele/Lehrplanbezug

- Addition und Subtraktion speziell im Zahlenbereich von 11 bis 20
- Erkennen und Nutzen des Analogieprinzips
- Differenzierung:
  Übertragung des Analogieprinzips auf andere Zehnerzahlen

Didaktische Überlegungen

Von Bekanntem auf Neues schließen ist das übergeordnete Prinzip von Rechenstrategien. Das Analogieprinzip beim Rechnen im ersten und zweiten Zehner ist eine solche Strategie.

Da die Aufgaben für einige Kinder sehr einfach sein werden, sollte man sie nicht zwingen, sie umständlich über die analoge Aufgabe zu rechnen. Für manche ist die Analogie selbstverständlich, während sie für andere ein Aha-Erlebnis sein kann. Dennoch sollten auch die schnellen Rechner zeigen, dass sie auch andere Lösungswege verstanden haben und nach dem Prinzip „Rechne wie…" auf anderen Wegen rechnen können. Das Nachdenken über eigene Lösungswege und das Nachvollziehen anderer sind wichtige Bestandteile einer mathematisch anspruchsvollen Lernkultur.

Für schwächere Schüler/innen kann das Vorstellungsbild hilfreich sein. Der Zug und das Ab- und wieder Ankoppeln sind eine anschauliche Metapher für diese erste und einfache Rechenstrategie. Weitere Rechenstrategien werden später im Zusammenhang mit den Spiegelaufgaben im Schulbuch auf Seite 82/83 (Verdoppeln), Seite 84/85 (Ableiten von Nachbaraufgaben aus Verdoppelungen und Halbierungen) und der Plus- und Minus-Rechentafel auf Seite 92-95 bzw. 96/97 (Gegensinniges und gleichsinniges Verändern) thematisiert und angewendet.

Anregungen zur Unterrichtsgestaltung

Wichtig ist wie immer die Vorbereitung, die Problemeinstimmung. Hat man hier die volle Aufmerksamkeit der Kinder, so ist die folgende Erarbeitung lebendig und erfolgreich.

Als Auftakt zur Arbeit mit der Schulbuchseite sollten die Kinder in die Lernsituation eingestimmt werden, indem Sie als Lehrerin von Irina erzählen, die bei ihren Hausaufgaben auf eine Aufgabe neuen Typs stößt. Die Aufgabe wird an die Tafel geschrieben: 13 + 4 = ...

Viele Kinder werden sie lösen können, aber wie kann man Felix erklären, wie er solche Aufgaben selbst rechnen kann? Schön, wenn hier bereits ein Kind auf die Analogie verweist, aber auch andere Lösungsvorschläge bzw. Rechentipps sind natürlich willkommen und werden ernsthaft aufgenommen. Wie immer, wenn man offene Fragen stellt, kann man auch Überraschungen erleben. Trotzdem wird es die Kinder interessieren, welche Idee nun Irina selbst hat.

Nach dieser Vorbereitung können die Kinder die Buchseite selbstständig interpretieren. Die langsameren Rechner sollten entsprechende Aufgaben in Partnerarbeit tatsächlich mit Zehnerfeldkarten legen und dabei mit dem Wegnehmen der Zehnerkarte das Abkoppeln verdeutlichen. Ansonsten wird bei den meisten die Vorstellung reichen, auf die sie bei Bedarf zurückgreifen können. Wichtig beim konkreten Handeln ist natürlich noch das tatsächliche Dazutun bzw. das Abdecken bei den Minusaufgaben.

Das Abdecken bei den Minusaufgaben nützt vor allem den Kindern, denen Minusaufgaben noch Unbehagen bereiten. Es ist besonders geeignet, eine sichere Vorstellung von der Subtraktion aufzubauen.

Wie schwer dies Kindern fallen kann, wird verständlich, wenn wir die gängigen Vorstellungshilfen einmal kritisch anschauen:

Eine Zahl wird durch eine Menge von Dingen repräsentiert. Von dieser Menge werden nun einige Dinge weggenommen. Vor den Kindern liegt nun eine „neue" Menge, die als Ergebnis der Subtraktion verstanden werden soll.

Das Kind muss das Ergebnis nicht finden, es springt ihm vielmehr ins Auge. Die Ausgangsmenge (Minuend) und die weggenommene Menge (Subtrahend) sind aber nicht mehr visuell erfassbar.

Beim Abdecken mit einer durchscheinenden Folie dagegen sind Subtrahend und Minuend noch präsent. Die verdeckten Punkte sind wichtig, allein schon deshalb, weil sich die Kinder überlegen müssen, wie sie diese geschickt abdecken können.

Wir schlagen vor, zunächst ausführlich mit einstelligen Zahlen, d.h. mit den Punktekarten bis zehn zu arbeiten (vgl. S. 35). Erst wenn diese Aufgaben gefestigt sind, sind sie auch für die Analogiebildung hilfreich.

Hat Paula Recht, dass „Abhängen" (von Waggons) auch bei Minus-Aufgaben hilft? Die Kinder sollen die Analogie hier selbst beschreiben.

Differenzierung/Freiarbeit

Die Aufgabe, selbstbestimmt Minusaufgaben zu legen und aufzuschreiben, führt zu interessanten Beobachtungen. In der Regel finden die Kinder die Aufgaben, die ihnen einen Lernzuwachs ermöglichen, die also nicht zu schwer, aber auch nicht ohne Herausforderung für sie sind.

Dabei wurde bei unseren Klassen auch der Zehnerübergang nicht ausgespart, sondern Lösungen gefunden, wie mit einer Folie Punkte auf zwei Punktekarten abgedeckt werden können.

Abhängen kann man auch mehrere Waggons gleichzeitig. Fortgeschrittene Kinder können sich solche Aufgaben (in höheren Zehnern) selbst ausdenken und in ihr Lerntagebuch zeichnen.

Lernbeobachtung

- Nutzt das Kind die Analogie beim Rechnen im zweiten Zehner?

Lerntagebuch

Die Kinder schreiben weitere Analogieaufgaben selbstständig in ihr Lerntagebuch.

Arbeitsheft

Seite 36
- Aufgaben im 2. Zehner: Für Kinder, die noch unsicher sind, wird eine Vorstellungshilfe gegeben.

Material

- Zehnerfeldkarten
- Grün-Folie zum Abdecken des Subtrahenden im Zehnerfeld (Für die Minusaufgaben muss an einer Ecke der Folie ein rechter Winkel hineingeschnitten werden.)

Seite 60/61: Irinas Perlen / Punkte im Zwanzigerfeld

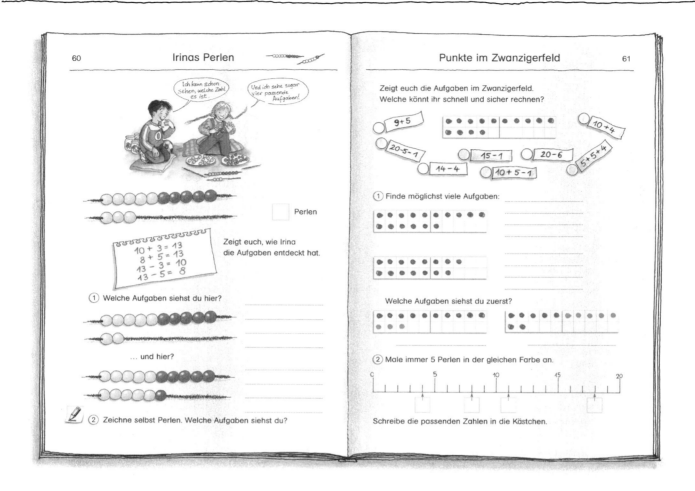

Ziele/Lehrplanbezug

- Zahlvorstellungen bis 20 vertiefen durch Erfassen und Darstellen von Punktmengen
- die Zehnerreihe als Bündelungsform (Zehner) kennenlernen
- die Fünfergliederung bei den Perlen zum quasi simultanen Erfassen nutzen
- das Zwanzigerfeld zum Überblicken von Anzahlen verschieden interpretieren

Didaktische Überlegungen

Bisher haben die Schüler/innen das volle Zehnerfeld, d.h. einen „Doppelfünfer" als Bündelungsform für den Zehner kennen gelernt. Mit Paulas Perlenstangen lernen sie nun eine weitere Darstellung des Zehners kennen, eine Reihe mit zweimal fünf farblich gleichen Perlen. Diese Strukturierung der Zehn ist bei didaktisch vorstrukturierten Materialien (z. B. Rechenkette, Russische Rechenmaschine) üblich. Zum Rechnen im Zwanzigerbereich sind diese Materialien für ungeübte Kinder nicht immer günstig. Dies liegt sicher daran, dass fünf Perlen in einer Reihe nicht sicher zu überblicken sind (die simultane Erfassung reicht in der Reihenanordnung nur bis vier), jedoch ist die mentale Verfügbarkeit über die Struktur eher gewährleistet, wenn die Struktur von den Kindern aktiv hergestellt wurde. Irina gibt hier wieder ein Beispiel.

Die Zehnerstange ist auch für den Ausbau des Hunderterbereichs wichtig. Sie bereitet die Stellenwertschreibweise (Zehner/Einer) vor. Die Zehnerstange bildet also eine neue Einheit. Die Aufreihung der Perlen zur Zehnerstange als Bündelungsform ermöglicht im Kontext der vorangegangenen Aktivitäten ein flexibles „Sehen" von Aufgaben durch wechselnde Teilgruppierungen.

Durch die vorausgegangene Arbeit mit dem Doppelfünfer werden viele Kinder in der Lage sein, die Zahldarstellung gedanklich in verschiedene Teile zu zerlegen.

10 + 3 (Zehnerstange und drei Einzelne)
 8 + 5 (die gelben und die roten)
13 − 3 (die Zehnerstange bleibt erhalten)
13 − 5 (die roten werden weggenommen).

Interessant ist nun, dass bei Darstellungen über 15 bei beiden Plus-Sichtweisen die gleiche Aufgabe erscheint (bei 16 also 10 + 6).

Beim Zwanzigerfeld können wegen der Gitterstruktur noch mehr Aufgaben gesehen werden, zumal wenn man mehrgliedrige Terme zulässt. Die Ergänzung zur 20 kann mitgesehen werden.

Die Verwendung unterschiedlich farbiger Punkte rückt dann wieder **eine Sichtweise** der Anordnung in den Mittelpunkt. Die Farbe dominiert gegenüber der Strukturierung des Zwanzigerfeldes.

Der Zahlenstrahl setzt die mit den Zehnerstangen begonnene Reihung weiter fort. Die Kugeln oder Punkte sind zwar weiter in Fünfergruppen aufgeteilt (so kann zählendem Rechnen vorgebeugt werden), andererseits sind sie linear angeordnet und bereiten so die Anordnung der Zahlen auf dem Zahlenstrahl vor.

Anregungen zur Unterrichtsgestaltung

Zu Seite 60

Zunächst sollten die Perlenstangen mit 10 Perlen und mit kleineren Anzahlen zur **Darstellung von Zahlen bis 20** verwendet werden. Die Kinder können sich einen „Vorrat" mit bereits aufgezogenen Perlen anlegen, und dann in Partnerarbeit immer neu Zahlen darstellen. Einige werden dabei eventuell über die Zwanzig hinausgehen.

Irina stellt zweistellige Zahlen dar, indem sie Perlen auf Pfeifenputzer aufzieht und zwar immer nur fünf in einer Farbe und nie mehr als zehn. Hierzu bietet sich folgende Klassenaktivität an: Es stehen Perlen und jeweils zwei Pfeifenputzer pro Kind zur Verfügung. Die Lehrerin nennt eine Zahl. Die Kinder repräsentieren diese durch Perlen auf den Pfeifenputzern, nach der Idee von Paula: zehn, in zwei Farben auf einem Pfeifenputzer, den Rest auf dem anderen. Nur so kann auch die Lehrerin sicher und schnell sehen, ob alle Kinder die richtige Darstellung gefunden haben. Bei der nächsten Zahl werden die Kinder den Zehner übernehmen und auf dem zweiten Pfeifenputzer Perlen wegnehmen oder hinzufügen.

Aber nicht nur zur Zahldarstellung dienen die Perlen. Irina sieht ohne Mühe gleich 4 passende Aufgaben. Sie hat sie auf einen Zettel geschrieben und die Schüler/innen sollten sich in Partnerarbeit zeigen, wie man die Aufgaben den Teilportionen der Perlen zuordnen kann.

In Aufgabe 1 sollen sie die neuen Darstellungen entsprechend gliedern.

Aufgabe 2 ist wieder offener. Die Anzahl der gefundenen Aufgaben wird je nach Schnelligkeit und Können der Schüler/innen variieren.

Zu S. 61

Die Fünferstrukturierung durch 2 unterschiedliche Farben wird auf der S. 61 durch die Fünfer-Strukturierung des Zwanzigerfeldes ersetzt. Auch hier sind wieder unterschiedliche Sichtweisen und damit unterschiedliche Rechnungen möglich. Dies kann zunächst exemplarisch an einem Beispiel erarbeitet werden. Die Kinder sollten aufgefordert werden, sich zunächst die Aufgaben zu zeigen, die sie in der Anordnung erkennen, anschließend kann noch gemeinsam darüber nachgedacht werden, wie wohl die Rechnungen zustande gekommen sind, die zunächst von keinem Kind gesehen wurde. Anschließend sollten die Kinder zu selbst gewählten Anordnungen Aufgaben finden.

Zum Schluss wird dann die Arbeit mit dem Zahlenstrahl (siehe S. 62/63) vorbereitet. 20 Perlen werden in der durch die Farbe gekennzeichneten Fünferstrukturierung in Reihe angeordnet und einem Zahlenband so zugeordnet, dass jede Perle genau zwischen 2 Strichen eingeordnet ist. Der erste Strich des Zahlenbandes wird als 0 gekennzeichnet. So wird deutlich, dass es beim Zahlenstrahl nicht um eine Anzahl von Strichen geht, sondern um die Abstände zwischen ihnen.

Differenzierung/Freiarbeit

Bündelungen sollen auch mit anderen Materialien vorgenommen werden, z. B. mit Steckwürfeln. Lernstationen, die das Ziel verfolgen, sichere Zahlvorstellungen zu gewinnen, lassen sich leicht aufbauen: Mengen von verschiedenen Materialien bündeln, zählen und darstellen lassen.

Zweistellige Zahlen, die durch Steckwürfel repräsentiert werden, lassen sich gut auf Karopapier darstellen (siehe Abb.).

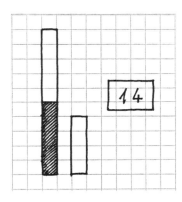

Eine Zahlenausstellung der Zahlen 11 bis 20 ist sicher eine Aufgabe, die in Gruppen auf unterschiedlichem Niveau gelöst werden kann.

Lernbeobachtung

- Erfasst das Kind die Fünferstruktur bzw. die Zehnerstruktur in der Reihe?
- Nutzt es sie beim Bestimmen der Anzahl?
- Kann das Kind verschiedene Aufgaben in der gleichen Struktur sehen?

Arbeitsheft

S. 37
- Aufgabe 1: Zu Zahldarstellungen Aufgaben finden
- Aufgabe 2: Zahlen im Zwanzigerfeld zeichnen
- Aufgabe 3: Zahlen am Zahlenstrahl eintragen

Material

- Perlen, Pfeifenputzer

Seite 62 / 63: Die Plus-Minus-Maschine

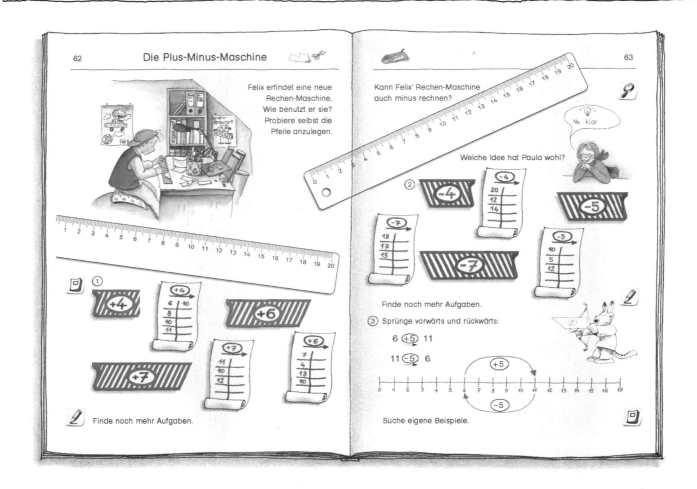

Ziele/Lehrplanbezug

- Den Zahlenstrahl als ein Mittel der Zahldarstellung kennen lernen
- Das Aufbauprinzip des Zahlenstrahls erfassen:
  – Beginn bei 0
  – Gleiche Abstände zwischen den Zahlen
  – Prinzipielle Unendlichkeit
- Das Lineal mit seiner Skaleneinteilung näher kennen lernen (Hier ist insbesondere der Nullpunkt wichtig.)

Didaktische Überlegungen

Die Aufbauprinzipien des Zahlenstrahls können (bis auf die prinzipielle Unendlichkeit) gut an dem den Kindern vertrauten Lineal erfahren und genutzt werden, wobei zunächst nur die langen Striche mit den Zahlen (cm-Angaben) interessieren. Während das Lineal ein Gegenstand des Alltagsgebrauchs ist, existiert der Zahlenstrahl nur als didaktische Veranschaulichungshilfe in Mathematikbüchern. Hier dient er in der Regel als Modell für den Zahlenaufbau, wobei die Zahlen dann als Maßzahlen (von Längeneinheiten) auftreten. Es ist wichtig, sich bewusst zu machen, dass es hier nicht wie sonst um eine Kardinalzahl- (Anzahl-) Darstellung geht. Es handelt sich nicht um eine Anzahl von Strichen (der erste Strich liegt ja bei Null), sondern um die Abstände zwischen den Strichen. Der Strich, an dem wir die Zahl ablesen, markiert jeweils das Ende der letzten Längeneinheit. Dies führt manchmal zu Rechenproblemen. Die Kinder verrechnen sich um plus 1 bzw. minus 1.

Der Zahlenstrahl ist zugleich ein Modell für die Operatordarstellung von Rechenoperationen. Hiernach wird die erste Zahl als „Zustand" aufgefasst, auf den ein Operator (eine Rechenzahl mit Operationszeichen, hier also + n) einwirkt, was zu einem neuen Zustand (dem Ergebniszustand) führt.

Ist das Lineal auch für viele bereits ein vertrauter Gegenstand, so heißt das noch nicht, dass sein Aufbau und sein Gebrauch den Kindern bekannt sind. Dennoch werden sie schnell nachvollziehen können, wie Felix sich hieraus eine Rechen-Maschine baut. Der Maschinengedanke ist eine häufige didaktische Metapher für die Operatordarstellung. Sie macht allerdings nur Sinn, wenn eine gleiche Operation häufiger durchgeführt werden muss, sonst ist das Suchen der passenden Pfeile zu aufwendig.

Felix erscheint hier wieder als Erfinder von „Rechen-Maschinen". Prototypisch zeigt er den Kindern dadurch, dass man aus einer „Schwäche", dem langsamen Rechnen, eine „Stärke" machen und so auch zumВатheprofi werden kann. Letztlich ist das Objektivieren von Handlungen oder Denkprozessen eine ureigene mathematische Tätigkeit, indem sie die Strukturgleichheit von Handlungen nutzt.

Die Arbeit mit dem Lineal oder Zahlenstrahl bereitet die spätere Arbeit mit dem offenen Zahlenstrahl (Rechenstrich) vor, der den Kindern im 2. Schuljahr als Gliederungshilfe für das halbschriftliche Rechnen dienen wird.

Anregungen zur Unterrichtsgestaltung

Ein möglicher Einstieg:

Bevor die Kinder die Schulbuchseite aufschlagen, sollten Sie als Lehrerin von Felix erzählen, der sich manchmal ärgert, dass er nicht so schnell rechnen kann wie Olgun. Neulich hatte Olgun bereits zehn Aufgaben in seinem Heft gerechnet und Felix war erst bei der dritten. Aber dann hatte Felix eine Idee.

Nach dieser Einstimmung, die gerade die langsamen Rechner leicht veranlassen wird, sich mit Felix zu identifizieren, werden sie den Inhalt der Darstellung auf beiden Schulbuchseiten selbst erkennen und erklären können. Nun sollten die Kinder selbst ausprobieren, ob Felix' Rechen-Maschine auch wirklich funktioniert. Dabei helfen ihnen die Pfeile in der Beilage. Wer noch kein Lineal hat, kann die Abbildung im Buch benutzen. Entsprechende selbstausgedachte Aufgabenreihen können ins Lerntagebuch geschrieben werden. Wir konnten immer wieder feststellen, wie stolz gerade langsame Rechner waren, wenn sie mit den Pfeilen viele richtige Zahlensätze finden konnten.

Die Schulbuchseite enthält noch eine wichtige Entdeckungsmöglichkeit, die durch die Frage nach einer Minus-Maschine provoziert werden soll: Wenn man den Pfeil umdreht, kann man minus rechnen, der Pfeil zeigt dann nach links und man kann das Ergebnis wieder an der Spitze ablesen. Das Umdrehen des Pfeils ist ein sinnfälliges Vorstellungsbild, mit dem die Subtraktion als Umkehraufgabe zur Addition noch einmal thematisiert wird.

Und was passiert, wenn man Streifen verloren hat? Auf Seite 63 unten wird der geschriebene Operatorpfeil eingesetzt, er dürfte über den Umweg der realen Pfeilstreifen nun für die Kinder verständlich sein.

Achtung: Der Übergang von der Arbeit mit den Minus-Pfeilen zur symbolischen Ebene ist nicht unproblematisch. (Dies gilt auch für die spätere Arbeit mit dem offenen Zahlenstrahl.) Da die Leserichtung immer von links nach rechts geht, muss von der konkreten Handlung zur symbolischen Darstellung ein Richtungswechsel vorgenommen werden: Abgelesen wird am Lineal bei Minus-Aufgaben von rechts nach links, geschrieben wird aber auch in der Operatordarstellung von links nach rechts. Dies sollte man mit den Kindern ausführlich besprechen.

Differenzierung/Freiarbeit

Rechenpfeile geben den Kindern die Möglichkeit immer neue, auch schwierige Zahlensätze aufzuschreiben. Kinder, die sich wenig zutrauen oder gar Angst vor Misserfolgen haben, genießen diese durch Rechenpfeile gewonnene „Stärke".

Die nachfolgend gezeigte Notationsform wird von den Kindern schnell und gern übernommen. Der mit ihr verbundene Abstraktionsschritt macht den Kindern kaum Schwierigkeiten. Vielmehr eignet sie sich als Zwischenschritt hin zum „Rechen-Roboter" (vgl. Arbeitsheft Seite 39). Beide Male sind es die Zahlen am Anfang und Ende der Pfeile, am Eingang und Ausgang des Roboters, die aufgeschrieben werden und somit eine besondere Bedeutung erhalten. (Die Anfangszahl steht immer links, auch bei „Minuspfeilen").

Es ist für die Lehrerin sehr aufschlussreich, welche Zahlenkombinationen die Kinder wählen.

Schülerbeispiele:

Lernbeobachtung

Sie sollten die Kinder daraufhin beobachten, ob sie das Anlege- und Ableseprinzip der Pfeile verstanden haben und ob die symbolische Notation korrekt ist (Richtungswechsel bei Minusaufgaben).

Lerntagebuch

- Viele richtige Zahlensätze finden und in das Lerntagebuch schreiben
- Vorwärts- und Rückwärtssprünge zeichnen und Zahlensätze dazu aufschreiben

Arbeitsheft

Seite 38
- Rechnen am Zahlenstrahl: Die Pfeile sollen nur in der Vorstellung verschoben werden.

Seite 39
- Gemischte Übungen mit dem „Rechen-Roboter" in Operatordarstellung

Material

- Lineal oder Ähnliches mit cm-Einteilung
- Die Rechenpfeile aus der Beilage

Kopiervorlage

- Zahlenstrahle zum Eintragen der Rechensprünge (Seite 118)

118 Sprünge vorwärts und rückwärts

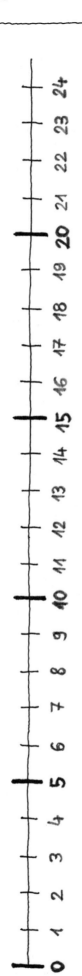
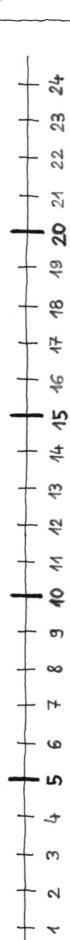
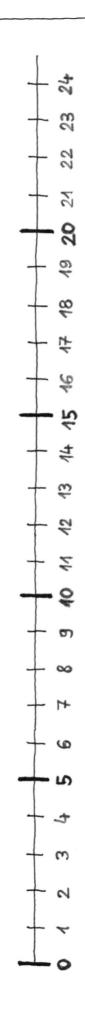
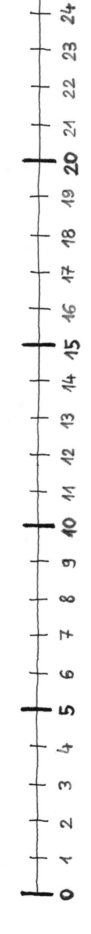

Schnittmuster Legespiel

119

Zu Schulbuch Seite 64 / 65

© Oldenbourg Schulbuchverlag GmbH, München - Die Matheprofis 1

Seite 64 / 65: Bilder aus einem Quadrat

Ziele/Lehrplanbezug

- Herstellen von Grundformen aus einem Quadrat
- Figuren aus Grundformen aufbauen, nach eigenen Ideen und nach Vorlagen
- Umrissfiguren herstellen und auslegen
- Erfahrungen sammeln, die das Verständnis von „Flächengleichheit" und „Zerlegungsgleichheit" vorbereiten

Didaktische Überlegungen

Räumliches Vorstellungsvermögen lässt sich durch das Handeln mit räumlichen Gebilden und durch den Umgang mit ebenen Figuren fördern. Ersteres geschieht vor allem im freien Spiel mit Bauklötzen, beim Bauen. Dies kann im ersten Schuljahr auch so bleiben und braucht vorerst keine Anregung oder gar Lenkung durch ein Schulbuch. Der Umgang mit ebenen geometrischen Formen, die als Legeplättchen oder Formenplättchen mit entspechenden Vorlagen und Aufgaben angeboten werden, soll hingegen durch kreatives und fantasievolles Tun erweitert werden. Nach Abwägen der Vor- und Nachteile haben wir uns entschieden, die Formenplättchen von den Kindern selbst herstellen zu lassen. Die Erfahrungen, die beim Falten und Zerschneiden gemacht werden, sind wichtig und überwiegen die Nachteile. Diese könnten darin liegen, dass die selbst hergestellten Formenplättchen bei einigen Schüler/innen beim Ausschneiden die gewünschte Form einbüßen. Als Lösung schlagen wir vor: Die Lehrerin zerschneidet ebenfalls einige Quadrate und bietet ihre Formenplättchen zum Tausch an. (Misslungene Dreiecke, Rechtecke, Quadrate können gegen entsprechende Formen ausgetauscht werden.) Eltern können einbezogen werden. Faltpapierquadrate zum Zerschneiden liegen dem Schulbuch bei. Im Gegensatz zu Seite 46/47 entstehen jetzt aus einem Quadrat verschiedene ebene Formen, Dreiecke und Quadrate und das in zwei Größen. Insgesamt sind es 10 Formenplättchen. Aus diesen 10 Formenplättchen können nun neue, ganz unterschiedliche Figuren gebildet werden. Olguns Beispiele zeigen: die Formen werden aneinander gelegt, nicht mehr übereinander; es entsteht eine zusammenhängende Fläche, deren Form die Kinder zu fantasievollen Deutungen (Vögel) veranlassen kann.

Anregungen zur Unterrichtsgestaltung

Olgun stellt ein Legespiel her. Wie macht er das? Ein Gespräch darüber, ein Interpretieren des Schneideplans und das Anschauen des Hauses, das Olgun aus den Formenplättchen gelegt hat, könnte Ausgangspunkt und Anlass genug sein, die Kinder zu eigenem Tun zu motivieren.

Weiteres Vorgehen:

Jedes Kind wählt drei Quadrate aus, die es zerschneiden möchte. Es ist durchaus möglich, dass sich einige Kinder beim Falten und Zerschneiden des ersten Quadrates noch schwer tun. Stellen sich Kinder sehr ungeschickt an, so kann man ihnen vorschlagen, die beiden anderen Quadrate von einem Elternteil zerschneiden zu lassen. Falls das Faltpapier nicht reichen sollte, können mithilfe des Schnittmusters (KV S. 119) weitere Formenplättchen produziert werden. (Kopieren auf farbigen Karton.) Die selbst hergestellten Formenplättchen werden dann zur Kontrolle auf Olguns Haus gelegt. Später bewahrt man sie am besten in einem Briefumschlag auf, der mit Büroklammern verschlossen wird.

Das Haus kann mit eigenen Plättchen belegt und danach auf einem Blatt nachgelegt werden. Neue, „flächengleiche" Figuren entstehen, wenn Plättchen umgelegt werden. Es darf untereinander verglichen werden und Ideen dürfen aufgenommen und nachgestaltet werden, bis jedes Kind mit seiner Figur zufrieden ist.

Eine weitere Aufgabe besteht darin, die Vögel nachzulegen und neue Vögel oder andere Tiere durch Umlegen zu erfinden.

Legt man die Arbeiten der Kinder auf ein Kopiergerät, so erhält man von den einzelnen Figuren dunkle Gesamtfiguren; sie können von anderen Kindern als Vorlage zum Auslegen oder Nachlegen (verkleinert) genutzt werden.

Die spannendste Aufgabe auf diesen beiden Seiten ist sicher das Auslegen der Clown-Figur. Die Spitzen an den Schultern führen unter Umständen in die Irre: Sie werden fälschlicherweise mit den kleinen Dreiecken ausgelegt. Es gab bei unseren Erprobungen jedoch immer Kinder, die die Lösungen gefunden haben, was andere wiederum stark motivierte.

Lösung:

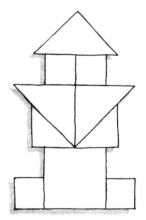

Differenzierung/Freiarbeit

Es ist sinnvoll und mit wenig Aufwand möglich, ein entsprechendes „Legespiel" aus dicker Pappe herzustellen. Hierfür schlagen wir vor, vier verschiedenfarbige Quadrate zu zerschneiden. Nun können auch Muster und größere Figuren gelegt werden. Ist die Pappe dick genug, so können die Kinder ihre fertigen Figuren umranden und Umrissfiguren selbst herstellen.

Lerntagebuch

Neue erfundene Figuren ins Lerntagebuch kleben oder durch Umfahren der Teilfiguren zeichnen.

Arbeitsheft

Seite 40
Aufgabe 1
- Mit den 10 Formenplättchen können alle drei Häuser gleichzeitig ausgelegt werden; das kleine Quadrat muss aus den zwei kleinen Dreiecken gebildet werden.

Aufgabe 2
- Das Parallelogramm wird aus den kleinen Dreiecken zusammengesetzt; zwei kleine Quadrate bleiben übrig.
- Sind die Figuren ausgelegt, so können die einzelnen Plättchen umfahren werden.

Mögliche Lösungen:

Aufgabe 1

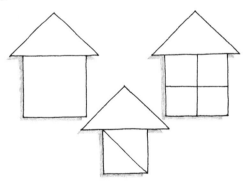

Aufgabe 2

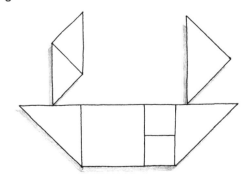

2 kleine Quadrate bleiben übrig.

Kopiervorlagen

- Schnittmuster Legespiel (Seite 119)

Seite 66/67: Figuren legen

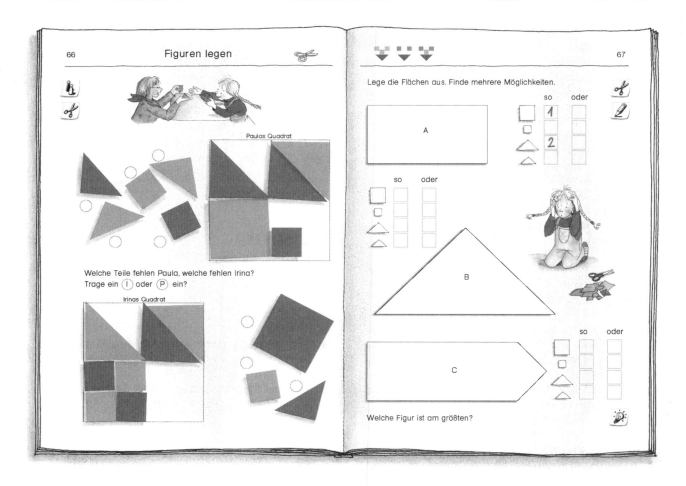

Ziele/Lehrplanbezug

- Geometrische Vorstellungen weiterentwickeln
- Vorerfahrungen zu den Begriffen „Flächengleichheit" und „Zerlegungsgleichheit" vertiefen
- Arithmetik und Geometrie miteinander verbinden

Didaktische Überlegungen

Nach den bisherigen Tätigkeiten, die hauptsächlich dazu beitragen sollten, die Eigenschaften der Grundformen kennen zu lernen, soll im Folgenden die Aufmerksamkeit der Kinder auf die Größe von Flächen gelenkt werden:
- Flächen werden auf verschiedene Weise mit Formenplättchen ausgelegt; die Art und die Anzahl der Plättchen wird notiert.
- Verschiedene Flächen werden nacheinander mit denselben Plättchen ausgelegt; die jeweils verwendeten Plättchen werden gezählt und notiert.

Wer dies getan hat, entwickelt Sichtweisen, die ihm helfen, verschiedene Flächen miteinander zu vergleichen. Er kann sie gedanklich in Teilfiguren zerlegen und durch Umordnen Vergleichsmöglichkeiten schaffen.

Diese Fähigkeit kann auch auf andere Weise gefördert werden: Durch Umlegen von Plättchen entstehen aus einer Ausgangsfigur, z.B. einem Quadrat, immer neue flächengleiche Figuren wie z.B. ein Rechteck, ein Dreieck oder ein Pfeil.

Anregungen zur Unterrichtsgestaltung

Die Schulbuchseite 66 knüpft an die vorangegangenen Seiten an.

Irina und Paula haben sich wie Olgun zehn Formenplättchen hergestellt. Paula hat ein rotes Quadrat zerschnitten, Irina ein blaues. Nun legen sie gemeinsam zwei farbige Quadrate. Mit welchen Formenplättchen können die Quadrate vollständig ausgelegt werden? Es ist nicht einfach, Irinas und Paulas Quadrate in Gedanken zu ergänzen. Bei einer Erprobung haben einige Kinder spontan ihre bereits vorhandenen Plättchen genommen und damit die Quadrate ergänzt. Auf dem Hintergrund dieser Erfahrungen konnten sie dann mit Spaß die einzelnen Formenplättchen den Quadraten zuordnen. Sie mussten genau benannt werden. Das sind wichtige Voraussetzungen für das Auslegen und Vergleichen von Figuren.

Die Aufgaben der Schulbuchseite 67 sollen durch Probieren gelöst werden; man braucht dazu wieder die Formenplättchen. Hat man eine Figur ausgelegt, so werden die Plättchen, die man verwendet hat, gezählt und aufgeschrieben. Verkleinerte Plättchenformen, daneben Leerstellen zum Eintragen der entsprechenden Anzahlen, werden als Hilfe angeboten. Auf diese Notationsweise muss besonders eingegangen werden. Es ist nicht selbstverständlich, dass sie von den Kindern auf Anhieb verstanden wird.

In einer weiteren Arbeitsphase sollen die Kinder aufgefordert werden, Rechteck, Dreieck und Pfeil aus dem Gedächtnis zu legen. Ihre Lösungen sollen sie durch Umranden der Plättchen auf einem Blatt festhalten. So können verschiedene Möglichkeiten eine Gesamtfigur zu legen, miteinander verglichen werden. Zum Schluss kann besonders für leistungsstarke Schüler der Größenvergleich der Flächen angeregt werden.

Der Klasse kann auch folgende Aufgabe gestellt werden: Die Kinder legen mit den 10 Plättchen ein Quadrat. Aus dem Quadrat soll nun ein nichtquadratisches Rechteck entstehen. Das Rechteck soll zu einem Dreieck umgelegt werden; aus dem Dreieck könnte dann ein Pfeil entstehen (siehe Abb.). Rechteck, Dreieck und Pfeil können auch als Umriss angeboten werden, die zum Auslegen auffordern.

Es ist ebenfalls möglich, neue Figuren aus beliebig vielen Plättchen zu erfinden und sie aufzukleben oder aufzumalen. Die Kinder legen und malen neue Gesamtfiguren aus beliebig vielen Plättchen.

Arbeitsheft

Seite 41
- Die Figuren im Arbeitsheft werden nur mit Dreiecken ausgelegt. Das „große Dreieck" wird so zum Einheitsmaß. Ein Größenvergleich kann über den Vergleich der Zahlen erfolgen. Die Ergebnisse werden festgehalten; sie können zum Staunen anregen.

- Weitere Figuren mit 6/5/4 Dreiecken können gelegt werden. Diese Arbeit mit rechtwinkligen Dreiecken wird im 2. Schuljahr fortgesetzt.

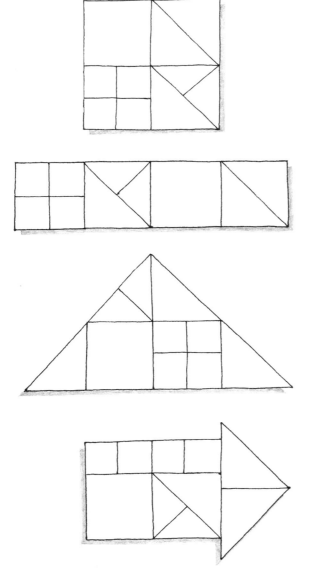

Seite 68/69: Rechenmauern

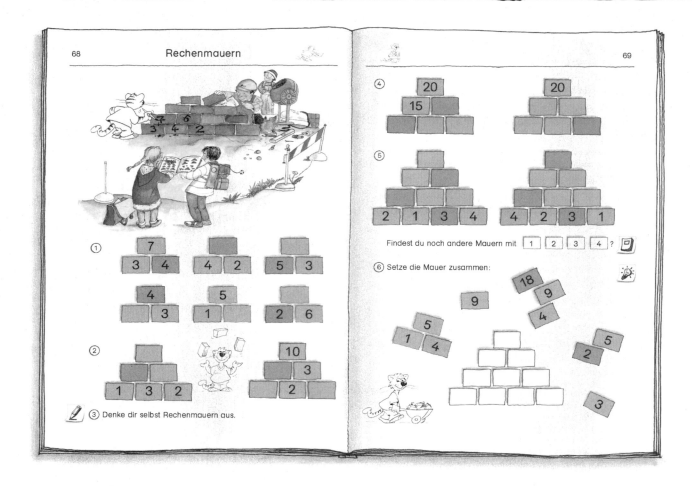

Ziele/Lehrplanbezug

- Erkennen und Anwenden des Aufbauprinzips von Rechenmauern
- Operatives Üben im Bereich bis 20 und darüber hinaus: Addition, Ergänzung und Zahlzerlegungen angemessen für die Lösungsuche einsetzen
- Zusammensetzen von flächigen Formen

Didaktische Überlegungen

Rechenmauern sind ein offenes Lernangebot, das den operativen Zusammenhang von Rechenoperationen verdeutlicht.

Sie sind zugleich ein bei Kindern beliebtes Übungsformat, denn das Stein-auf-Stein-in-die-Höhe-bauen ist eine psychologisch ansprechende Metapher für das Produktionsbedürfnis vieler Kinder. Wir haben hier eine mathematisch anspruchsvolle Übungsform, denn es werden die operativen Zusammenhänge zwischen Addition, Subtraktion und Ergänzung genutzt. Im 2. Schuljahr werden Rechenmauern auch ein Feld des Experimentierens und der systematischen Betrachtung sein.

Die Regel, wie man Rechenmauern baut, ist leicht zu verstehen: Der obere Stein wird aus der Summe der beiden unteren gebildet. So kann eine Rechenmauer schnell in gewaltige (Zahlen-)Höhen wachsen. Während bei einer wirklichen Mauer Stein auf Stein geschichtet wird, kann man bei einer Rechenmauer jedoch auch umgekehrt vorgehen: Der oberste Stein („Zielstein") ist gekennzeichnet, welche Zahlen tragen wohl die unteren? Dazwischen sind alle möglichen Vorgaben bzw. Auslassungen möglich. Wenn nur ein Zielstein vorgegeben ist, gibt es nicht nur mehrere Möglichkeiten, die Mauer aufzubauen, sondern auch mehrere Lösungswege und mehrere Lösungen. Die Kinder sollen sich allmählich daran gewöhnen, sich nicht zu schnell mit einer Lösung zufrieden zu geben.

Anregungen zur Unterrichtsgestaltung

Die Zeichnung vom Maurer, der eine Mauer baut und von Fridolin, der sie mit zunächst geheimnisvollen Zahlen bemalt, ist Gesprächsanlass. Die Spannung zwischen Realität und Fantasie zieht die Aufmerksamkeit an.

Die Worterklärung „Rechenmauer" sollten die Kinder nach genauerer Betrachtung selbst leisten können.

Das Aufbauprinzip sollte von allen Kindern sicher erkannt werden. Hierzu dienen auch die anschließenden Übungen im Buch sowie im Arbeitsheft. Außerdem sollten die Kinder natürlich angeregt werden, selbst Mauern zu entwickeln (Lerntagebuch).

Auf der rechten Buchseite muss die Mauer bereits von rückwärts aufgebaut werden: der Zielstein und ein Stützstein sind vorgegeben. Wichtig ist, dass hier deutlich wird, dass es mehrere Lösungen für die Reihe der Basissteine gibt, nämlich so viele, wie es echte Zerlegungen der 5 gibt, also 4|1, 3|2, 2|3, 1|4, die Null wird nicht verwendet. Die zweite Mauer muss nicht die erste „spiegeln", kann es aber.

Solche Aufgaben, bei denen sich nicht sofort ein Lösungsweg abzeichnet, sind auch eine gute Möglichkeit zu überprüfen, ob die Kinder bereits eine aktive Arbeitshaltung eingenommen haben, d.h. ob sie nachfragen: „Was soll ich denn hier machen?" oder ob sie selbst probieren, zu einer Lösung zu kommen. Viel Ermutigung wird am Anfang noch nötig sein, aber mit jedem Erfolgserlebnis werden die Kinder sich selbst mehr zutrauen.

Differenzierung/Freiarbeit

Beim Zusammenbauen von Mauerteilen kommt ein geometrisches Element dazu: Die einzelnen Teile müssen nicht nur zahlenmäßig, sondern auch in der Anordnung zueinander passen. Man kann dies mit einer ausgeschnittenen Kopiervorlage nachpuzzeln lassen. Daraus könnte sich für Leistungsstarke eine Partnerarbeit entwickeln.

Rechenmauer-Puzzle:

In der Freiarbeit kann man Briefpartnerschaften zwischen Klassenkameraden organisieren: Der eine Partner entwickelt eine Zahlenmauer und schneidet sie in Bruchstücke, der Briefempfänger setzt die Mauer wieder richtig zusammen und gibt sie dem Briefschreiber zurück.

Aufschlussreich kann es sein, wenn die Kinder im Lerntagebuch Rechenmauern in Freihandzeichnung zeichnen. Beachten Sie, dass der obere Stein jeweils mittig sitzen muss. Manche beachten das Zahlenaufbauprinzip nicht, sondern übertragen die Gleichungsform. Mit ihnen sollte man gezielt arbeiten.

In jeder Klasse gibt es Kinder, die auf das Format Rechenmauern besonders ansprechen. Sie werden nicht müde, immer neue Mauern zu „bauen". Eine Verbesserung und nicht selten auch eine Weiterentwicklung ihrer Rechenfertigkeiten tritt ein. Der Zahlenraum wird überschritten, von einigen Kindern erstaunlich weit. Die Lehrerin kann die Beschäftigung mit Zahlenmauern unterstützen, indem sie den Kindern eine Möglichkeit aufzeigt, wie sie auf Karopapier beliebig viele und beliebig große Mauern zeichnen können. Der Vorschlag, immer acht Karos einzukreisen, führte zu gelungenen Ergebnissen (siehe Abbildung).

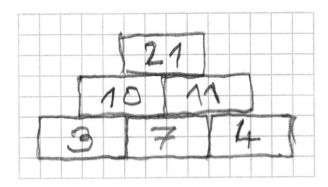

Die Begeisterung ist ansteckend und kann je nach Klasse zu Zahlenmauern-Ausstellungen und Zahlenmauern-Büchern führen.

Lernbeobachtung

Bitte beachten Sie besonders folgende Aspekte:
- Nimmt das Kind eine aktive Arbeitshaltung ein?
- Hat es das Aufgabenprinzip der Rechenmauern verstanden? (Am besten zu überprüfen bei den Freihandzeichnungen)
- Wählt es auch schon höhere Zahlen und findet es die richtigen Ergebnisse?
- Kann es beschreiben, wie es die Lösungen gefunden hat?
- Wählt es „besondere" Zahlen, die einen mathematischen Effekt ergeben?

Lerntagebuch

- Freihandzeichnungen von Rechenmauern und eigener Zahlenaufbau

Arbeitsheft

Seite 42
- Rechenmauern

Seite 43
- Zahlenquadrate
  In den Dreiecken steht jeweils die Summe der angrenzenden beiden Quadrate.

Kopiervorlage

- Leerformate Rechenmauern (Seite 128)

Seite 70 / 71: Rechenspiele

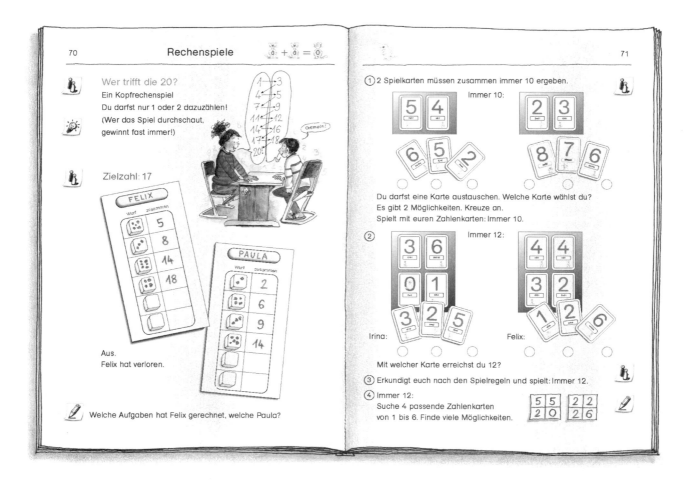

Ziele/Lehrplanbezug

- Addieren und Subtrahieren im Zahlenraum bis 20
- Entwickeln von individuellen Lösungsstrategien
- Erfahrungen sammeln, die Einsichten in Zusammenhänge beim Rechnen grundlegen
- Rechenvorteile nutzen

Didaktische Überlegungen

Wieder schlagen wir Spiele vor, um häufiges, lustvolles Rechnen anzuregen. Rechenanlässe, in Spielsituationen eingebettet, sollen als ergiebige Übungsformen die Rechenfertigkeiten der Kinder verbessern. Das Lernen wird in besonderem Maße gefördert, wenn es mit affektiven Komponenten wie Spaß, Kompetenzerleben und soziale Eingebundenheit, die beim Spielen stattfinden, verbunden wird. Angst vor dem eigenen Leistungsversagen wird nicht zuletzt durch die Zufallskomponente im Spiel weitgehend vermieden.

Diese Erkenntnisse, durch vielfältige Beobachtungen gewonnen und wissenschaftlich belegt, veranlassen uns, Spielen großen Raum zu geben und so die Förderung einer Spielkultur im Sinne einer Förderung des Mathematiklernens anzuregen.

Alle drei Spiele eignen sich gut für die „Aufwärmphase" am Stundenbeginn. Sie werden durch häufige Wiederholung noch interessanter und fördern das Lernen.

Wie weit die Rechenfertigkeiten einzelner Kinder fortgeschritten sind, kann festgestellt werden, wenn die Kinder selbst Aufgaben stellen, „Arbeitsblätter" für ihre Mitschüler/innen entwerfen oder einfach nur die Rechensätze aufschreiben, die sie gut kennen und die ihnen gefallen.

Bei solchen und ähnlichen Aufgaben zeigt sich die ganze Breite der Leistungen einer Klasse.

Anregungen zur Unterrichtsgestaltung

Wieder sind es bewährte Spiele, mit denen wir die Kinder bekannt machen wollen. Wie immer sollen sie dabei erfahren, dass man, wenn man mathematische Kenntnisse besitzt, auch Erwachsene besiegen und zum Staunen bringen kann.

Dies gilt vor allem für das Kopfrechenspiel „Wer trifft die 20?". Es wird am besten wie folgt eingeführt:
- Zwei Kinder zählen abwechselnd bis zwanzig;
- Zwei Kinder zählen in Zweierschritten abwechselnd bis 20 (der Begriff "Schritt" ist hilfreich beim weiteren Erklären des Spiels);
- Zwei Kinder zählen von eins aus in Zweierschritten;
- Zwei Kinder zählen abwechselnd und entscheiden selbst, ob sie ein oder zwei Schritte weitergehen.

Nun erst wird das Gewinnen thematisiert und das Spiel erklärt: Jeweils zwei Kinder spielen zusammen. Es wird ausgemacht, wer beginnt. Wer anfängt, nennt die Zahl eins oder zwei. Danach werden abwechselnd Zahlen genannt, die um eins oder zwei größer sind als die vorangegangenen (Einerschritt oder Zweierschritt). Wer bei Zwanzig ankommt, ist Sieger der Runde und erhält einen Punkt, gespielt werden fünf Runden.

Zur Sicherheit kann das Spiel einmal vorgespielt werden (die Klasse gegen die Lehrerin).

Das Durchschauen des Spiels sollte zunächst nicht angesprochen werden; es stellt sich allmählich von selbst ein. Die Spieler merken immer früher (z. B. wenn der Mitspieler 17 sagt), dass sie nicht mehr gewinnen können. Anders gesagt: Wer 20 sagen will, muss auch 17 sagen. Aber wie komme ich zur Zahl 17? Das Spiel wird von hinten aufgezogen. 20, 17, 14, 11, 8, 5 und 2 sind die Schlüsselzahlen, die einen Spieler ganz sicher zum Sieger machen. Dreiersprünge rückwärts! Ein Spieler, der sich sicher fühlt, lässt sich Zeit, diese Zahlen anzusteuern. Er kann nicht gewinnen, wenn der Mitspieler mit zwei beginnt und dann die Schlüsselzahlen ansteuert.

Spielprotokolle können helfen, das Spiel zu durchschauen. Erfahrungsgemäß sind die Kinder so am Spiel interessiert, dass sie keine Schwierigkeiten haben, die Gewinnstrategie zu erkennen. Sie sollten danach unbedingt die Chance haben, ihre gewonnene Überlegenheit einzusetzen, z. B. als Hausaufgabe. Ein Auftrag könnte sein: „Spielt das Spiel mit Geschwistern, Eltern oder Großeltern und versucht immer zu gewinnen. Berichtet über die Reaktionen." Das Spiel kann auch als Hüpfspiel gespielt werden (siehe Kopiervorlage Seite 129). Es ist interessant zu beobachten, ob und wie schnell die Kinder eine Verbindung zum Kopfrechenspiel herstellen.

Zielzahl: 17

Die Spielprotokolle zum Spiel auf Seite 70 (Kopiervorlage Seite 130) regen dazu an, mit der Klasse die Regeln und einen geeigneten Spielverlauf zu „Zielzahl 17" herauszufinden. Mit der Zeit entwickeln die Kinder hierin eine große Fertigkeit. Was ist zu erkennen? Es ist ein Würfelspiel. Die Würfelpunkte werden addiert. Ziel ist es, eine Zahl (hier die 17) zu erreichen oder möglichst nahe an sie heranzukommen. Dabei gibt es einen Haken: Wer über die Zielzahl hinaus würfelt, scheidet aus. Wer das Spiel kennt, weiß, dass hier Gewinnen stark von den Mitspielern, genauer von deren Wagnisbereitschaft abhängt, ein durchaus interessanter Faktor.

Es ist bei diesem Spiel sinnvoll, Spielprotokollbögen einzusetzen. Dabei können zunächst die aktuelle Summe und eventuell sogar erst später die Würfelpunkte eingetragen werden. Wir schlagen vor in Gruppen bis zu vier Kindern mehrere Runden zu spielen. (Die Anzahl der Runden wird vorher festgelegt.)

Zu Seite 71

Wieder einmal kommen unsere Zahlenkarten zum Einsatz. Als Vorbereitung für das Spiel „Immer 12" soll versucht werden mit zwei Karten die Summe 10 zu legen. In unseren Beispielen gibt es immer 2 Lösungen. Im linken Beispiel kann entweder die 5 durch eine 6 ersetzt werden oder die 4 durch eine 5. Bei „Immer 12" müssen schon 4 Karten betrachtet werden und ein möglicher Kartentausch gefunden werden.

Genauso funktioniert das Spiel: Jedes Kind hat seine Zahlkarten bis 6, gut gemischt, auf einem Stapel vor sich liegen. Die ersten vier Karten werden aufgedeckt und die Summe berechnet. Die nächste Karte wird auf eine der vier Karten aufgelegt, immer mit dem Ziel, die Gesamtsumme 12 zu erhalten usw. Gewonnen hat, wer die meisten Karten bekommen hat. Wie beim Bingospiel ist es interessant, wie schnell dies geschieht.

Immer 12

Die Spielvorbereitung ist etwas aufwendig, da 10 Spielkartensätze benötigt werden. Aus ihnen werden die Karten 0 bis 6 herausgenommen und gut gemischt. Nun erhält jeder Spieler drei Karten. Wir schlagen vor, den Spielplan (Kopiervorlage Seite 131) zu benützen und auf ihm nacheinander eine Karte abzulegen; liegen schon vier Karten, so werden die nächsten darauf gelegt. Für jede abgelegte Karte muss sofort eine neue aufgenommen werden. Wer mit seiner Karte erreicht, dass die Summe der vier sichtbaren (oberen) Karten 12 wird, erhält alle Karten, die schon abgelegt wurden. (Es kann auch vereinbart werden, dass er nur die oberen vier Karten bekommt.) Das Spiel dauert so lange, bis die Spieler keine Karten mehr in der Hand haben.

Differenzierung/Freiarbeit

Alle Spiele können in Phasen freien Arbeitens eingesetzt werden. Eventuell muss die Lehrerin die Kinder an die Spiele erinnern bzw. die Spiele in ihre Organisation einbauen.

Lernbeobachtung

- Einzelbeobachtungen beim Mitspielen:
  – Spielverhalten
  – Aufgabenverständnis

Lerntagebuch

- Bilder zu „Immer 12" malen und Gleichungen dazu schreiben

Kopiervorlagen

- Spielplan: Wer belegt die 20? (Seite 129)
- Notationstabelle zu „Zielzahl: 17" (Seite 130)
- Spielplan: Immer 12 (Seite 131)

Material

- Je 10 Zahlenkarten von 0–6 (Kopiervorlage Seite 21)

Rechenmauern

Name: ....
Datum: ....

Du kannst auch in diese Mauern Rechenpyramiden schreiben:

Wer belegt die 20?

Spielt zu zweit.
Jeder bekommt 15 Spielmarken.
Es werden abwechselnd
ein oder zwei Spielmarken
angelegt.
Sieger ist, wer die 20
belegen kann.

130 Zielzahl: 17 Name:
Datum:

Wer hat gewonnen?

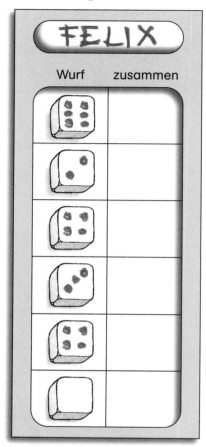
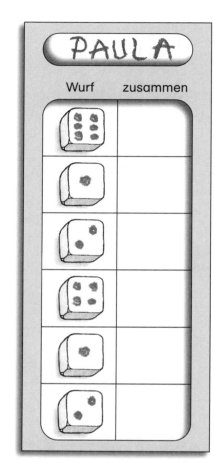
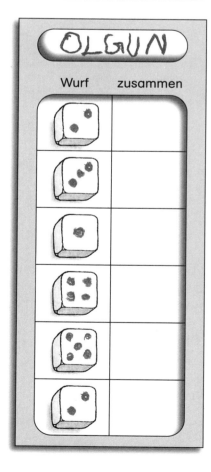
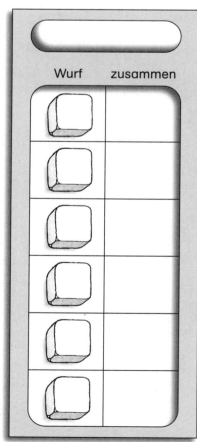

Immer 12

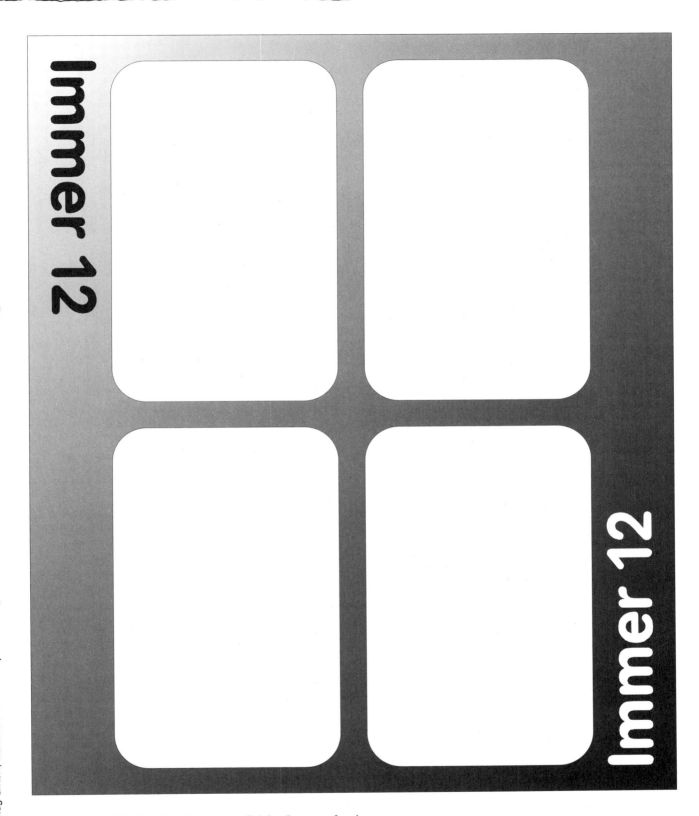

Ihr braucht Zahlenkarten von 0 bis 6 neunfach.
Legt die Karten verdeckt in die Mitte.
Jeder Spieler nimmt sich drei Karten.
Legt nacheinander eine Karte in das Spielfeld.
Bedeckt bei den nächsten Runden die daliegenden Zahlkarten.

Wer mit seiner Karte erreicht, dass die Summe aller vier Zahlen 12 ergibt, erhält die Karten.
Wer am Ende des Spiels die meisten Karten hat, hat gewonnen.

Seite 72 / 73: Fehler suchen

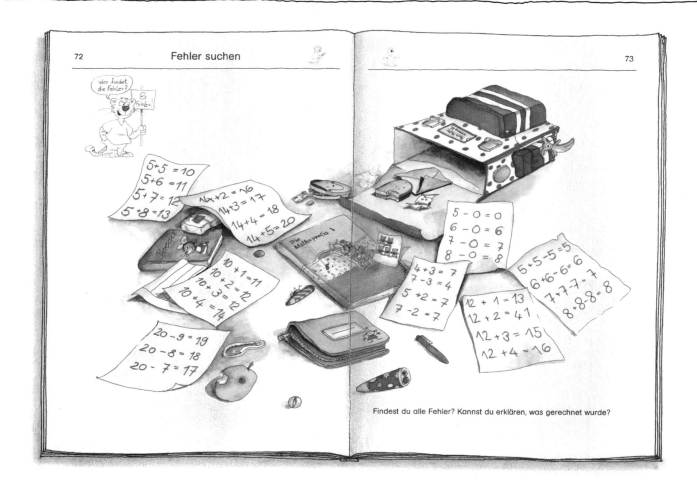

Ziele/Lehrplanbezug

- Übung der Addition und Subtraktion
- Nutzen ihrer Umkehrbeziehung
- Nachbaraufgaben:
  Erkennen weiterer Beziehungen zwischen den Aufgaben: Wenn z.B. der Summand um 1 größer wird, wird auch das Ergebnis um 1 größer
- Addition und Subtraktion der gleichen Zahl innerhalb einer Gleichung neutralisieren sich in Hinblick auf das Ergebnis.
- Bewusstmachen häufiger Fehlerquellen als längerfristiges Ziel:
  - Rechnen mit der Null
  - Verrechnen um eine Stelle
  - Inverse Schreibweise

Didaktische Überlegungen

Es gibt viele gute Gründe für die Fehlersuche: Im Zeitalter der Objektivierung von geistigen Leistungen durch Maschinen, vor allem durch Computer, ist die Fehlerkontrolle durch den Menschen sowohl bei der Entwicklung von Programmen (sog. „debugging" – Fehler abbauen) als auch bei ihrer Handhabung und Benutzung von großer Bedeutung. Wenn Kinder Fehler suchen und finden, hat das auch den positiven psychologischen Effekt, dass sie die Rolle des Wissenden, des Beherrschenden einnehmen können: Nicht von Ungefähr wird Fehlerfinden schnell zum Sport.

Fehler finden kann man auf verschiedenen Wegen: durch Nachrechnen oder indem man Regelmäßigkeiten und deren Abweichungen erkennt. Die Kinder merken bald: Es geht schneller, wenn man Gesetzmäßigkeiten nutzen kann oder ein Ergebnis grob überschlägt; nur wenn dies nicht geht, muss man nachrechnen. Fehlersuche als methodisches Mittel hat auch eine positive Wirkung auf die Selbstkontrolle: Eine prüfende Haltung gegenüber den eigenen Ergebnissen wird aufgebaut. Die Kinder lernen, Überschläge und Rechenvorteile zu nutzen.

Es werden typische Fehler angesprochen:

$5 - 0 = 0$	typischer Nullfehler
$12 + 2 = 41$	Schreibrichtungsinversion
$7 - 2 = 7$	Perseveration (das Nachklingen einer bereits genannten Zahl)
$10 + 3 = 12$	Perseveration von der vorangegangenen Lösung
$20 - 9 = 19$	systematischer Fehler (durch die Reihung erkennbar: Das Kind hat eine falsche Rechenstrategie entwickelt.)
$20 - 8 = 18$	
$20 - 7 = 17$	
$14 + 5 = 20$	Verrechnen um 1

Anregungen zur Unterrichtsgestaltung

Ein gemeinsames Gespräch über Fehler sollte die Arbeit mit den Schulbuchseiten 72 und 73 vorbereiten. Dabei sollte zunächst eine kleine Geschichte von Kindern (vielleicht über die Matheprofis) erzählt werden, die auch mal Fehler machen. Erst dann sollten die Kinder erzählen, ob sie auch schon mal einen Fehler gemacht haben und wie sie sich dabei gefühlt haben. Die Tendenz sollte ganz klar sein: Fehler im Mathematikunterricht sind nicht schlimm. Sie zeigen uns, wo wir uns noch verbessern können. Manchmal stecken auch hinter Fehlern gute Gedanken. Wir versuchen in Fehlern zu erkennen, was sich jemand dabei gedacht hat. Natürlich kann sich diese Haltung gegenüber Fehlern nur durchsetzen, wenn die Lehrerin sie durchgehend praktiziert. Dazu gehört auch, dass man immer wieder herausstellt, was Kinder schon gut können.

Zu den Schulbuchseiten 72/73:
In Paulas Schultasche sieht es etwas wüst aus. Man kann dies zum Anlass nehmen, um darüber zu sprechen, wie man besser Ordnung halten kann. Dann schauen wir uns ihre Zettel mit den Rechnungen genauer an. Die Schüler/innen sollten zunächst für sich versuchen die acht Fehler zu finden. Sodann können sie mit ihren Partnern vergleichen und auch besprechen, was hier wohl falsch gemacht wurde. Anschließend werden die Ergebnisse wieder gemeinsam zusammengetragen.

Nun kommt die interessante Phase der Fehleranalyse: Wie wurde hier gerechnet? Wie kam der Fehler zustande? Positiv gewendet: Was muss man beachten um solche Fehler zu vermeiden? Oder etwas einfacher gefragt: Wie würdet ihr Paula erklären, warum das falsch ist?

Die Aufforderung einem anderen Kind etwas zu erklären, sollte möglichst häufig erfolgen, ganz im Sinne des Prinzips des Von- und Miteinanderlernens.

Werden noch häufig Nullfehler gemacht, so sollten Aufgaben mit Null besonders geübt werden. (Vielleicht reicht auch der Hinweis auf Fridolin, der sich ja immer wieder mit der Null beschäftigt.)

Lernbeobachtung

Die Lernbeobachtung wird dieses Mal zur Selbstbeobachtung. Es bietet sich an, von allen Kindern einen Probetest schreiben zu lassen und jeweils die Anzahl der Fehler auf einem Blatt zu notieren, ohne diese zu kennzeichnen. Jedes Kind soll versuchen, seine Fehler selbst zu finden. Gelingt dies nicht, kann es ein anderes Kind um Hilfe bitten. (Grundlegend auch hier: nicht einfach vorsagen.) Die erfolgreiche Fehlersuche und Korrektur der eigenen Fehler sollte entsprechend gewürdigt werden.

Arbeitsheft

Seite 44
- Fehler suchen

Seite 45
- Gerade und ungerade Zahlen

Seite 74 / 75: Sparen – Wünschen – Kaufen

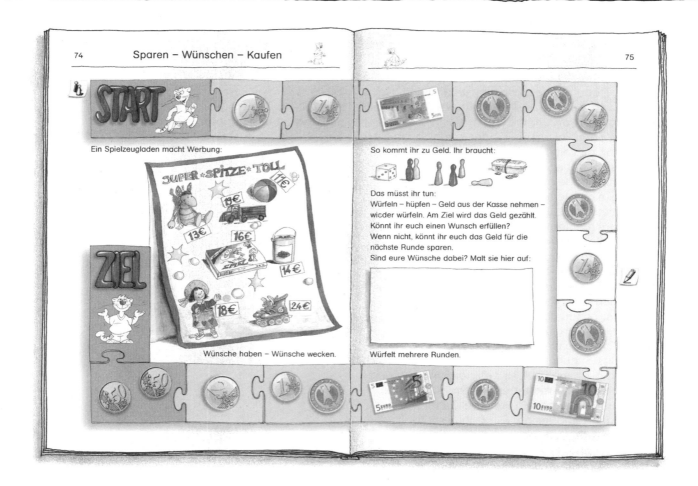

Ziele/Lehrplanbezug

- Einer- und Zweier-Eurostücke unterscheiden, den Wert von Fünfer- und Zehner-Euroscheinen kennen
- Den Wert mehrerer Münzen und Scheine durch Addieren ermitteln
- Waren und Preise kennen und vergleichen lernen
- Festgesetzte Geldbeträge zusammenstellen

Fächerverbindende Aspekte

Im Heimat- und Sachunterricht sind in den Lehrplänen Lernziele zum Thema Wünschen und Brauchen formuliert:
– Angebote erzeugen Wünsche
– Nicht jeder Wunsch kann erfüllt werden u. a.

Wir wollen im Mathematikunterricht dazu beitragen, eine kritische und verantwortungsbewusste Haltung zu diesen Themen zu entwickeln. Nach unseren Erfahrungen trägt hierzu sogar eine im Spiel befriedigte Kauflust bei.

Didaktische Überlegungen

Zunächst geht es bei dem Spiel darum, mit der neuen Währung Euro vertraut zu werden und die Kenntnisse im Umgang mit Geld zu erweitern und zu vertiefen. Im Hintergrund steht die Auseinandersetzung mit dem Erfahrungskomplex: Wünschen – Brauchen – Werbung – Kaufen. Erfahrungsgemäß ist keine große Anstrengung nötig, um Kinder für eine Beschäftigung mit Geld zu motivieren. Im Umgang mit Geld nehmen sie am Erwachsenenleben teil, denn Erwachsene besitzen Geld; sie brauchen es, um einkaufen zu können, um die Dinge, die sie brauchen oder sich wünschen, bezahlen zu können.

„Wünschen und Brauchen", sind zwei stark emotional besetzte Begriffe aus dem Alltag der Kinder. Einige von ihnen besitzen mehr als sie brauchen, andere haben zu wenig. Wie können Kinder lernen, zwischen beidem zu unterscheiden? Nahezu alle Kinder sind „Werbungsexperten"; sie wissen wie Werbung versucht, immer neue Wünsche zu wecken. Auch wenn sie dies im Gespräch benennen und ablehnen, so sind sie dennoch anfällig dafür. Diese Anfälligkeit wollen wir auf keinen Fall fördern, indem wir Wünschen und Wunschbefriedigung im Spiel unkritisch anbieten. Das Spiel soll vielmehr zur Klärung der Frage beitragen: Was geschieht eigentlich, wenn wir etwas kaufen? Es gibt Waren, Preise, Geld, Wünsche, Enttäuschungen, notwendige Dinge, unnütze Dinge, Käufer und Verkäufer u. a.; wie hängt dies alles zusammen? Mathematische Aspekte werden eingebettet in größere Zusammenhänge; Denken in Zusammenhängen wird vorbereitet, wie es der fächerverbindende Unterricht fordert.

Anregungen zur Unterrichtsgestaltung

Das Spiel kann als Gesprächsanlass und als Spielplan benutzt werden; die Reihenfolge bleibt der Lehrerin überlassen. Bei einem Gespräch bietet es sich an, über die Wünsche der Kinder zu sprechen: Was würdet ihr gerne kaufen? Wie viel Geld braucht ihr dafür? Wie viel Geld habt ihr? Gibt es Wünsche, die kein Geld kosten? Die Wünsche können ins Schulbuch auf Seite 75 oder ins Lerntagebuch gemalt werden.

Es ist möglich anhand des Buches über die dort aufgezeichneten „Superangebote" zu sprechen, sie mit aktuellen Angeboten in Zeitungen und im Werbefernsehen zu vergleichen und über das Geld zu sprechen, das auf den Feldern abgebildet ist. Gedankenspiele zum Einkaufen oder Sparen fördern die Vorstellungsfähigkeit; sie sind eine wichtige Voraussetzung für effektives Lernen.

Spielbeschreibung:
Spielt das Spiel zu zweit.
Ihr braucht einen Würfel, Spielgeld und zweierlei Spielfiguren.
Als erstes sucht ihr euch drei Spielsachen aus, die ihr gewinnen wollt (die selbstgemalten mit eingeschlossen) und belegt sie mit einer Spielmarke. Gibt es gemeinsame Wünsche, kein Problem! Die Ware wird mit zwei Spielmarken belegt.

Spielverlauf:
Würfelt abwechselnd. Rückt mit eurer Spielfigur entsprechend vor. Nehmt euch so viel Geld aus der Kasse, wie auf dem Feld, auf dem eure Spielfigur steht, zu sehen ist. (Doppelbesetzungen von Feldern sind möglich.) Addiert jeweils das neu hinzugekommene Geld. Hat ein Spieler das Ziel übersprungen, so kann er einen der Gegenstände kaufen, die er ausgesucht hat.
Die zweite Runde beginnt. Wer sich seine Kaufwünsche zuerst erfüllen kann, ist Sieger!

Was gelernt wird: Die Kinder lernen dabei Geldbeträge zu addieren. Sie suchen die Waren aus, die sie für ihr Geld kaufen können, sie wägen ab, wie sie gewinnen können; vielleicht wenn sie billige Waren belegen? Sie bezahlen mit den entsprechenden Münzen.

Differenzierung/Freiarbeit

Was im Spiel gelernt wurde, kann und soll auf vielfältige Weise vertieft werden. Dies kann durch Aktivitäten geschehen, die die Kinder bei der Beschäftigung mit „Kleingeld" und „Wer bekommt den Eisbecher" kennen gelernt haben.
Hierzu einige Vorschläge:

- Es können wieder Karten mit Geldabbildungen, dieses Mal mit Euromünzen und -scheinen, hergestellt, verglichen, geordnet und zusammengezählt werden.
- „Immer Zwanzig" könnte die Aufgabe heißen, bei der die Kinder 20 € auf unterschiedliche Weise darstellen sollen. Dies kann konkret geschehen, indem die Kinder Spielgeld auslegen, oder auf der ikonischen Ebene, indem sie die Beträge aufmalen (siehe Abb.).
- Geldbeträge, die vorher festgelegt werden, können mit möglichst wenig Geldstücken oder mit sehr vielen gelegt oder aufgemalt werden.
- Wie bei den Centstücken kann untersucht werden, für welche Geldbeträge zwei, drei oder mehr Euromünzen bzw. -scheine gebraucht werden.

Mit Magnetgeld lässt sich das Hinzukommen von Geld variieren. Anders als im Spiel bestimmen nun die Kinder das Geld selbst, das hinzu kommt:

Eine Münze oder ein Geldschein wird an die Tafel geheftet. Die Schüler/innen dürfen nun nacheinander ein Geldstück ihrer Wahl dazutun und den neuen Gesamtbetrag nennen. Wie weit gerechnet wird, entscheidet die Klasse.

oder

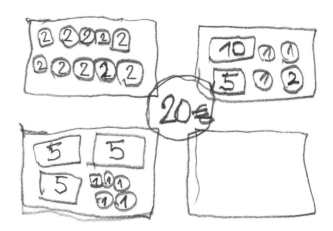

Material

- Spielgeld
- 2 Spielfiguren
- 1 Würfel

Seite 76/77: Bezahlen/Rückgeld

Ziele/Lehrplanbezug

- Erfassen der Vorgänge beim Kaufen
- Mathematisieren von Sachsituationen

Didaktische Überlegungen

Kaufen ist Tauschen!
Die Wurzeln der Geldwirtschaft liegen im Tauschhandel. Wahrscheinlich tauschten die Menschen schon, als sie sich noch in Jäger und Sammler unterscheiden ließen. Auf alle Fälle setzte ein reger Tauschhandel ein, als die Menschen vor etwa 10000 Jahren zu Ackerbauern und Viehzüchtern wurden. Es entstanden Tausch- und Zahlungsmittel, die zwischen Angebot und Nachfrage vermittelten. Bezahlt wurde mit Naturgeld wie Kaurimuscheln, wertvollen Federn, Steinen, Salz, Gold- oder Silberklumpen, passend zu den jeweiligen Regionen und deren Schätzen.

Das Bild des Tauschens ist unserer Meinung nach eine notwendige Voraussetzung, um eine Vorstellung von einem so komplexen Vorgang wie dem des Einkaufens zu entwickeln.

Getauscht wird Geld gegen Ware. Hat ein Käufer nicht den gleichwertigen Betrag, so tauscht er gegen Ware und Rückgeld.

Aus Umfragen wissen wir, dass Erstklässler nur über geringe Einkaufserfahrungen verfügen, d. h. sie kaufen selten selbstständig ein. Es ist deshalb sinnvoll Modellsituationen zu schaffen.

Das Herausgeben bzw. das Berechnen des Restgeldes, das dem Käufer nach dem Einkauf noch bleibt, wird mathematisch erfasst und in unterschiedlichen Gleichungen festgehalten.

Das Thema Geld eignet sich gut, um fächerverbindend zu arbeiten. Soziale Aspekte, die im Mathematikunterricht zu kurz kommen, aber zu einem weitreichenden Verständnis beitragen, können in den Unterricht aufgenommen werden.

Anregungen zur Unterrichtsgestaltung

Anhand des Bildes im Schulbuch Seite 76 wird über den Vorgang des Kaufens nachgedacht: Irina ist Käuferin und möchte ein Auto kaufen. Paula ist Verkäuferin und will dafür 6 Euro haben. Das Geld wird passend abgezählt; Geld und Ware wechseln die Besitzer. Das Bild arbeitet gegen die Vorstellung, der Käufer besitze nach dem Kauf mehr als zuvor.

Zu Seite 77
Irina hat den genauen Geldbetrag nicht zur Verfügung. Was macht sie nun? Welche Lösungen gibt es? Paula kennt eine Lösung. Sie bietet ihr „Rückgeld" an. Wer Kinder beim Einkaufen beobachtet, kann bestätigen, dass sie mit dem Rückgeld meist nichts anfangen können; sie verstehen nicht, warum sie vom Verkäufer auch Geld

bekommen. Deshalb müssen nachfolgende Überlegungen ausgesprochen werden:

Der Wertunterschied muss ausgeglichen werden, Gleichwertigkeit muss hergestellt werden. Irina gibt 20 Euro, sie erhält eine Ware für 14 Euro und den Unterschied von 6 Euro; nur die Ware und das Rückgeld zusammen sind gleichwertig mit 20 Euro.

Einkaufen als Tauschen lässt sich im Klassenzimmer einprägsam nachspielen. Man braucht einen Verkäufer, einen Käufer sowie eine Schachtel und Spielgeld. Der Verkäufer legt die Schachtel auf den Tisch und nennt den Preis. Der Käufer entrichtet das Geld, passend oder auch nicht. Dementsprechend reagiert der Verkäufer. Erst wenn Gleichwertigkeit hergestellt ist, wird getauscht. (Die Schachtel wurde von einer Klasse rasch durch Gegenstände ersetzt, die schnell zur Hand waren. Die Modelleinkaufssituation machte erstaunlich viel Spaß.)

Variation: Der Käufer hat 20 Euro zur Verfügung: Was kann er kaufen? Wie viel Geld bekommt er zurück?

Die Tabelle will dazu anregen, über den Unterschied zwischen dem Preis der Ware und dem 20 Euro-Geldschein nachzudenken und ihn durch "Aufzählen" zu ermitteln, was beim Einkaufen noch manchmal zu hören ist: 16 Euro (Preis) und 2 Euro sind 18 und 2 Euro sind 20. Mathematisch lässt sich das in Ergänzungsaufgaben ausdrücken.

Die Minusgleichungen, die den Einkaufsituationen häufig zugeordnet werden, stehen für einen anderen Zusammenhang: „Ich habe 20 €. Davon gebe ich einen bestimmten Betrag weg, nämlich den, den der Verkäufer für seine Ware haben will. Wie viel Geld habe ich danach noch?"

Während beim Ergänzen die Vorstellung von Gleichheit (Gleichwertigkeit) von vorrangiger Bedeutung ist, ist es bei der Subtraktionsgleichung die Vorstellung eines zeitlichen Ablaufes: zuerst, dann und danach.

Differenzierung/Freiarbeit

Arbeitsaufträge, wie sie im Folgenden vorgeschlagen werden, regen die Kinder an, sich von konkreten Vorstellungen und Handlungen zu lösen.

1. Der Zahlensatz

$$20 € - 6 € = 14 €$$

wird an die Tafel geschrieben.

Die Kinder werden aufgefordert, sich eine Einkaufsgeschichte hierzu auszudenken. Danach schreiben sie selbst Zahlensätze auf, in denen unterschiedliche Geldbeträge von 20 € abgezogen werden.

Die Kinder haben hierbei die Möglichkeit, Zahlen so zu wählen, dass sie die Aufgabe rechnerisch bewältigen können. Welche Aufgaben sie wählen, wird für die Lehrerin aufschlussreich sein.

Auch der Satz „Wenn ich 20 € habe und 5 € ausgebe, habe ich noch 15 €.", kann als Vorgabe dienen und von den Kindern entsprechend ihren Fähigkeiten variiert werden.

2. Genau 20 € !
Was habe ich gekauft?
Diese Frage lässt sich als Rechengeschichte oder wieder als Zahlensatz beantworten, was viel geheimnisvoller ist.

Beispiel: $2 € + 8 € + 4 € + 6 € = 20 €$

Vermutungen, was gekauft wurde, können angestellt werden. Wieder schreiben die Schüler/innen eigene Zahlensätze auf; die Ergebniszahl ist immer 20 €.

Arbeitsheft

Seite 46
- Die Aufgaben entsprechen den beschriebenen Aktivitäten und können von den Kindern selbstständig gelöst werden.

Seite 47
- Die Kaufgeschichten verlangen von den Kindern eigene Überlegungen und Entscheidungen; jedes Kind soll sich eine eigene Geschichte ausdenken: „Irina hat 18 Euro, Felix hat 17 Euro. Keiner von ihnen kann den Bären kaufen, es sei denn...!" Aufgabe 2 soll die von jedem Kind gewählte Entscheidung festhalten. Alle Möglichkeiten sind offen, wenn Irina und Felix sich gegenseitig Geld leihen. Nach der persönlichen Entscheidung der Kinder richtet sich auch die Antwort bei Aufgabe 3.

Material

- Spielgeld
- Eine Schachtel bzw. verschiedene Waren

Seite 78 / 79: Versteckspiel

Ziele/Lehrplanbezug

- Lagebeziehungen vor, hinter, innen, außen, über, unter, zwischen, auf etc. erkennen und sprachlich beschreiben
- Von einer Zeichnung (Ebene) auf eine räumlich dreidimensionale Darstellung schließen

Fächerverbindende Aspekte

- Lernbereich Sprache:
  – Ortsbeschreibungen
  – Bildanalyse: Beschreibung der auf dem Bild dargestellten Situation
- Sachunterricht:
  – Raum und Zeit
  – Einen Schulraum gestalten
  – Den Nahraum der Schule erkunden

Didaktische Überlegungen

Das Erkennen von Lagebeziehungen ist ein Teilbereich der visuellen Wahrnehmung und der räumlichen Orientierung.

Um Lagebeziehungen zu beschreiben, muss man außerdem die entsprechenden sprachlichen Beziehungsbegriffe richtig verwenden. Es sollten hier jedoch keine isolierten sprachlichen Übungen erfolgen („Fritz steht neben, hinter, auf dem Stuhl"), sondern situative Kontexte gefunden werden, in denen die Lagebeschreibung Sinn macht. Das Versteckspiel bietet hier einen willkommenen Anlass. Verstecken legt Suchen nahe: „Wo haben sich die Kinder versteckt?" Eine Schwierigkeit besteht darin, dass die Lagebeziehungen nicht nur in Bezug auf bestimmte Gegenstände gesehen werden (Carla liegt unter der Bank, Olgun ist in der Tonne), sondern in manchen Fällen abhängig vom Betrachter sind (Felix steht vor dem Baum, das Auto steht rechts). Auch dies sollte mit den Kindern besprochen werden.

Anregungen zur Unterrichtsgestaltung

Für die räumliche Orientierung gilt in besonderem Maße: Vor der Betrachtung bildlicher Darstellungen sollten die Kinder vielfältige Erfahrungen durch aktive Bewegung in den sie umgebenden und von ihnen gestalteten Räumen erworben haben. In spielfreundlichen Umgebungen können die Kinder solche Erfahrungen bereits gemacht haben, jedoch sind die Möglichkeiten freier, expansiver Raumerkundung heute eher gering. Zum Ausgleich solcher Erfahrungsdefizite findet man in den Lehrplänen heute vielfach Hinweise auf fächerverbindende Aktivitäten.

Auf Erkundungsgängen in der Schulumgebung können Fotos gemacht werden. Sie werden später im Klassenraum geordnet. Markante Gebäude, Plätze, Bäume etc. in der Umgebung sind für die Orientierung wichtig. Mit ihnen kann man auch einen Schulumgebungsplan gestalten. Manche Lehrpläne empfehlen Raumaktionen als fächerverbindendes Projekt oder den Bau von Behausungen, bei denen Erfahrungen mit verschiedenen Innen- und Außenräumen gemacht werden können. Der Raum kann von unterschiedlichen Standpunkten aus betrachtet werden. Diese Aspekte werden im 2. Schuljahr noch genauer behandelt (vgl. z.B. die Bahnreise Seite 108/109).

Zu den Seiten 78 und 79

Während der Pause können Sie als Lehrerin einen Gegenstand im Klassenraum verstecken. An die Tafel werden verschiedene Lagewörter geschrieben: neben, auf, in, unter, zwischen, hinter, vor. Die Kinder sollen mit diesen Wörtern Fragen stellen, um die Position des Gegenstandes zu erraten. Sobald die richtige Position erraten ist, dürfen die Kinder nachschauen. Sicher werden die Kinder das Spiel gern öfter wiederholen.

Die Kinder beschreiben das Bild und die Spielsituation. Ist das Spiel bekannt? Habt ihr es schon öfter gespielt? Wie geht es vor sich? Dann kann gezielt gefragt werden: „Wo haben die Matheprofis und ihre Freunde sich versteckt?" Die Verwendung der Lagewörter ergibt sich auch hier bei den Antworten ganz natürlich. Außer den Matheprofis befinden sich noch drei weitere Kinder auf dem Bild: unter der Bank, hinter der Mauer und im Haus bzw. hinter dem Fenster. Die Frage: „Wo könnte sich Felix noch verstecken?" lässt weitere Möglichkeiten offen.

Als Fächer übergreifende Aufgabenstellung können die Kinder auch im Rahmen des Freien Schreibens Versteckgeschichten aufschreiben. Die Verwendung von Bezeichnungen zur Lagebeziehung erfolgt hier fast automatisch.

Eine weitere interessante Frage ist, welche Kinder Irina wohl zuerst entdecken wird. Sie erfordert einen Perspektivwechsel: Die Schüler/innen müssen den Standpunkt des Betrachters verlassen und sich in Irinas Raumperspektive versetzen. Von dort aus sind Rosa und Paula nicht so gut zu sehen.

Differenzierung/Freiarbeit

Ratespiel in Partnerarbeit:
Ein Kind darf sich ein Tier, eine Person oder einen Gegenstand auf dem Bild aussuchen. Der Partner muss die Position erfragen: „Hängt es an einem Ast?" „Sitzt es auf der Säule?" Etc.
Auch bei diesen Fragesätzen kommen die Lagewörter sinnvoll zur Anwendung.
Eine weitere Möglichkeit Lagebeziehungen zu besprechen ist die Arbeit mit von Kindern selbst gestalteten Schulwegplänen (siehe Abb.).

Arbeitsheft

Seite 48
- Die Unterschiede der beiden Bilder sollen mit den Begriffen „neben", „unter" etc. beschrieben werden.

Material

- Evtl. Wortkarten zu den Lagewörtern: vor, hinter, auf, in, unter, an, neben, zwischen

Seite 80/81: Hüpfspiele

Ziele/Lehrplanbezug

- Räumliche Vorstellungen über Bewegungselemente festigen
- Topologische Grundbegriffe/Lagebeziehungen bei Personen und Dingen (innen – außen – auf dem Rand, links – rechts, davor – dahinter) handlungsorientiert erleben und beschreiben
- Schrittzeichnung in Bewegung umsetzen
- Mathematische Sachverhalte in Spielen, d. h. in Situationen des täglichen Lebens erkennen

Fächerverbindende Aspekte

Verbindungen von Mathematik, Spielen im Sportunterricht, Sprache und sachkundlichen Themen wie Freizeitgestaltung sind leicht zu erkennen und können den situativen Gegebenheiten und Wünschen entsprechend ausgebaut werden.
Z. B.:
- Sprache:
  - Spielbeschreibungen: verbale Beschreibung aus einer zeichnerischen Darstellung
  - Eigene Spiele beschreiben
- Kunst:
  - Spielfelder aufzeichnen

Didaktische Überlegungen

„Hüpfspiele im Mathematikbuch?", „Mathematik in Hüpfspielen?", zwei Fragen, die sich nicht sofort mit einem „Aber ja" beantworten lassen. Fängt man jedoch an, sich hierüber Gedanken zu machen und ‚Hüpfspiele' als Möglichkeit zu sehen, „Mathematik" zu betreiben, so kommen Erkenntnisse und Ideen in Fülle. Auf den ersten Blick sehen wir Zahlen und geometrische Figuren (Felder/Kästchen, Kreise), die das Spielfeld kennzeichnen. Was bedeuten sie? Die Zahlen nummerieren die Felder, in die man auf einem oder auf zwei Beinen springen muss. (Manchmal kann man auf der Straße auch Hüpfspiele sehen, bei denen die Kinder noch weitere Felder hinzugefügt haben.) Und die Felder oder Kästen? Wie groß sind sie?

Zählen, was in Verbindung mit spielerischen und sportlichen Handlungen häufig vorkommt, Felder aufzeichnen, bei denen im Spielverlauf genau darauf zu achten ist, ob die Grenze, der Rand, nicht überschritten wird, Richtungsänderungen und Drehungen, Sprungfolgen, vorweggedacht und ausgeführt, all das sind mathematische Tätigkeiten, die im Dienst eines gelungenen Zeitvertreibs stehen. Wir nutzen also die Mathematik, wir wenden sie an. Sie trägt zu unserem Vergnügen bei. Haben Kinder diese Erfahrung gemacht, so lässt sich leicht an sie anknüpfen; sie werden mit Freude und Neugier andere Mathematisierungen in ihrer Umwelt entdecken und verstehen wollen.

Die visuelle Wahrnehmung umfasst fünf Teilaspekte: die visumotorische Koordination als Fähigkeit Hand (Körper) und Auge (Sehsinn) zu koordinieren, z. B. beim Ballfangen, die Figur-Grund-Diskrimination als Fähigkeit Teilfiguren vor einem komplexen Hintergrund zu erkennen, die Wahrnehmungskonstanz als Fähigkeit Figuren auch in unterschiedlicher Größe und Lage wiederzuerkennen, die Wahrnehmung räumlicher Beziehungen als Fähigkeit zur Analyse von Formen und Mustern und schließlich die Wahrnehmung der Raumlage. Verschiedene Aspekte der räumlichen Orientierung werden in der Betrachtung der Schrittzeichnung und ihrer Umsetzung angesprochen: „Wie stehen die Füße zum Gummitwist-Band?" (räumliche Beziehung, Raumlage). Die Zeichnung kann unmittelbar in Bewegung umgesetzt werden und dient dann gleichzeitig als Ablaufkontrolle. Eine verbale Beschreibung (linker Fuß außen, rechter Fuß innen etc.) dient zwar den Zielen des Geometrieunterrichts, sollte jedoch nicht übertrieben werden. Der Bewegungsablauf wird nur von einem kurzen Merkspruch begleitet, der die Rhythmisierung unterstützt.

Anregungen zur Unterrichtsgestaltung

Sicher haben die Kinder diese Seite im Buch schon entdeckt und mit Freude wahrgenommen. Sie zeigt Spiele, die außerhalb von Wohnung und Klassenraum gespielt werden. Sie machen Spaß und werden selbstbestimmt und gemeinsam mit anderen Kindern gespielt. Dass hierbei ganz selbstverständlich mathematisches Wissen und Können ins Spiel kommt, wird die Kinder vielleicht gar nicht wundern. Es könnte dennoch ein geeigneter Gesprächsanlass sein.

Im Sitzkreis berichten die Kinder darüber, welche Spiele sie in der Pause, eventuell auch in der Freizeit spielen. Sie können anschließend Spielpläne in ihr Lerntagebuch oder auf ein großes Plakat zeichnen. Verschiedene Freiarbeitsaktivitäten rund um das Thema bieten sich an.

Auch folgender Arbeitsauftrag an eine Schülergruppe wäre geeignet: „Sucht euch ein Spiel aus und besprecht, wie ihr es spielen wollt. Welche Spielregeln sollen gelten?" Ein Mitglied der Gruppe stellt dann der Klasse das Spiel vor. Die überlieferten Spielanweisungen können hier oder zu einem anderen Zeitpunkt einbezogen werden. Bei der Beschreibung der Spiele ist es nützlich, die Begriffe „vor – zurück, innen – außen – Rand u. a." zu gebrauchen; sie können hinterfragt und in neue Zusammenhänge gebracht werden.

Das zu Grunde liegende mathematische Wissen tritt auch in den Vordergrund, wenn die Schüler/innen ihr Spiel ganz konkret aufzeichnen und spielen. Jetzt werden vor allem die Umsetzung der bildlichen Darstellungen und die Fragen, die hierbei auftreten, wichtig, ähnlich wie beim Verständnis von Plandarstellungen. Wie viel Platz brauchen wir? Wie zeichnen wir einen Kreis? Wie müssen wir hüpfen?

Die Spielanleitung zum Zahlenrad sieht eine Verbindung von Werfen, Rechnen und Hüpfen vor. Es macht bestimmt viel Spaß, das auszuprobieren.

Die Aufzeichnung eines Gummitwist-Spiels erinnert an Tanzbeschreibungen. Das ist so gewollt. Bei Gruppentänzen aller Art spielen räumliches Vorstellungsvermögen und räumliche Orientierung eine wichtige Rolle; es geht nach rechts, nach links, nach innen, nach außen; der rechte Fuß macht dies, der linke das. Achtung! Olguns Sprung kommt darin nicht vor! Sein Sprung gehört eher in den Sportunterricht. Wie aber würde dieser Sprung als Hüpfanleitung aussehen?

Es dürfte keine Schwierigkeiten bereiten, alle Kinder diese Gummitwist-Aufzeichnung einmal nachspringen zu lassen. Dazu kann der Text gesprochen werden. Er rhythmisiert die Sprünge und unterstützt das Gedächtnis. Weitere Sprungmöglichkeiten können bei größeren Kindern erfragt oder selbst ausgedacht, aufgemalt und aufgeschrieben werden.

Spielbeschreibungen:

Himmel und Hölle:

Das Startfeld ist die Erde. Von dort aus wird mit beiden Beinen in die Felder 1, 2 und 3 gehüpft, mit dem linken in Feld 4 und dem rechten in Feld 5 gegrätscht, wieder mit beiden Beinen auf Feld 6 gehüpft und in 7 und 8 gegrätscht. Danach wird Feld 9 übersprungen und die Landung im Himmel angepeilt. Im Himmel wird gewendet. Dann erfolgt der Rückweg in entsprechender Weise.

Zum Aufwärmen kann jeder einmal Probehüpfen.

In der ersten Runde hüpfen alle mit beiden nebeneinander stehenden Beinen. In der zweiten Runde mit gekreuzten Beinen, in der dritten auf einem Bein und zum Schluss mit geschlossenen Augen. Wer einen Fehler macht, d. h. wer auf eine Linie tritt, ein Feld überspingt oder gar auf Feld 9 landet, muss aussetzen, bis alle anderen Mitspieler an der Reihe waren. Er kann danach dort weitermachen, wo ihm der Fehler passiert ist.

Zum Nachdenken: „Wie viele Sprünge sind es in einer Runde?" „Wie viele Sprünge bis zum Fehler in der zweiten Runde?" (Der Spieler landete auf Feld 9.)

Zahlenrad:

Jeder Spieler hat drei (fünf) Spielsteine, die sich von denen seiner Mitspieler unterscheiden. Es wird eine Zahl festgelegt, welche erreicht werden soll, z. B. 20. Nun versucht jeder Spieler seine

Steine so in die Felder zu werfen, dass er der festgelegten Zahl nahe kommt, wenn er die Zahlen in den Feldern addiert. Steine, die auf einer Linie landen, zählen dabei nicht. Erst wenn ein Spieler, seine Zahl genau erreicht hat, darf er hüpfen. (Seine Steine liegen z. B. auf 3, 4, 13.) Er hüpft nun auf einem Bein durch alle Felder und sammelt seine Spielsteine ein. Macht er dabei keinen Fehler, d. h. vergisst er kein Steinchen und tritt auch nicht auf eine Linie, so darf er im äußeren Ring ein Feld wählen, das von nun an alle anderen überspringen müssen. Danach werfen und hüpfen die anderen und die nächste Runde beginnt: Eine neue Zahl wird vereinbart; die Steine werden entsprechend geworfen usw.

Da die ersten acht Zahlen im inneren Kreis und die nächsten acht Zahlen im äußeren Kreis stehen, können die drei Steine auch so geworfen werden, dass die äußere Zahl genau so groß sein muss wie die beiden inneren zusammen. Wer einen richtigen Zahlensatz werfen und hüpfen kann und dabei die Steine wieder einsammelt, erhält ein Hölzchen.

Differenzierung/Freiarbeit

Spielvorschlag: Kreuzungen vermeiden! (siehe Abb.)

Spielbeschreibung:
Spieler: 2–4
Material: weißes Papier und Buntstifte
   Ein Mitspieler schreibt die Zahlen von 1 bis 20 (30) durcheinander auf ein Papier. Jeder Mitspieler hat einen Stift, der sich von denen der anderen farblich unterscheidet. Nun beginnt der erste Spieler und verbindet die Zahl 1 mit der Zahl 2. Der zweite Spieler verbindet die Zahl 2 mit der Zahl 3 usw. Die Spieler versuchen, keine anderen Linien zu kreuzen; sie suchen „Umwege". Gelingt dies jedoch nicht, so muss der Spieler, der eine andere Linie kreuzen musste, einen Kreis um die Kreuzung ziehen. Am Ende werden die Kreise gezählt. Wer die wenigsten Kreise zeichnen musste, hat gewonnen.

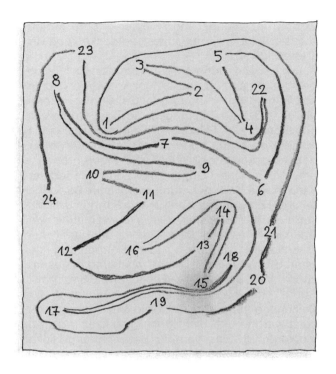

Kopiervorlagen

- Schwungübungen: Fridolin fangen (Seite 143): Die Schwunglinien von Fridolins Spuren werden ohne abzusetzen nachgezogen.

Fridolin fangen 143

Fahre die Linien nach oder folge ihnen mit den Augen.

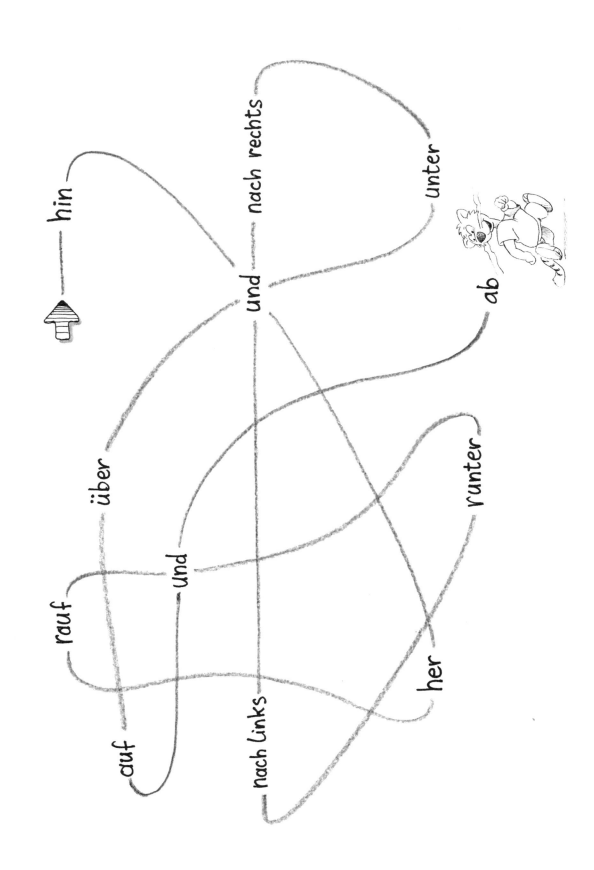

144 Seite 82 / 83: Spielgelaufgaben / Verdoppeln und Halbieren

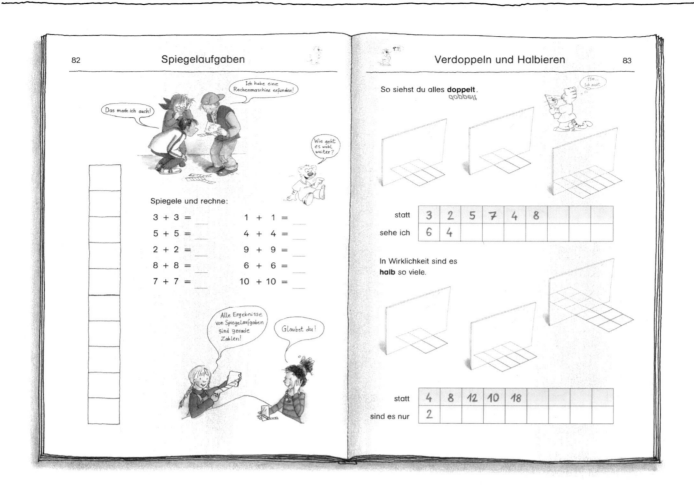

Ziele/Lehrplanbezug

- Einstieg in die systematische Erarbeitung der Grundaufgaben zur Addition
- Aufgaben lösen durch Anwenden von Rechenstrategien
- Aufgaben mit gleichen Summanden automatisieren und als Stützaufgaben benutzen
- Erfahrungen mit dem Spiegel sammeln

Didaktische Überlegungen

Mit den „Spiegelaufgaben", den Aufgaben mit zwei gleichen Summanden, auch Verdopplungsaufgaben genannt, beginnt das systematische Erarbeiten der Grundaufgaben zur Addition. Hierbei sollen die Kinder lernen, alle Aufgaben mit einstelligen Summanden sicher und schnell zu lösen. Ziel ist nicht, dass sie die Rechensätze auswendig lernen, sondern dass sie sie aufgrund von Einsichten in die Beziehungen zwischen den Rechenoperationen und Erkennen von Rechengesetzen automatisieren.

Als Einstieg hierfür eignen sich Spiegelaufgaben erfahrungsgemäß besonders gut; sie prägen sich den Kindern leicht ein und können als „Stützpunkte" zur Lösung weiterer Aufgaben dienen. Die Tatsache, dass sie zu den Standardrechensätzen von Schulanfängern gehören (2 + 2 = 4, 5 + 5 = 10, 10 + 10 = 20), zeigt die Attraktiviät, die von ihnen ausgeht; kleine Kinder merken sich solche Aufgaben, bevor sie eine Vorstellung von Zahlen oder gar Rechenoperationen besitzen. Deshalb ist es wichtig, auch bei diesen Aufgaben auf der handelnden Ebene zu beginnen und bildhafte Vorstellungen zu entwickeln. Hierzu eignet sich die Arbeit mit dem Spiegel besonders gut. Danach soll dann der Blick für das „Verdoppeln plus 1" und die Nachbaraufgaben geweckt und entwickelt werden (vgl. S. 84 / 85). Wie schon bei den Analogieaufgaben machen wir den Kindern Angebote, die sie anregen, Strategien zu entdecken und anzuwenden.

Der Zusammenhang von Verdoppeln und Halbieren ist den Kindern keineswegs so vertraut, wie es manchmal dargestellt wird.

Der Spiegel schafft geeignete Vorstellungen. Mit ihm ist es möglich, Verdoppeln und Halbieren als Umkehroperation zu behandeln. Hier werden die gleichen Bilder auf unterschiedliche Weise mathematisch interpretiert. Dass Kinder dies erst entdecken müssen, können Gespräche mit Kindern bestätigen. Der Begriff „doppelt" kann nun als „Es kommt die gleiche Anzahl nochmal hinzu" verstanden werden. „Halbieren" ist eigentlich ein Aufteilen in zwei gleiche Teile. Hier wird es als Umkehrung einer Verdoppelung vorgestellt, so dass der Zusammenhang von beiden Operationen deutlich wird. Die Schulbuchseite 82 bietet die Möglichkeit, Kinder zu solchen Überlegungen anzuregen.

Anregungen zur Unterrichtsgestaltung

Zu Seite 82

„Ich habe eine Rechenmaschine erfunden!" Diese Aussage von Felix könnte Anlass sein, einige Überlegungen anzustellen: Felix' Maschine besteht aus einem Spiegel. Was macht ein Spiegel? Wieso kann er Rechenaufgaben lösen? Welche Aufgaben kann er lösen? Welche Aufgaben passen zu den Abbildungen?

Nicht erst seit der Lektüre des Zahlenteufels von Hans Magnus Enzensberger wissen wir, dass Kinder mathematischen Entdeckungen oder Phänomenen gerne Namen geben bzw. diese mit eindrucksvollen Namen verbinden. Wir haben uns in diesem Fall für den Namen „Spiegelaufgaben" entschieden. Damit verbundene Vorstellungen können dadurch genutzt und sicher und schnell wieder erinnert werden.

Bevor die Kinder die Aufgaben „Spiegele und rechne" angehen, sollten sie die Möglichkeit haben, mit dem Spiegel zu experimentieren. Die alltäglichen Erfahrungen mit dem Spiegel sind ja zunächst anderer Art. Meist wird nur das Spiegelbild, das eigene Bild im Spiegel, wahrgenommen und nicht Original- und Spiegelbild zugleich. Es ist deshalb eine interessante Entdeckung, dass abgebildete und konkrete, vorhandene Gegenstände als gemeinsame Menge wahrgenommen werden können, wenn der Spiegel entsprechend gestellt wird (siehe Obsttheke im Supermarkt, Flaschen an der Bar). Die Kinder sollten Gelegenheit haben mit 10 Gegenständen ihrer Wahl solche Erfahrungen zu machen. Mögliche Aufgabe: den Spiegel so platzieren, dass eine ganz bestimmte Anzahl (z. B. 12, 16, 15!, …) von Gegenständen zu sehen ist. Das fordert sie zu neuen Überlegungen heraus. Vielleicht ist ein Kind noch einfallsreicher als Rosa.

Selbstverständlich sollten die Kinder auch motiviert werden, möglichst alle Verdopplungsaufgaben bis 10 + 10 zu finden. Dies wird bei einigen durch systematisches Vorgehen, bei anderen eher in beliebiger Weise erfolgen. Der Eintrag im Lerntagebuch könnte durch den Vorschlag, entsprechende Bilder dazu zu malen, erweitert werden. Solch eine Verbindung von Arithmetik und Geometrie lässt weitere Möglichkeiten offen und ist reizvoll, wo immer sie vorkommt.

Zu Seite 83

Diese Buchseite soll die Erfahrungen der Kinder zu Spiegelaufgaben weiter vertiefen und systematisieren. Spiegelaufgaben werden jetzt mathematisch als Verdoppelungsaufgaben aufgefasst.

„Mit dem Spiegel sehe ich alles doppelt."

Es können Spiegel zur Verfügung gestellt werden, damit die Kinder ausprobieren können, ob und wie man mit dem Spiegel „alles" doppelt sehen kann.

Ihre Erfahrungen werden hauptsächlich darin bestehen, dass sie Gegenstände aus dem Klassenzimmer, die meist nur einmal vorhanden sind, bei richtigem Platzieren des Spiegels nun zweimal sehen. Zwei ist das Doppelte von eins.

Was aber ist das Doppelte von zwei, drei, vier …? Es ist anzunehmen, dass einige Kinder diese Frage beantworten können; die notwendigen Vorstellungen konnten beim Spiegeln gewonnen werden. Es gilt nun zwischen Additionsaufgaben mit gleichen Summanden und dem Verdoppeln von Zahlen eine Verbindung herzustellen. Dieses Wissen muss jedes Kind auf seine Weise selbst konstruieren. Es ist durchaus denkbar, dass einige Kinder dazu noch nicht in der Lage sind. Anschließend schauen wir uns die verdoppelten (gespiegelten) Zahlen noch einmal an. Wenn ich den Spiegel wieder wegnehme (die Zahl halbiere), erhalte ich wieder die ursprüngliche Zahl.

„In Wirklichkeit sind es halb so viele."

Beide Rechenoperationen (Verdoppeln und Halbieren) können so in einer Situation dargestellt werden. Das Verständnis von Verdoppeln und Halbieren soll die Spiegelaufgaben zu echten Stützaufgaben machen. Von einem nur auswendig aufgesagten Satz kann niemand auf die Nachbaraufgaben schließen.

Differenzierung/Freiarbeit

Gibt es auch Minus-Spiegelaufgaben? Wie könnten diese aussehen?

Erfahrungsgemäß gibt es Kinder, die bei den Additionsaufgaben keinerlei Probleme mehr haben, aber die entsprechenden Umkehraufgaben oft nicht auf Anhieb lösen können (zum Beispiel: 12 − 6 = …). Sie können die Spiegelaufgabe hierin nicht erkennen.

Lernangebot für fortgeschrittene Schüler/innen: „Sucht zu allen Spiegelaufgaben die Minusaufgaben."

Lernangebot für alle: „Schreibt alle geraden bzw. ungeraden Zahlen als Zahlenfolge auf." (Vgl. auch Schulbuchseite 36/37 „Paare bilden.)

Lernbeobachtung

- Erkennt das Kind das Prinzip der Spiegelung?
- Geht das Kind bei der Erarbeitung der Spiegelaufgaben systematisch vor?
- Erkennt es den Zusammenhang von Verdoppelungs- und Halbierungsaufgabe?

Material

- Spiegel
- Verschiedene Gegenstände (Plättchen, Steine, Muscheln, Spielgeld u. Ä.)

Seite 84/85: Spiegelaufgaben und ihre Nachbaraufgaben

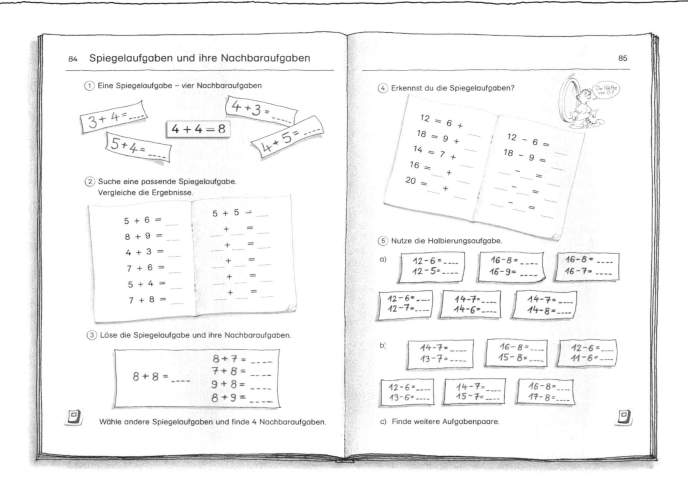

Ziele/Lehrplanbezug

- Verdoppeln und Halbieren von Zahlen
- Den Zusammenhang zu Spiegelaufgaben sehen
- Aufgabentypen erkennen
- Lösungsstrategien bei Nachbaraufgaben finden und anwenden

Didaktische Überlegungen

Die Beherrschung der Spiegelaufgaben ist Voraussetzung für das Lösen von Nachbaraufgaben. Diese wurden auf den Seiten 82 und 83 eingeübt. Angebahnt wird jetzt die für die Kinder bedeutsame Rechenstrategie der Herleitung von Lösungen unbekannter Aufgaben aus schon beherrschten Aufgaben, in diesem Fall konkret das Erschließen der Nachbaraufgaben von Spiegelaufgaben.

Eine Sicherheit im Verdoppeln ist erforderlich, um sie für Nachbaraufgaben zu verwenden. Nachbaraufgaben und Spiegelaufgaben unterscheiden sich bei einem Summanden um Eins. Das Ergebnis ist deshalb um Eins kleiner oder größer als bei der Verdopplungsaufgabe. Bei der „Plus-Rechentafel" bzw. „Minus-Rechentafel" wird der Begriff der Nachbaraufgabe erweitert. Man kann zu jeder Aufgabe eine Nachbaraufgabe finden, indem man den einen Summanden um Eins verkleinert oder vergrößert. Es muss immer wieder darauf hingewiesen werden, dass Kinder ganz unterschiedlich auf angebotene oder nahe gelegte Strategien reagieren. Die einen veranlassen sie zu dem Spruch: „Danke für den Trick!", für andere sind sie unverständlich und vorerst noch keinerlei Hilfe beim Lösen von Aufgaben.

Noch weniger einleuchtend ist für viele Kinder das Lösen von Minusaufgaben mithilfe von „Halbierungsaufgaben". Selbst uns Erwachsenen fällt es schwer, zu 12−5 die benachbarte Halbierungsaufgabe 12−6 auf Anhieb zu nennen. Dennoch bieten wir den Kindern diese Strategie an, weil sie gleichzeitig bei den Kindern ein Gespür dafür weckt, was bei Veränderung des Minuenden bzw. Subtrahenden um 1 passiert. Wird der Minuend kleiner, wird auch das Ergebnis kleiner, wird aber der Subtrahend kleiner, wird das Ergebnis größer. Ein für Kinder nicht ganz einfach nachzuvollziehender Vorgang, der aber für das vorteilhafte Rechnen im 2. und 3. Schuljahr von hoher Bedeutung ist.

Anregungen zur Unterrichtsgestaltung

Zu Seite 84

Wie im Buch vorgeschlagen, ist es sinnvoll den Kindern eine Spiegelaufgabe und dazu alle vier ungelösten Nachbaraufgaben anzubieten. Danach werden die Ergebnisse verglichen; es wird in gewohnter Weise über die Lösungswege berichtet. Sollte kein Kind die Spiegelaufgabe benutzt haben, um andere Ergebnisse zu ermitteln, so ist es sinnvoll, sie zum Vergleichen der Aufgaben aufzufordern. Aus Untersuchungen wissen wir, dass Strategiebildungen oft durch äußerliche Merkmale wie gleiche Ergebnisse, gleiche Zahlen, Unterschiede u. Ä. veranlasst werden. Diese werden zuerst wahrgenommen.

Im weiteren Unterricht können die Kinder in Gruppenarbeit eine Spiegelaufgabe und die dazugehörenden Nachbaraufgaben als Terme auf geeignete Streifen schreiben. Es ist nicht nötig, die Aufgabe festzulegen. Es kann so lange gearbeitet werden, bis alle Spiegelzahlen mit Nachbaraufgaben einmal vorhanden sind. Beim Versuch sie zu ordnen, können interessante Beobachtungen gemacht werden. (Jede Nachbaraufgabe gibt es zweimal, außer 0 + 1; Tauschaufgaben können einander zugeordnet werden.) Wenn man möchte, kann man die Terme nach diesem Schema ordnen.

```
           5 + 6
    6 + 5  6 + 6  6 + 7
           7 + 6
```

Es bereitet schon auf die Arbeit mit den Termkärtchen bzw. der 1+1-Tafel vor.

Die Tatsache, dass es Terme sind und nicht gelöste Zahlensätze, lenkt die Aufmerksamkeit auf den Aufgabentyp und nimmt das Bearbeiten der Buchseite nicht vorweg.

Zu Seite 85

Auf S. 85 wird das Arbeiten mit Halbierungsaufgaben und ihren Nachbaraufgaben thematisiert. Wenn der Zusammenhang zwischen Verdoppelungs- und Halbierungsaufgabe erarbeitet ist (vgl. Aufgabe 4), kann wieder mit Termkarten gearbeitet werden. Nach den Vorarbeiten bei den Plusaufgaben dürfte das Ordnen der Minusaufgaben eine zu bewältigende Aufgabe darstellen. Auch hier bietet sich die Darstellung in Kreuzform an.

```
            11 − 6
     12 − 5  12 − 6  12 + 7
            13 − 6
```

Beim anschließenden Lösen der Halbierungs- und Nachbaraufgaben (Aufgabe 5), sollte man es nicht beim Lösen der Aufgaben belassen. Wir schauen uns die Aufgaben und Ergebnisse genauer an:
- Was passiert, wenn die Zahl vor dem Minuszeichen größer wird?
- Was, wenn sie kleiner wird?
- Was, wenn die Zahl hinter dem Minuszeichen …?

Zum Schluss können die Kinder die gewonnenen Erkenntnisse bei weiteren Zahlen erproben.

Differenzierung/Freiarbeit

Für Fortgeschrittene:
Wer schon gut mit Spiegelaufgaben arbeiten kann, kann sich andere Stützaufgaben suchen, ganz persönliche, und dazu Nachbaraufgaben bilden und lösen.
Beispiel:
Meine Lieblingsaufgabe: 2 + 8 = 10
Die Nachbaraufgabe: 2 + 7 = 9

Für langsame Rechner:
Die Punktebilder im Zehnerfeld sind eine gute Möglichkeit Verdoppelungsaufgaben (bzw. Halbierungsaufgaben) und deren Nachbaraufgaben zu bilden, da sie in sich durch den Doppelfünfer strukturiert sind. Wenn man beispielsweise das Fünfer-, Sechser- und Siebenerbild nebeneinander legt, hat man die Spiegelaufgabe 3 + 3 und ihre Nachbaraufgaben 3 + 2 und 4 + 3 oder gedreht auch 2 + 3 und 3 + 4:

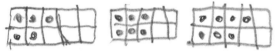

Man kann auch einen Spiegel an die Mittellinie halten.

Arbeitsheft

Seite 49
- Hier soll auf der ikonischen Ebene mithilfe von Zahlen im Zehnerfeld die „Denkweise" bei Nachbaraufgaben dargestellt werden.

Aufgabe 1 und 2
- Verdoppelungsaufgaben und Nachbaraufgaben

Aufgabe 3
- Halbierungsaufgaben und Nachbaraufgaben

Lernbeobachtung

- Kann das Kind zu Verdoppelungsaufgaben Nachbaraufgaben finden?
- Kann es Aufgaben mithilfe von Verdoppelungsaufgaben lösen?
- Erkennt es Halbierungsaufgaben?
- Kann das Kind Aufgaben mithilfe von Halbierungsaufgaben lösen?
- Zur Förderung kann auf die Zehnerfelder und einen Spiegel zurückgegriffen werden. Über das Spiegeln der Punktefelder können Verdoppelungsaufgaben bzw. Halbierungsaufgaben („ich sehe alles doppelt") erzeugt werden.

Material

- Spiegel
- Streifen aus Karton oder Zehnerfelder

Seite 86/87: Schatzsuche

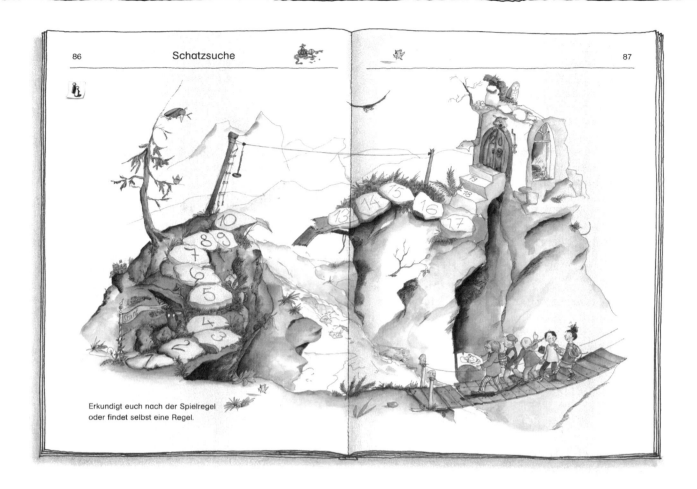

Ziele/Lehrplanbezug

- Erarbeiten der Grundaufgaben
- Aufbauen von inneren Bildern, die für die Anwendung der Strategie „zum Zehner ergänzen" notwendig sind
- Erwerben von Fertigkeiten, die das Verständnis für den schrittweisen Zehnerübergang vorbereiten
- Die Zahl 10 als besondere Zahl wahrnehmen
- Rechenvorteile erkennen

Didaktische Überlegungen

Wissen lässt sich nicht vermitteln; es muss von den Lernenden selbst konstruiert werden. Dies gilt ganz besonders für das Entwickeln von Rechenstrategien. Die Vorteile beim Rechnen müssen von jedem Kind als solche erkannt, d. h. als Erleichterung beim Lösen von Aufgaben erfahren werden. Was sind die Rechenvorteile beim Zehnerübergang? Wann kann ein Kind diese Strategie entwickeln?

Der schrittweise Zehnerübergang gehört zur Strategie „Zerlegen einer Aufgabe in leichtere Teilaufgaben", jedoch ist die Kombination der Teilschritte recht komplex. Beim Zehnerübergang wird eine schwere Aufgabe in zwei bzw. drei leichtere Teilaufgaben zerlegt. Als leichte Teilaufgaben werden die Ergänzung bis 10 und das Addieren einer Zahl zu Zehn angesehen. Dazwischen muss die entsprechende Zerlegung des zweiten Summanden stattfinden. Macht man sich dies bewusst, so fragt man sich nicht mehr, warum so wenige Erstklässler von sich aus zu dieser Strategie greifen. Sie müssten zusätzlich das Assoziativgesetz anwenden können:
$a + (b + c) = (a + b) + c$
Sie müssten wissen:
$6 + 9 = 6 + (4 + 5) = (6 + 4) + 5 = 15$

Einige Didaktiker schlagen daher vor, den Zehnerübergang im ersten Schuljahr nicht zu thematisieren und ihn auf keinen Fall schriftlich festzuhalten. Jede Lehrerin kennt die Schwierigkeiten, die entstehen, wenn dieser Rechenweg von allen Erstklässlern verlangt wird. Sie kann wahrscheinlich auch von Kindern berichten, die trotz intensiven, mit viel Energie betriebenen Verfahrenstrainings „eigenwillige" Zerlegungen vornehmen (14 − 6 = 14 − 3 − 3 = 8). Im Sinne der umfassenden Strategie (Zerlegen einer Aufgabe in leichtere Teilaufgaben) ist dies ja auch ein gelungener Weg.

Das Spiel „Zehnerübergang" schafft einen fiktiven, jedoch durchaus sinnstiftenden Rahmen für Zerlegungen im Sinne des Zehnerübergangs. Es bietet auch die Möglichkeit auf der Handlungsebene und der bildhaften Ebene Ergänzen zum

Zehner und entsprechendes Zerlegen des zweiten Summanden kennen und schätzen zu lernen.

Dadurch, dass die Zahlen 11 und 12 nicht zur Verfügung stehen, werden Weiterzählen bzw. Weiterhüpfen weitgehend ausgeschlossen. Im Anschluss an das Spiel kann die Strategie notiert werden (siehe Arbeitsheft Seite 50). Es ist ein Versuch, die im Spiel gewonnenen Kenntnisse mathematisch exakt aufzuschreiben. Es ist uns wichtig, darauf hinzuweisen, dass es im Zahlenraum bis 20 nur wenige Aufgaben gibt, bei denen sich der Lösungsweg über die Zehn anbietet. Er kann und darf den Kindern nicht aufgezwungen werden. Spätestens im zweiten Schuljahr entdecken ihn die Kinder von selbst als Hilfe und Erleichterung.

Anregungen zur Unterrichtsgestaltung

Die Spielmöglichkeit soll weitgehend aus dem Spielplan erschlossen werden. Es wird gewürfelt und gehüpft. Obwohl das Zehnerfeld nicht besonders hervorgehoben ist, legt der Spielplan den Gedanken nahe, dass nur von der Zehn aus das Hängeseil benützt werden kann. Es muss jetzt noch darüber nachgedacht werden, ob die restlichen Punkte auch für eine sichere Landung reichen. Falls das nicht der Fall ist, kann nicht gezogen werden.

Es ist wichtig, dass der Weg viele Male gegangen wird, damit es zu vielfältigen Überlegungen kommt. Deshalb und um das Spiel attraktiver zu machen, wird eine Rahmengeschichte angeboten (siehe Kopiervorlage Seite 150). Zehn Säcke können aus der Höhle geholt werden. Sie können durch Spielsteine dargestellt werden, damit am Ende der Sieger genau zu ermitteln ist. Das Spiel ist so gestaltet, dass es Möglichkeiten offen lässt, eigene Geschichten und eigene Spielregeln zu erfinden.

Wie schon bei den anderen Spielplänen ist es uns wichtig, dass sie im Buch stehen. Die Kinder sollen dadurch die Möglichkeit haben, die Spiele immer wieder und auch zu Hause zu spielen. Zu diesem Zweck wird die Geschichte mit den Spielregeln als Kopiervorlage angeboten.

Arbeitsheft

Seite 50
- Anders als bei den meisten Aufgaben im Arbeitsheft könnte es notwendig sein, diese Seite mit den Kindern zu erarbeiten bzw. ihren Einsatz vorzubereiten. „Rechnen beim Zehnerübergang" könnte die Überschrift zu dieser Stunde sein. Anhand einiger geeigneter Aufgaben sollen die Kinder ihre Überlegungen beim Zehnerübergang beschreiben. „Wie könnte das mit Zahlensätzen geschrieben werden?" Die im Arbeitsheft vorgeschlagene Notationsweise wird vorgestellt.

Kopiervorlagen

- Spielbeschreibung und Rahmengeschichte zur Schatzsuche (Seite 150)
- Streifen-Domino (Seite 151): Eine weitere Übung zum Rechnen beim Zehnerübergang. Kärtchen ausschneiden und in die richtige Reihenfolge bringen lassen. Die gesuchte Zahl soll immer auf dem angrenzenden Kärtchen stehen.

Material

- Spielfiguren
- Würfel

Schatzsuche

Hoch oben in einem steilen Felsen befindet sich eine Höhle.
In der Höhle liegen zehn Säcke, voll mit Gold und Edelsteinen.
Sie stammen aus den Raubzügen einer berühmten Räuberbande, die sich inzwischen in alle Winde zerstreut hat.

Willst du mit deinen Freunden die Schätze holen?
Dann müsst ihr Folgendes tun:

Ihr braucht für jeden Mitspieler eine Spielfigur
und einen Würfel.

Jeder darf so weit vorrücken, wie die gewürfelte Zahl angibt.

Kommt ihr in die Nähe der Schlucht, müsst ihr aufpassen.
Ihr könnt euren Weg nur fortsetzen, wenn ihr genügend Punkte
für die Strecke **bis zur Zehn** und **noch mindestens drei Punkte** für
die gefährliche Überquerung der Schlucht habt. Ansonsten müsst
ihr warten.

Danach geht es auf der anderen Seite weiter.
Erreicht **ein** Spieler **genau die Zwanzig**, so öffnet sich das Tor zur
Höhle.
Alle Mitspieler, die die Schlucht schon überquert haben, dürfen
eintreten und einen Sack mitnehmen.

Nun geht es zurück. Vorsicht an der Schlucht. Wieder muss
genau nachgedacht werden, ob die gewürfelten Punkte zum
Überqueren der Schlucht reichen. Wer zu Hause ankommt, kann
noch einmal losziehen bis keine Säcke mehr in der Höhle sind.

Wer die meisten Säcke geschleppt hat, erhält von seinen
Mitspielern eine Belohnung.

Viel Spaß!

Streifen-Domino

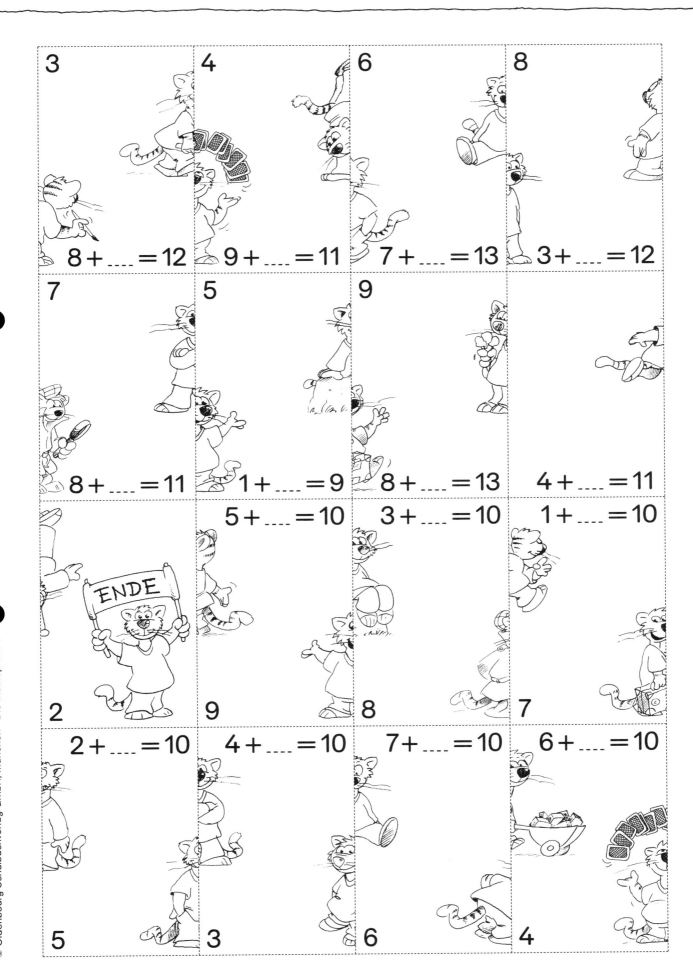

Seite 88/89: Zehner sammeln

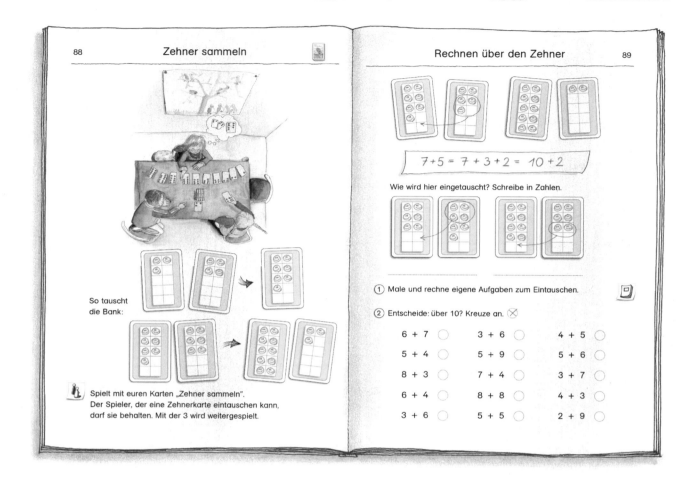

Ziele/Lehrplanbezug

- Visuelles Operieren mit Punktebildern im Zehnerfeld für den Aufbau und die Vertiefung von Vorstellungsbildern zum Rechnen über den Zehner hinaus
- Aufgaben zur Zehnerüberschreitung mithilfe von Punktebildkarten lösen
- Formulieren einer Spielregel anhand der Bildfolge

Didaktische Überlegungen

Die Arbeit mit den Punktebildern im Zehnerfeld hat große Vorteile bei der Ausbildung einer Strategie, bei der in einem Schritt bis zum Zehner aufgefüllt und dann der Rest addiert wird. Diese Strategie war lange Zeit als einzige vorgeschrieben und sie wird immer noch vielfach verwendet, obwohl sie den Kindern im 1. Schuljahr häufig recht schwer fällt (vgl. Schatzsuche Seite 148). Die Schwierigkeiten liegen wahrscheinlich

- in der im Zwanzigerraum noch relativ willkürlich erscheinenden Zäsur bei 10 (erst im Hunderterraum wird die Zäsur beim glatten Zehner als vorteilhaft für das Rechnen einsichtig),
- in der komplizierten Notation (häufig im Operatorbild)
- und in dem relativ hohen Gedächtnisaufwand, da man mehrere Rechenschritte (die Ergänzung zu 10, die Zerlegung des 2. Summanden und die Addition zum glatten Zehner) fast gleichzeitig vollziehen muss.

Die Punktebilder im Zehnerfeld machen nun die Zäsur bei 10 einleuchtend, zumal dies wieder in ein Spiel eingekleidet ist, bei dem die vollen Zehner gesammelt werden und zum Gewinnen beitragen. Das Umgruppieren der Punktebilder in der Vorstellung wurde bereits geübt (vgl. Schulbuch Seite 34/35); hier wird der Schwierigkeitsgrad durch das Hinausgehen über 10 erhöht.

Wegen der großen Bedeutung des Spiels ist es auch im Schulbuch dargestellt. Die Kinder sollen lernen, aus einer Beschreibung, hier als Bildfolge dargestellt, eine Handlungsanweisung oder Spielregel zu entnehmen, d.h. die Kinder sollen nach Möglichkeit selbst beschreiben, wie das Spiel geht. Dies steht in der längerfristigen Zielorientierung, zur Förderung des Aufgabenverständnisses und der Fähigkeit beizutragen, selbstständig Arbeitsaufträge aus schriftlichen Darstellungen zu entnehmen.

Anregungen zur Unterrichtsgestaltung

Spiel: **Zehner sammeln** („Banker"-Spiel)

Dieses Spiel hat einen hohen didaktischen Wert für das vorstellungsmäßige Rechnen über den Zehner.

Vorübungen zum „Banker"-Spiel sind in Einzel- oder Partnerarbeit möglich. Aus einem bzw. zwei Stapeln Punktebildkarten werden immer zwei Karten aufgedeckt und der passende Zahlensatz aufgeschrieben. Die Karten sind eine visuelle Stütze für die Rechenoperation: Es geht wieder um ein Umgruppieren in der Vorstellung. Wir haben hier zugleich einen ergiebigen Aufgabenpool. Nach unserer Erfahrung macht es den Kindern viel Spaß auf diese Weise Zahlensätze zu produzieren. Die Zehnerüberschreitung ist nicht viel schwieriger als die Lösung anderer Aufgaben: Man denkt sich nur den Teil der Punkte übertragen, der den Zehner der ersten Karte auffüllt. Der Zahlensatz kann in Kurzform oder in Schritten aufgeschrieben werden, also beispielsweise:

8 + 5 = 13 oder
8 + 2 + 3 = 13

Anschließend kann man das Schulbuch aufschlagen und die Spielsituation bzw. die Spielregel mit den Kindern gemeinsam erarbeiten.

Vorbereitung:
- Zwei Sätze Punktekarten von 1 bis 9 werden gemischt (entweder zusammen oder jeder Stapel einzeln). Jeder Spieler bekommt neun Karten.
- Die Bank hat vier Sätze Punktekarten von 1 bis 9 und 10 volle Zehner in Stapeln ausgelegt.

Spielregel:
2 Spieler, 1 „Banker"
- Die Spieler legen nacheinander je eine Karte aus. Die Bank tauscht beide Karten in eine Karte (oder 2, wenn es über 10 sind) mit der entsprechenden Summe ein und legt die gespielten Karten beiseite.
- Wenn es genau oder mehr als 10 sind, bekommt der zweite Spieler die Zehnerkarte.
- Wenn es über 10 waren, wird mit der übrigen Einer-Karte weitergespielt.
- Wer die meisten Zehnerkarten hat, hat gewonnen.
Zum Schluss werden alle Karten wieder nach gleichen Punktbildern sortiert.

Wie bei allen Spieleinführungen gibt es mehrere Möglichkeiten, die Schüler/innen mit den Regeln vertraut zu machen. Man kann das Spiel in einer Kleingruppe oder im Sitzkreis einführen. Bevor es in der Gruppe oder in der Freiarbeit gespielt wird, sollte also noch eine Phase dazwischen geschoben werden: Die schon halbwegs bekannte Spielregel soll erkannt und verbal beschrieben werden. Aus den Zeichnungen und dem Text soll der Ablauf rekonstruiert werden.

Da aber zu erwarten ist, dass dies nur einem Teil der Kinder hier schon gelingt, sollten Sie als Lehrerin die Spielregel anhand des Buches mit einigen Kindern erarbeiten. Diese Kinder können die Regel dann (mit oder ohne Buch) an andere weitergeben.

Lerntagebuch

Aufgaben mit Punktekarten zeichnen. Symbolische Notation dazuschreiben.

Differenzierung/Freiarbeit

Insbesondere für Lernschwächere:
„Banker-Schulung": Punktebildkarten eintauschen
Die Lehrerin oder ein beliebiges Kind übt mit einem langsamen Lerner.

Lernbeobachtung

- Versteht das Kind das Spiel?
- Kann es als „Banker" die Karten richtig eintauschen bzw. als Spieler die Karten kontrollieren?
- Rechnet es bereits „im Kopf"?

Arbeitsheft

Seite 51
- Rechnen über den Zehner
  Auf die Vorstellungsbilder wird noch einmal hingewiesen. Wer möchte, kann sich Punktebilder als Vorstellungshilfe nehmen, aber natürlich dürfen die Kinder die Aufgaben auch ohne diese lösen.

Kopiervorlagen

- Volle Zehnerkarten und Punktekarten für das „Banker"-Spiel (Seite 154–155)
  (Es können natürlich auch die eigenen Punktebildkarten oder die Karten aus Fridolin + 20 verwendet werden, Kopiervorlage Seite 24)

Material

- 64 Zehnerfeldkarten:
  10 volle Zehner und 6-mal die Punktebilder von 1–9

154 Zehner sammeln

Zehner sammeln

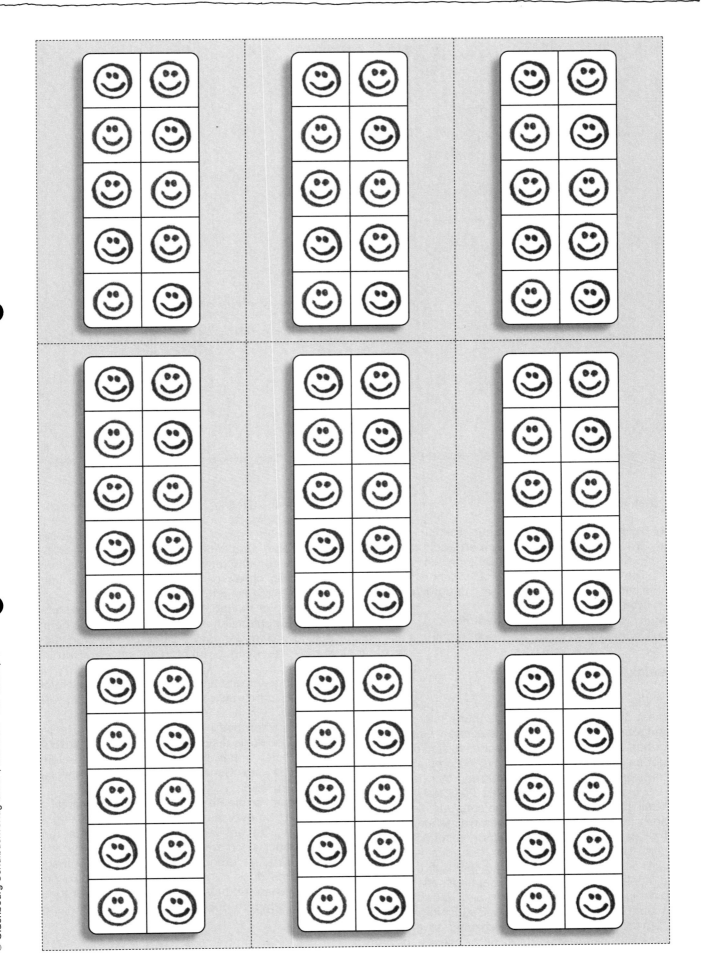

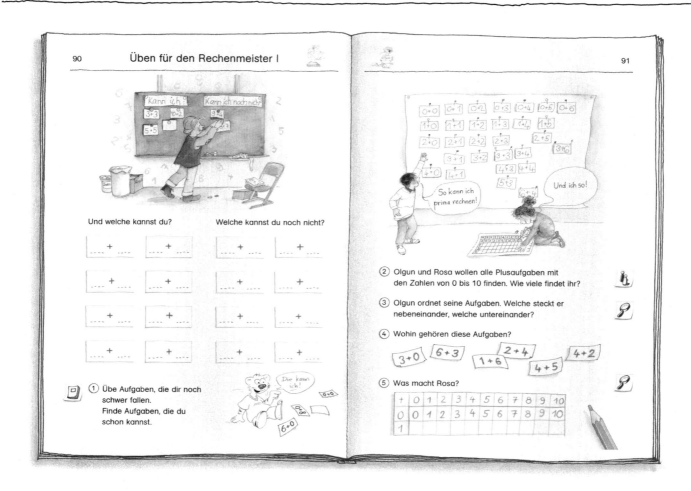

Ziele/Lehrplanbezug

- Üben der Grundaufgaben zur Addition
- Ordnen der Additionsaufgaben nach subjektiven Kriterien, wie z. B. „Die kann ich schon.", „Die finde ich leicht." und „Die kann ich noch nicht.", „Die finde ich schwer." und nach objektiven Kriterien
- Erarbeitung der Plus-Rechentafel
- Orientierung in der Plus-Rechentafel

Didaktische Überlegungen

Die folgende Einheit über vier Doppelseiten dient der abrundenden Betrachtung aller Grundaufgaben im Plus- und Minusrechnen. Grundaufgaben des Plus- und Minusrechnens sind alle Aufgaben, die mit den Zahlen 0 bis 10 gerechnet werden können bzw. deren Umkehrung. Wir bewegen uns also im Lösungsraum bis 20. Diese Aufgabenlösungen sollten zur Erleichterung späterer, komplexer Aufgabenstellungen weitgehend automatisiert bzw. schnell ableitbar sein. Wir erreichen dies durch operatives Üben, das heißt, es wird nach Möglichkeit nicht mechanisch auswendig gelernt, sondern das Beziehungsgeflecht der einzelnen Aufgabenlösungen wird genutzt. Dies schafft zum einen nützliche Gedächtnisstützen, zum anderen wird hier gleichzeitig mathematisches Denken praktiziert, denn dieses beziehungsreiche Denken ist typisch für mathematisches Arbeiten.

Nach dem Prinzip „eigenstrukturiertes Material fördert den Verständnisprozess" sollen die Zahlenwerte für die Termkärtchen von den Kindern nach Möglichkeit selbst auf der Rückseite der Termkärtchen eingetragen werden.

Wenn dieses Vorgehen auch mühevoll und fehleranfällig erscheint, so möchten wir noch einmal auf den bildenden und erzieherischen Wert dieser Selbsterstellung von Materialien verweisen.

1. Die Struktur des Aufbaus der Plus-Rechentafel wird dadurch aktiv rekonstruiert und somit verständlich.
2. Die Schüler/innen werden zu aktiven Partnern im Unterrichtsgeschehen, da ihnen zugetraut wird, die Unterrichtsmittel mit zu erstellen. Sorgfalt und Genauigkeit sind hier sinnvolle Forderungen.
3. Der emotionale Bezug zum Unterrichtsmittel ist stärker, da es sich um ein eigenes Produkt handelt, das zudem in seinem Wert durch weiteren Gebrauch noch erhöht wird.
4. Das Produkt erhält auch soziale Bedeutung, dadurch dass es gemeinsam arbeitsteilig erstellt wurde und nicht nur dem Eigengebrauch dient, sondern auch für andere zur Verfügung steht.

Beim Ordnen der Termkarten nehmen die Kinder einen übergeordneten „Meta"-Standpunkt ein; es geht nicht mehr (nur) um einzelne Aufgaben, sondern um Strukturen.

Anregungen zur Unterrichtsgestaltung

Für die Herstellung der Termkarten bieten wir zwei Alternativen an. Je nach den Möglichkeiten vor Ort sollten die Kärtchen entweder ganz oder zumindest teilweise von den Kindern erstellt werden.

Das Herstellen der Termkärtchen erfordert eine gute Organisation, denn es sind 11 x 11, also 121 Kärtchen zu erstellen. Zur Erleichterung könnte eine Farbgebung der Karten entsprechend der Plus-Tafel im Schulbuch Seite 116 gewählt werden.

Alle Grundaufgaben zu finden ist eine komplexe Aufgabenstellung, ein kleines Klassenprojekt, das in folgenden Schritten ablaufen könnte:

Problemstellung: „Welche Plusaufgaben können wir mit den Zahlen von 0 bis 10 finden?"

1. Die Kinder versuchen zunächst selbst, möglichst viele Aufgaben (Zahlensätze wie 3 + 4 = 7) in ihr Lerntagebuch zu schreiben. „Wie viele Zahlensätze habt ihr gefunden?" „Wie viele gibt es eigentlich?"
2. Wir versuchen alle Aufgaben zu finden. Dazu müssen wir geordnet (systematisch) vorgehen. Es wird für alle einsichtig sein, dass es wegen der Übersichtlichkeit günstig wäre, von einem festen ersten Summanden auszugehen („die erste Zahl bleibt gleich") und den zweiten Summanden immer um eins zu erhöhen, also 0 + 0, 0 + 1, 0 + 2, 0 + 3 usw. Wenn immer zwei Kinder in Partnerarbeit eine solche Reihe anfertigen, könnten auf diese Weise 22 Kinder die Termkarten für eine Plus-Rechentafel erstellen. Auf der Rückseite soll das Ergebnis stehen. Auf saubere, deutliche Schrift ist zu achten. Durch entsprechende Hinweise und dicke Schreibstifte kann man unterstützen, dass die Zahlen gut lesbar werden. Den Kindern sollte auch klar sein, dass mit den Karten weitergearbeitet wird.

Wenn dies zu aufwendig ist, kann man auf die Kopiervorlagen mit den Zahlentermen (Seite 158–163) zurückgreifen. Dies hat auch den Vorteil, dass man mehrere Sätze von Grundaufgaben herstellen lassen kann. Bevor man an die Fertigstellung der Kärtchen (Aufschreiben der Ergebniszahlen) geht, sollten auch hier die Aufgabenstellungen 2 bis 4 bearbeitet werden, bevor man die Term-Kärtchen austeilt. Es bietet sich an, die Term-Kärtchen vorher zu sortieren und in Briefumschläge mit der Aufschrift + 0, + 1, + 2, ... zu sortieren.

Die Plus-Rechentafel sollte zunächst mit den Termen nach oben gelegt werden. Die Kärtchen werden dann gerechnet und umgedreht (Selbstkontrolle). (Damit die Karten beim Ordnen nicht verrutschen, kann man sie auf eine Filzunterlage legen.)

In Einzelarbeit können die Kinder die Term-Kärtchen in zwei Briefumschläge „Kann ich" und „Kann ich nicht" ordnen oder in Form einer Lernkartei (die „gekonnten" nach hinten) ablegen.

Kopiervorlagen

- Term-Kärtchen (Seite 158–163)

Material

- 121 Kärtchen oder Term-Kärtchen (Seite 158–163)

Plus-Term-Kärtchen

blau

0+5	1+5	2+5	3+5
4+5	5+5	6+5	7+5
8+5	9+5	10+5	
5+0	5+1	5+2	5+3
5+4	5+6	5+7	5+8
5+9	5+10		

Plus-Term-Kärtchen

10+0	9+1	8+2	7+3
6+4	4+6	3+7	2+8
1+9	0+10		

grün

0+0	1+1	2+2	3+3
4+4	6+6	7+7	8+8
9+9	10+10		

rosa

Plus-Term-Kärtchen

0+1	0+2	0+3	0+4
0+6	0+7	0+8	0+9
1+0	1+2	1+3	1+4
1+6	1+7	1+8	1+10
2+0	2+1	2+3	2+4
2+6	2+7	2+9	2+10

gelb

Plus-Term-Kärtchen

3+0	3+1	3+2	3+4
3+6	3+8	3+9	3+10
4+0	4+1	4+2	4+3
4+7	4+8	4+9	4+10
6+0	6+1	6+2	6+3
6+7	6+8	6+9	6+10

gelb

Plus-Term-Kärtchen

gelb

7+0	7+1	7+2	7+4
7+6	7+8	7+9	7+10
8+0	8+1	8+3	8+4
8+6	8+7	8+9	8+10
9+0	9+2	9+3	9+4
9+6	9+7	9+8	9+10

Plus-Term-Kärtchen

10+1	10+2	10+3	10+4
10+6	10+7	10+8	10+9

gelb

164 Die Plus-Rechentafel

Male die weißen Teile der Plus-Rechentafel in dein Heft und rechne sie aus.

+	0	1	2	3	4	5	6	7	8	9	10
0											
1											
2											
3											
4											
5											
6											
7											
8											
9											
10											

Name: ....
Datum: ....

Die Minus-Rechentafel 165

−	0	1	2	3	4	5	6	7	8	9	10
20									♥	☺	
19								♥		☺	
18							♥			☺	
17	☀					♥				☺	
16		☀			♥					☺	
15			☀	♥						☺	
14			♥	☀						☺	
13		♥			☀					☺	
12	♥					☀				☺	
11	⬤	⬤	⬤	⬤	⬤	⬤	☀	⬤	⬤	⬤	⬤
10								☀		☺	

Welche Aufgaben gehören zu den ♥ ⬤ ☀ ☺ ?
Schreibe sie in dein Heft und löse sie.

Seite 92/93: Üben für den Rechenmeister II

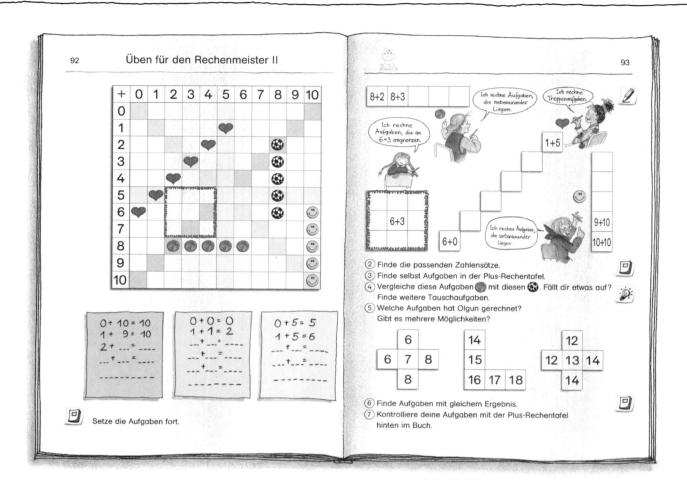

Ziele/Lehrplanbezug

- Automatisieren der Grundaufgaben zur Addition
- Geläufigkeit im Arbeiten mit der Plus-Rechentafel
- Die Terme aus dem Tabellenrand rekonstruieren können
- Erkennen von Beziehungen zwischen den Additionsaufgaben:
  - Treppenaufgaben als Aufgaben mit gleichem Ergebnis identifizieren und (somit) als „Bewohner" ein und desselben Zahlenhauses erkennen
  - Verdoppelungsaufgaben in der Diagonale nach rechts unten erkennen
  - Nachbaraufgaben in Zeilen und Spalten (aufeinanderfolgend) erkennen
  - Nachbaraufgaben in Tabellenausschnitten (Felder, Kreuze) erkennen

Didaktische Überlegungen

Die Plus-Rechentafel wird in einer Form präsentiert, die die Terme aus den Tabellenrändern rekonstruieren lässt. Das Ablesen sollte einheitlich in der üblichen Weise erfolgen: Man geht zuerst auf die Zahl in der Spalte unter dem Pluszeichen und wählt in der oberen Zeile den zweiten Summanden. Der Schnittpunkt der gedachten Linien von diesen beiden Zahlen aus lokalisiert das Ergebnis. Hier sind die Ergebnisse vorläufig offen gelassen, so dass die Kinder sie errechnen müssen bzw. selbst eintragen können. Es ist aber auch sinnvoll, eine ausgefüllte Tabelle zu benutzen. Wir haben sie auf der letzten Schulbuchseite noch einmal abgedruckt für den Fall, dass die selbsterstellte nicht zur Verfügung steht. An dieser ausgefüllten Tabelle wird der Zusammenhang zwischen den Additionsaufgaben besonders gut deutlich. Sie fordert direkt dazu auf Fragen zu stellen wie: „Bei welchen Aufgaben kommt immer 7 (etc.) heraus?", „Warum ist das wohl so?", „Welche unterscheiden sich von 7 um 1?" etc. Treppen-, Tausch- und Nachbaraufgaben können so vielfältig aufgefunden werden. Die ausgefüllte Tabelle im Schulbuch Seite 116 kann legitimerweise auch zur Selbstkontrolle eingesetzt werden.

Anregungen zur Unterrichtsgestaltung

Vorschläge für Klassenaktivitäten:
„Finde deinen Partner": Eine Übung zum Verständnis des Gleichungsbegriffs

Vorbereitung:
- Termkarten zum Umhängen für die Kinder (darauf achten, dass die Paarbildungen aufgehen!)
Falls die Anzahl der Kinder ungerade ist, nimmt die Lehrerin auch eine Termkarte oder lässt ein Kind das Tamburin schlagen.

Ausführung:
Während auf das Tamburin geschlagen wird, gehen die Kinder im Klassenraum umher. Wenn der letzte Schlag verklingt, suchen sie einen gleichen Partner und fassen ihn mit beiden Händen (Gleichheitszeichen) und sagen: „Wir sind gleich." Dann drehen sie sich einmal im Kreis.

Das Tamburin beginnt von Neuem zu schlagen und die Kinder versuchen einen neuen Partner zu finden.

Im Sitzkreis (die Termkarten sind noch umgehängt) erzählen die Kinder anschließend, welchen Partner sie gefunden haben. Die Termgleichungen werden an der Tafel gesammelt und dann ins Heft übertragen.

„Wer kommt in mein Zahlenhaus?"

Vorbereitung:
Mit einer Gruppe von 6 Kindern können zunächst die Zahlendächer aus rotem Papier gefaltet werden. Die Herstellung ist sehr einfach (DIN A4 im Querformat legen, 2-mal falten, ausschneiden).

Jeweils eine Zahlenkarte von 7, 8, 9, 10, 11 und 12 aufkleben.

Ausführung:
Die 6 Kinder stellen sich mit ihren Zahlendächern gut sichtbar auf. Die übrigen Kinder erhalten gut lesbare Termkarten um den Hals und suchen ihr Haus.

Die Zahlenhäuser werden an der Wand möglichst auf großen Papierstreifen befestigt. (Man kann die Übung auch an einem anderen Tag im Sitzkreis besprechen.)

Haben wir alle Bewohner des Zahlenhauses gefunden? Wie kann man gut feststellen, ob noch welche fehlen? Wieder hilft ein Ordnen der Terme. Dies ist nach verschiedenen Kriterien möglich.

Mögliche Entdeckungen:
Bis auf die Spiegelaufgabe (Verdoppelung) bei geraden Zahlen haben alle Aufgaben (Terme) einen Tausch(aufgaben)partner.

Die Anzahl der möglichen Terme ist immer um 1 größer als die „Hausnummer".

Achtung: Bei den Termen die Null nicht vergessen!

Zu den Schulbuchseiten 92/93:
Bei der Plus-Rechentafel fallen unterschiedliche Farben und Symbole auf. Die farblich gekennzeichneten Aufgaben werden zuerst thematisiert. Sie können komplett ins Lerntagebuch geschrieben werden. Um die entsprechenden Aufgaben zu finden, kann man den Abdeckwinkel aus Grün-Folie benutzen, um sich nicht in den Zeilen und Spalten zu irren.

Die mit den Symbolen gekennzeichneten Aufgaben sollten zunächst im Heft gerechnet werden. Wer fertig ist, kann sich neue Muster ausdenken (siehe auch Arbeitsheft Seite 56). Die Ausschnitte auf Seite 93 sollen in der Plus-Rechentafel zunächst lokalisiert und dann gerechnet werden.

Differenzierung

Insbesondere für langsame Rechner:
Die Zahlenhäuser können auch von diesen Kindern hergestellt werden. Sie können sich dann anschließend besonders mit ihren Aufgaben (Termen) beschäftigen.

Insbesondere für Fortgeschrittene:
„Welche Minusaufgaben passen ins Zahlenhaus?" (freie Aufgaben entwickeln)

Lernbeobachtung

- Versteht das Kind den Aufbau der Plus-Rechentafel und kann es sich darin orientieren?
- Erkennt es Beziehungen zwischen den Additionsaufgaben?

Arbeitsheft

Seite 52
- Ausgewählte Aufgaben an der Plus-Rechentafel (Erkennen von Mustern)

Seite 53
- Aufgaben zur Plus-Rechentafel, die Zusammenhänge verdeutlichen und nutzen

Seite 54
- Nach der systematischen Arbeit mit der Plus-Rechentafel soll hier noch einmal auf unterschiedliche Rechenwege beim Zehnerübergang eingegangen werden

Kopiervorlagen

- Plus-Rechentafel (Seite 164)

Material

- Termkarten zum Umhängen
- Tamburin u. Ä.

Für die Zahlenhäuser:
- 6 rote DIN A4-Blätter,
- 6 Zahlenkarten: 11, 12, 13, 14, 15, 16 (vgl. Kopiervorlagen Seite 21–24)
- Grün-Folie

Seite 94/95: Üben für den Rechenmeister III

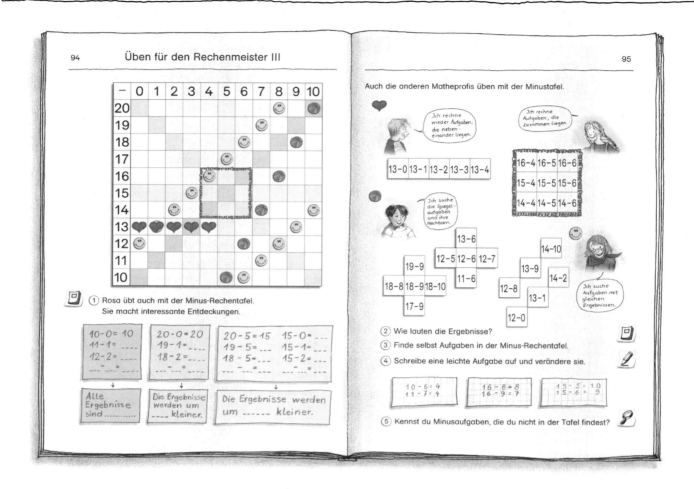

Ziele/Lehrplanbezug

- Automatisieren der Grundaufgaben zur Subtraktion
- Geläufigkeit im Umgang mit Rechentafeln verbessern
- Erkennen der Beziehungen zwischen den Subtraktionsaufgaben
  - Treppenaufgaben wie bei der Plustabelle als Aufgaben mit dem gleichen Ergebnis identifizieren
  - Halbierungsaufgaben in der Tabelle finden
  - Nachbaraufgaben in Zeilen und Spalten erkennen
  - Systematische Beziehungen bei der Lösung von Minusaufgaben nutzen

Didaktische Überlegungen

Auch Minusaufgaben können und sollten systematisch erarbeitet und automatisiert werden. Dazu bietet sich die Minus-Rechentafel an, da sich die Funktionsweise bzw. der Aufbau an die Plus-Rechentafel anlehnt. Dennoch sind einige wichtige Unterschiede festzuhalten:
Die größte Zahl in der Randspalte steht nicht unten, sondern oben.
Entsprechend findet sich das Feld mit Ergebnis 0 nicht links oben, sondern rechts unten.
Im Gegensatz zur Plusrechentafel, die in der Tat alle möglichen Plusaufgaben mit Zahlen zwischen 0 und 10 erfasst, sind hier Aufgaben mit Minuenden, die kleiner als 10 sind, und Aufgaben mit Subtrahenden, die größer als 10 sind, nicht erfasst. Die in dieser Tabelle dargestellten Aufgaben enthalten so nicht die Möglichkeit, dass durch die Kombination der Zahlen negative Zahlen entstehend könnten (z. B. 7 – 9), andererseits sind alle wichtigen Aufgaben mit Zehnerüberschreitung, die erfahrungsgemäß einen hohen Übungsaufwand erfordern, enthalten.

Auch die Minus-Rechentafel bietet genügend Anlässe für interessante Beobachtungen:
Wie bei der Plus-Rechentafel liegen die Aufgaben mit gleichem Ergebnis diagonal angeordnet (Treppenaufgaben), die Nachbaraufgaben sind um eine Aufgabe herum angeordnet. Hier wird noch einmal das Prinzip der Nachbaraufgaben deutlich. Die Aufgaben und Nachbaraufgaben unterscheiden sich beim Ergebnis um 1 oder, bezogen auf die Minus-Rechentafel, die Ergebnisse werden in den Spalten und Reihen von oben nach unten bzw. von links nach rechts immer um 1 kleiner.

Vielleicht kommt bei den Kindern der Wunsch auf, selbst eine ausgefüllte Minus-Rechentafel zu erstellen. Hierzu kann auf das Arbeitsheft (S. 55) zurückgegriffen werden.

Anregungen zur Unterrichtsgestaltung

Die Vorschläge zu Klassenaktivitäten zur Plus-Rechentafel können genauso für Minus-Rechenaktivitäten genutzt werden.

Da bis jetzt noch keine 1-1-Wendekarten hergestellt wurden, kann auch eine wesentliche vorbereitende Aktivität in der Herstellung von Wendekärtchen mit schwierigen Minusaufgaben bestehen. Die Kinder können entweder selbst entscheiden und begründen, welche Minusaufgaben für sie schwer sind und deshalb aus ihrer Sicht der besonderen Übung bedürfen, sie können aber auch die Sache systematisch mithilfe der Minus-Rechentafel angehen. Außerdem stehen für diese Aufgabe Kopiervorlagen mit allen Minus-Termen zur Verfügung. (S. 170–175). Diese Term-Kärtchen können von den Kindern von jetzt an immer wieder zu Übungszwecken z.B. in Freiarbeitsphasen herangezogen werden.

Zu Buchseite 94

Die unterschiedlichen Farben und Symbole lehnen sich an die Plus-Rechentafel an. Rosa untersucht die farblich gekennzeichneten Aufgaben und hält ihre Entdeckungen auf Zetteln fest. Die entscheidenden Aussagen fehlen noch. Die Kinder können die Aufgaben wie Rosa rechnen und anschließend die Aussagen komplettieren. Wenn dies erfolgt ist, kann noch darüber nachgedacht werden, warum sich die Ergebnisse in der angegebenen Form verändern bzw. warum die Ergebnisse gleich bleiben. So werden erste Schritte in Richtung vorteilhaftes Rechnen und Entwickeln von Zahlensinn unternommen.

Zu Buchseite 95

Hier werden weitere mögliche Übungen zur Minustafel angeboten. Felix rechnet Aufgaben, die in einer Reihe liegen (die Ergebnisse werden um 1 kleiner), Irina rechnet alle Aufgaben um eine Aufgabe herum (hier sind ebenfalls interessante Entdeckungen zu machen), Olgun hat die schon von S. 84/85 bekannten Spiegelaufgaben mit ihren Nachbaraufgaben entdeckt und Paula nutzt die Struktur der Minus-Rechentafel, um lauter Aufgaben mit gleichem Ergebnis zu entdecken. Die Schüler können die Aufgaben der Matheprofis lösen, sie können sich aber auch selbst Aufgaben in der Minus-Rechentafel suchen.

Differenzierung

Langsame Rechner können mithilfe der Termkärtchen in ihrem Tempo üben und zu Übungszwecken immer wieder auf sie zurückgreifen.

Leistungsstärkere Schüler können die Frage untersuchen, welche Minusaufgaben sie kennen, die nicht auf der Tafel zu finden sind. Neben Aufgaben, die lösbar sind (9–7 oder 18–12) stoßen sie vielleicht auch auf Aufgaben, die sich aus der Systematik ergeben, für die aber eine Lösung noch schwer fällt. 7–9, wie kann hier eine mögliche Lösung aussehen? Kinder finden hier oft sehr kreative Lösungen.

Arbeitsheft

S. 55
Eine komplette Minusrechentafel zum Ausfüllen und Untersuchen

S. 56
Reihen- und Treppenaufgaben zum Üben
Bei den Reihenaufgaben kann noch einmal entdeckt werden, wie sich das Ergebnis bei Veränderung des Minuenden bzw. Subtrahenden um 1 verändert. Die Treppenaufgaben führen zu Vorerfahrungen zum gegensinnigen Verändern.

Material

- Evtl. Termkärtchen zum Umhängen
- Grünfolie

Kopiervorlagen

- Termkärtchen (S. 170–175)
- Minus-Rechentafel (S. 165)

Minus-Term-Kärtchen

blau

20 − 5	19 − 5	18 − 5	17 − 5
16 − 5	15 − 5	14 − 5	13 − 5
12 − 5	11 − 5	10 − 5	15 − 5
15 − 1	15 − 2	15 − 3	15 − 4
15 − 6	15 − 7	15 − 8	15 − 9
15 − 10			

Minus-Term-Kärtchen

10 − 0	11 − 1	12 − 2	13 − 3
14 − 4	16 − 6	17 − 7	18 − 8
19 − 9	20 − 10		

grün

20 − 0	19 − 1	18 − 2	17 − 3
16 − 4	14 − 6	13 − 7	12 − 8
11 − 9	10 − 10		

rosa

Minus-Term-Kärtchen

20−1	20−2	20−3	20−4
20−6	20−7	20−8	20−9
19−0	19−2	19−3	19−4
19−6	19−7	19−8	19−10
18−0	18−1	18−3	18−4
18−6	18−7	18−9	18−10

gelb

Minus-Term-Kärtchen

17−0	17−1	17−2	17−4
17−6	17−8	17−9	17−10
16−0	16−1	16−2	16−3
16−7	16−8	16−9	16−10
14−0	14−1	14−2	14−3
14−7	14−8	14−9	14−10

gelb

Minus-Term-Kärtchen

13 − 0	13 − 1	13 − 2	13 − 4
13 − 6	13 − 8	13 − 9	13 − 10
12 − 0	12 − 1	12 − 3	12 − 4
12 − 6	12 − 7	12 − 9	12 − 10
11 − 0	11 − 2	11 − 3	11 − 4
11 − 6	11 − 7	11 − 8	11 − 10

gelb

Minus-Term-Kärtchen

10−1	10−2	10−3	10−4
10−6	10−7	10−8	10−9

gelb

Seite 96/97: Üben für den Rechenmeister IIII

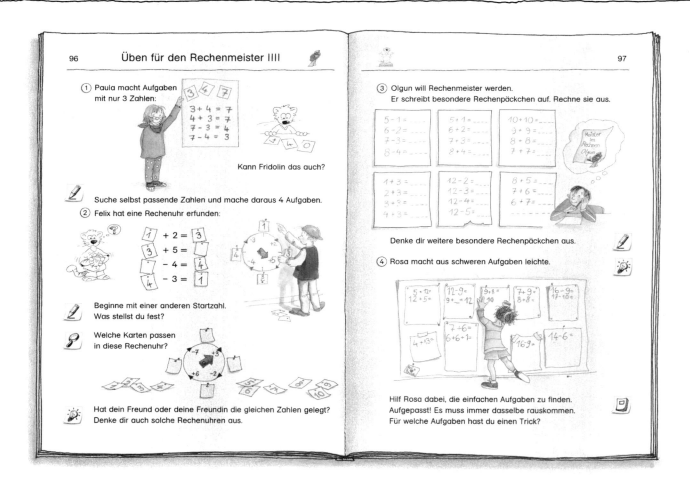

Ziele/Lehrplanbezug

- Automatisieren der Grundaufgaben im Plus- und Minusrechnen
- Beziehungen zwischen den Aufgaben erkennen und zum Rechnen nutzen
- Anwenden von Rechenstrategien

Didaktische Überlegungen

Auf den Schulbuchseiten 96 und 97 werden verschiedene Übungsformen vorgestellt, die auch zum Repertoire des Freiarbeitsmaterials gehören sollten. Alle Aufgaben üben das Rechnen nicht mechanisch, sondern beziehungsvoll.

Aufgaben mit 3 Zahlen zeigen den operativen Zusammenhang von Rechenoperationen auf: Tauschaufgaben und Umkehraufgaben. Diese Begriffe sollten auch von den Kindern verwendet werden. (Zur Worterklärung kann man an das Umkehren oder Umdrehen des Pluspfeils auf den Schulbuchseiten 68 und 69 erinnern.) Tauschaufgaben (das Vertauschen der Summanden) kennen die Kindern bereits. Auch hier sollte wieder die Null einbezogen werden. Die Kinder können solche Aufgaben selbst untersuchen, z. B.:
4 + 0 = 4   0 + 4 = 4   4 − 4 = 0   4 − 0 = 4

Es geht tatsächlich! Und wie ist es bei 2 Nullen oder gar 3 Nullen?

Anregungen zur Unterrichtsgestaltung

Zu Seite 96

Aufgaben mit nur 3 Zahlen:
Nachdem das Prinzip der Aufgaben von den Kindern verstanden worden ist (man kann sich z. B. dadurch vergewissern, dass die Kinder es selbst noch einmal erklären) können die Kinder mit ihren Zahlenkarten arbeiten. Sie suchen zunächst passende Karten und legen sie probeweise in Gleichungsform. Sodann schreiben sie die Aufgaben in ihr Lerntagebuch oder zum Aushängen auf ein DIN-A4-Blatt. „Wie viele solcher Päckchen habt ihr gefunden?"

Felix' Rechenuhr:
Nachdem einige Aufgaben gerechnet wurden, können die Kinder das Besondere daran beschreiben (in ihrem Lerntagebuch). Es wird ihnen auffallen, dass die Eingangszahl auch die Ergebniszahl ist. Vielleicht finden einige sogar heraus, woran das liegt. Sie können dann selbst solche Rechenuhren entwickeln (siehe Kopiervorlage Seite 178). Wenn die Kinder es nicht selbst herausfinden, sollte man nicht darauf dringen und erst recht nicht die Zusammenhänge erklären, denn damit wird das selbstständige Entdecken nicht gefördert. Man kann das Spiel auch als Kopfrechenspiel spielen. „Denkt euch eine Zahl … und am Ende habt ihr wieder eure Zahl."

Auch hier gilt wieder: Den Trick nicht preisgeben!

Zu Seite 97

„Olgun will Rechenmeister werden."

Olgun rechnet geschickt. Er greift in seinen Aufgaben die Strategien des gegensinnigen und gleichsinnigen Veränderns auf. Im rechten Päckchen übt er noch einmal die Verdopplungsaufgabe. Die Kinder werden aufgefordert wie Olgun zu rechnen und die jeweiligen strukturierten Aufgabenfolgen fortzusetzen.

Rosas Lösungswege:

Rosa, unsere Strategin, macht aus schwierigen Aufgaben einfache. Sie benutzt dabei verschiedene Strategien:

- Rechnen der Tauschaufgabe (nur bei Plus!)
- Nutzen bekannter Aufgaben, z.B. der Verdoppelungsaufgabe, des Nachbarzehners
- Gegensinniges Verändern bei Plusaufgaben und gleichsinniges Verändern bei Minusaufgaben
- Umwandlung der Minusaufgabe in eine Ergänzungsaufgabe

Die Anwendung solcher Rechenstrategien wird im Sinne eines flexiblen mathematischen Operierens angestrebt, jedoch fällt dies manchen Kindern nicht leicht. Insofern soll dies hier angestrebt werden, es soll aber nicht darauf gedrungen werden. Einige leistungsstarke Kinder werden sich mit Rosa identifizieren. Auch das Sprechen über die Aufgaben („Wie hat Rosa die Aufgaben verändert? Wer findet es heraus?") ist hilfreich. Als weitere Übung sollte den Kindern die Gelegenheit geboten werden, Aufgaben den dargestellten Aufgabentypen zuzuordnen. Ein nächster Schritt wäre dann, sie entsprechend zu vereinfachen.

Lernbeobachtung

Die Automatisierung der Grundaufgaben kann durch Abfragen oder durch schriftliche „Tests" überprüft werden. Ein solcher Test muss nicht als Klassenarbeit geschrieben werden. Günstiger ist es, wenn die Schüler/innen sich den Test selbst abholen, um ihn ungestört und ohne Hilfsmittel zu bearbeiten. Wenn Sie die Uhrzeit bei Beginn und bei Abgabe notieren, haben Sie einen Überblick, wie lange jedes Kind gebraucht hat. Neben der Automatisierung der Grundaufgaben (als „Auswendig-wissen" der Ergebnisse des kleinen Einsplus-/Einsminuseins) ist es wichtig, dass die Schüler/innen Rechenstrategien verwenden können, um das Rechnen zu erleichtern.

Der Grundaufgabentest (siehe Kopiervorlagen Seite 179 und 180) besteht aus zwei Teilen. Im Teil A geht es um das Automatisieren bzw. um das richtige Rechnen. Im Teil B werden Rechenstrategien explizit angesprochen.

Lerntagebuch

- Selbst Rechenuhren entwickeln
- Strukturierte Aufgabenfolgen aufschreiben

Arbeitsheft

Seite 57
- Plus- und Minusaufgaben üben

Seite 58
- Rechenuhren

Seite 59
- Rechnen wie Rosa

Seite 60
- Aufgabenfamilien: Rechenzeichen finden etc.

Seite 61
- Rechenmeister
(Vorbereitung der schriftlichen Grundaufgabentests, siehe Kopiervorlagen Seiten 179–180)

Kopiervorlagen

- Rechenuhr (Seite 178): Tragen Sie Operationszeichen und Zahlen ein, die sich aufheben. Geben Sie eine Zielzahl vor oder lassen Sie die Kinder so lange rechnen wie sie wollen, indem sie Zahlenkarten auf die Felder auflegen. Falls Sie Operationszeichen und Zahlen vorgeben, die sich nicht aufheben, achten Sie bitte darauf, dass keine negativen Zahlen entstehen.
- Rechenmeister-Aufgaben (Seite 179 und 180)
- Rechenmeister-Urkunde (Seite 181)

Rechenuhr

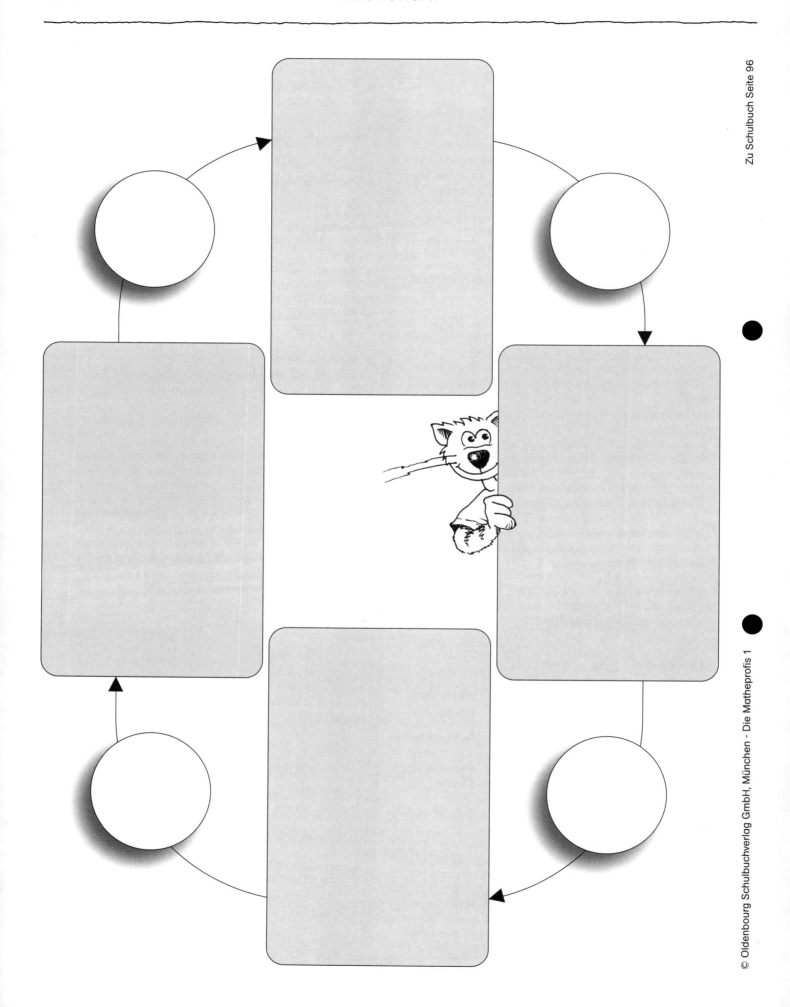

Name: ....
Datum: ....

Beginn:
.... Uhr
Ende:
.... Uhr

Rechenmeister-Aufgaben A   179

①
5 + 5 = ...
6 + 5 = ...
4 + 5 = ...
5 + 0 = ...
5 + 3 = ...

②
9 + 3 = ...
8 + 4 = ...
5 + 7 = ...
6 + 6 = ...
7 + 6 = ...

③
8 + 2 = ...
8 + 7 = ...
8 + 5 = ...
8 + 3 = ...
8 + 6 = ...

④
14 − 7 = ...
18 − 9 = ...
12 − 5 = ...
16 − 8 = ...
10 − 5 = ...

⑤
12 − 2 = ...
12 − 4 = ...
12 − 5 = ...
12 − 6 = ...
12 − 7 = ...

⑥
10 − 6 = ...
11 − 7 = ...
12 − 8 = ...
13 − 9 = ...
16 − 14 = ...

⑦ 5 $\xrightarrow{+2}$ ☐ $\xrightarrow{+5}$ ☐ $\xrightarrow{-6}$ ☐ $\xrightarrow{+4}$ ☐

⑧ 10 $\xrightarrow{+2}$ ☐ $\xrightarrow{+5}$ ☐ $\xrightarrow{-6}$ ☐ $\xrightarrow{+4}$ ☐

⑨ 15 $\xrightarrow{+2}$ ☐ $\xrightarrow{+5}$ ☐ $\xrightarrow{-6}$ ☐ $\xrightarrow{+4}$ ☐

⑩
14 + 5 = ...
19 − 5 = ...
19 − 14 = ...

16 − 5 = ...
11 + 5 = ...
16 − 11 = ...

19 − 10 = ...
9 + 10 = ...
19 − 6 = ...

180 Beginn: .... Uhr Ende: .... Uhr   Rechenmeister-Aufgaben B   Name: ......
Datum: ......

①

11 + 3 = ...
3 + 11 = ...
17 + 2 = ...
2 + 17 = ...

15 + 4 = ...
4 + 15 = ...
13 + 6 = ...
6 + 13 = ...

12 + 5 = ...
5 + 12 = ...
...... + ... = ...
...... + ... = ...

②

10 + 5 = ...
9 + 6 = ...
9 + 7 = ...
10 + 7 = ...

10 + 3 = ...
3 + 10 = ...
9 + 7 = ...
10 + 6 = ...

10 + 4 = ...
9 + 5 = ...
...... + ... = ...
...... + ... = ...

③

14 + 10 = ...
13 − 9 = ...
16 − 10 = ...
15 − 9 = ...
18 − 10 = ...
17 − 9 = ...

④

14 + 5 = ...
19 − 5 = ...
11 + 6 = ...
17 − 6 = ...
13 + 4 = ...
17 − 4 = ...

⑤ 4 + 6 − 5 + 3 + 2 − 4 + 6 = ...

Für gute Rechner

Seite 98 / 99: 10 Kinder / 100 Finger

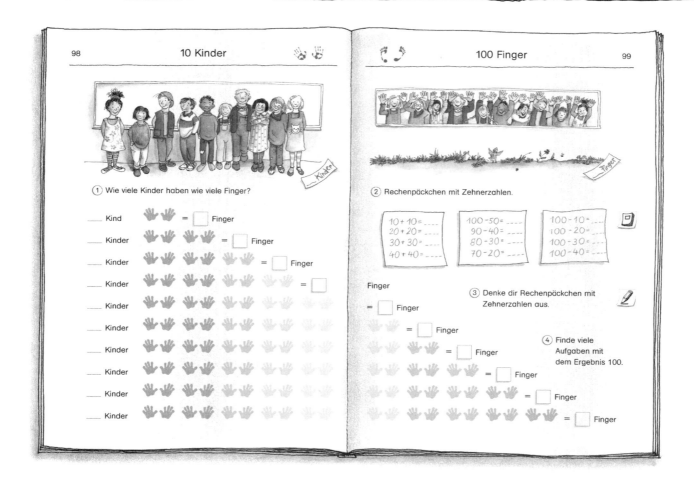

Ziele/Lehrplanbezug

- Kenntnisse über Zehnerzahlen erarbeiten bzw. vertiefen:
  - Zehner als 10-Einer-Bündelung erfassen
  - Zehnerzahlwörter lesen und schreiben
  - Reihenfolge der Zehnerzahlen beherrschen, ihren Aufbau („immer 10 mehr") erkennen

Didaktische Überlegungen

Mit den glatten Zehnerzahlen wird der Hunderterraum erobert. Sie sind die wichtigsten Stationen und Haltepunkte, von denen aus die Systematik des Zahlenaufbaus schnell erkennbar und überschaubar wird. Für diese Systematik und für die Zahldarstellung ist der Bündelungsgedanke wichtig. Unser Zahlensystem beruht auf der Zehnerbündelung, d. h., dass immer zehn von einer Einheit zu einer nächsthöheren Einheit zusammengefasst werden. Die Bündelungsstufe wird durch ihren Stellenwert markiert. So kommen wir für alle Zahldarstellungen mit zehn Ziffern (0 – 9) aus.

Der Bündelungsgedanke wird in der Darstellung der Zehnerzahlen durch Kinder und Finger angebahnt. Die schnelle Präsentation gelingt wegen der „natürlichen" Bündelung: Pro Kind 10 Finger. (Wir gehen hier vom „Normalfall" gesunder Kinder aus. Sollten in der Klasse auch gliedmaßengeschädigte Kinder sein, muss die Lehrerin selbst entscheiden, wie sie verfährt.)

Die Zehnerbündelung wird hier vorbereitet, ausführlicher thematisiert wird sie im 2. Schuljahr bei der Erarbeitung des Hunderterraums und vor allen Dingen im 3. Schuljahr bei der Erarbeitung des Tausenderraumes, dort auch mit historischen Bezügen zur Zahlschriftentwicklung.

Anregungen zur Unterrichtsgestaltung

Klassenaktivität:

Eine Aktivität, die sich gut im Klassenunterricht durchführen lässt: 10 Kinder kommen nach vorn und strecken nacheinander beide Hände hoch, die „Zuschauer" nennen die Zehnerzahlen in der entsprechenden Reihenfolge. Begleitend dazu werden sie von der Lehrerin an die Tafel geschrieben. Dann geht es durcheinander: Die ersten 4 Kinder halten die Hände hoch, die ersten acht usw. Wichtig ist, dass die Präsentation relativ schnell geht und dass ein rascher Wechsel zwischen darstellenden und zuschauenden Kindern erfolgt.

Wie kommt es, dass wir die Zehnerzahlen so schnell zeigen können? In der Besprechung soll der Bündelungscharakter hervorgehoben werden: 1 Kind hat 10 Finger, 1 Kind steht also für 1 Zehner.

Auf den Schulbuchseiten 98 und 99 wird die eben beschriebene Aktivität aufgegriffen. Die Kinder werden sie leicht in der zeichnerischen Darstellung wiedererkennen und beschreiben können. Die Entsprechung Kinder – Finger soll von ihnen selbst eingetragen werden. Dieser wichtige Zusammenhang wird also nicht vorgegeben, sondern von den Kindern aktiv notiert.

Erste Rechnungen mit Zehnerzahlen werden auf der Seite 99 thematisiert. Besonders die Aufgabe „Finde Aufgaben mit dem Ergebnis 100." motiviert viele Kinder, die zeigen können, dass ihre im 1. Schuljahr erworbenen Kenntnisse ausreichen, um in diesem großen Zahlenraum zu rechnen.

Die Schreibweise der Zehnerzahlen kann durch das Zahlwort-Puzzle (Kopiervorlagen Seite 184–185) bewusst gemacht werden.

Vorbereitung:

Wörter von den Kopiervorlagen (Seite 184–185) auf leichten Karton kopieren und an den Schnittlinien zerschneiden, jeweils die Teile eines Wortes in einen Umschlag stecken und in Gruppen von 2 bis 3 Kindern zusammensetzen (evtl. aufkleben) lassen. Steht diese Aktivität am Anfang, so ergibt sich als schöner Überraschungseffekt, dass die Gruppen arbeitsteilig alle Zehnerzahlen zusammengesetzt haben. Haben sie die Zahlwörter aufgeklebt, so lassen sie sich auch gut an der Tafel ordnen. (Anschließend könnte dann die oben beschriebene Klassenaktivität folgen.)

Wortanalyse:

Die Zehnerzahlwörter sollten Gegenstand einer Wortanalyse werden, vor allem in ihrer Beziehung zu bereits bekannten Zahlwörtern.

Beispiel: sechzig

„Welche Zahl steckt darin?" – „Sechs" – „Wo kommt sie noch vor?" – „Z. B. in sechzehn, sechsundzwanzig,…" „Vergleiche sechzehn und sechzig."

Sechzehn verweist auf eine additive Verknüpfung – sechs und zehn – sechzig auf eine multiplikative Verknüpfung sechs und -zig (zehnfach). Zu beachten ist dabei, dass dem Zahlwort ein anderer Bündelungsgedanke zugrunde liegt als unserer Zehnerbündelung: Zehnmal sechs (also 10 Sechser und nicht 6 Zehner). Inwieweit dies mit den Kindern thematisiert werden sollte, muss die Lehrerin vor Ort entscheiden, jedoch ist diese Hintergrundinformation für sie selbst wichtig, um mögliche Verwirrungen zu vermeiden.

Lerntagebuch

- Aufgaben mit Zehnerzahlen erfinden und rechnen
- Aufgaben mit dem Ergebnis 100 finden

Arbeitsheft

Seite 62
- Zehnerzahlen:
  - Zuordnung Zahl – Geld
  - Zahlwörter und entsprechende Zahlzeichen zuordnen

Kopiervorlagen

- Zahlwort-Puzzle (Seite 184–185)

Zahlwort-Puzzle

zehn	zwanzig
dreißig	vierzig
fünfzig	sechzig

Zahlwort-Puzzle

Seite 100/101: Felix im Krankenhaus

Ziele/Lehrplanbezug

- Sachsituationen auch unter mathematischem Blickwinkel sehen
- Erkennen, dass Rechnen manchmal hilft, sich in der Alltagswelt zurechtzufinden und dass man es manchmal braucht, um Entscheidungen zu treffen
- Einfache mathematische Modellbildungen vornehmen: Welche Briefmarken ergeben den Wert von 45 ct?

Fächerverbindende Aspekte

- Erzählanlässe: Als ich einmal im Krankenhaus war
- Sachinformation: Was ist ein Krankenhaus? Was passiert dort?
- Daten in Erfahrung bringen:
  - Was kostet ein Fahrschein für Kinder?
  - Was kosten Orangen, was kostet eine Tüte Apfelsaft?
  - Dabei feststellen, dass Preise für gleiche Waren unterschiedlich sein können

Didaktische Überlegungen

Mit dem Thema „Felix im Krankenhaus" wird eine komplexe Sachsituation dargestellt, die daher auch nicht nur rechnerische und mathematische Aspekte enthält. Im Vordergrund stehen persönliche Erfahrungen und Ängste der Kinder. Jedes Kind war schon einmal krank, einige werden auch Erfahrungen mit dem Krankenhaus haben. Zu Unwohlsein und Schmerzen treten hier noch Ängste des Verlassenseins und der undurchschaubaren Behandlung durch fremde Personen. Kinder brauchen in dieser Situation viel Trost und Aufklärung. Insofern bietet die Thematik ein Stück emotionaler Entlastung. Kinder können hier von ihren Erfahrungen erzählen und sich durch Erzählungen von anderen mit dem Thema auseinandersetzen. Das vorbildliche soziale Verhalten von Paula und Irina hat eine pädagogische Funktion. Sie schreiben eine Karte, planen einen Besuch, „opfern" sogar ihr Taschengeld. Vorbildlich ist aber auch die Eigenständigkeit, die sie dabei an den Tag legen und hier erst bekommt nun auch die Mathematik ihren Stellenwert. Sie hilft u. a. sich selbstständig zu orientieren und Entscheidungen zu treffen, ohne immer auf die Hilfe von Erwachsenen angewiesen zu sein. Viele der Fragen, die auf diesen Schulbuchseiten angesprochen werden, werden im Alltag häufig von den Erwachsenen für die Kinder entschieden.

Untersuchungen der aktuellen Kindheitsforschung sagen aus, dass man heute auch im Elternverhalten Tendenzen feststellen kann, die Kinder zu mehr (gegenüber früher) Selbstständigkeit und Verantwortung zu erziehen. Jedoch gibt es auch das Phänomen der überbehüteten Kinder, denen aus falscher Sorge viele Erfahrungen vorenthalten werden. Wenn Sie dies in Ihrer Klasse beobachten, sollten Sie versuchen, darüber mit den Eltern ins Gespräch zu kommen.

Ein wichtiges Leitziel zeitgemäßer Grundschulpädagogik ist die Förderung der Selbstständigkeit und damit auch die Übernahme von Verantwortung durch der Kinder. Was hier explizit thematisiert ist, muss natürlich ein durchgängiges Ziel des Unterrichts sein und sich auch in der grundlegenden Haltung der Lehrerin widerspiegeln, um glaubwürdig zu sein.

Anregungen zur Unterrichtsgestaltung

Als Einstieg in das Thema sollte eine Geschichte von Felix erzählt werden. Wie kam es dazu, dass Felix im Krankenhaus liegt? Er hat sich beim Skateboard fahren einen Knöchel gebrochen. Die Ärzte haben das Bein geschient. Man kann hier natürlich auch an aktuelle Situationen aus dem Erfahrungsbereich der Kinder anknüpfen. Eine weitere Möglichkeit sind die Krankengeschichten vom Franz von Christine Nöstlinger.

An Stoff wird es nicht fehlen. Auch sollte man den Kindern genügend Zeit lassen, von eigenen Erfahrungen zu berichten.

Die Geschichte geht dann zurück zu Irina und Paula, die beschließen, Felix im Krankenhaus zu besuchen, ihm zunächst eine Karte schreiben und etwas kaufen, um ihm eine Freude zu machen. Schließlich fahren sie ganz allein mit einem Bus zum Krankenhaus. „Woher wissen sie, wann sie aussteigen müssen?" Weitere Fragen kann man gemeinsam ansprechen.

Anhand der Schulbuchseiten 100 und 101 können die Kinder nun im Klassenunterricht oder in der Kleingruppe die Geschichte vom Krankenbesuch bei Felix erzählen. Erst dann sollten die einzelnen Rechensituationen hervorgehoben werden. Die Kopiervorlage Seite 188 bietet die Möglichkeit Felix selbst eine Karte zu schreiben und passende Briefmarken aufzukleben.

Als Hausaufgabe könnten die Kinder den Auftrag bekommen zu überlegen, was man für Felix kaufen könnte. Sie sollen dann den Preis dafür herausfinden. Ebenso sollten sie sich erkundigen, was ein Kinderfahrschein (evtl. unterschiedlich nach Streckenlängen) in ihrer Umgebung kostet.

Es ist klar, dass eine echte Situation dem hier vorgestellten Vorgehen überlegen ist. Jedoch kann man auch die Geschichte sehr realitätsnah darstellen. Die Kinder werden sich gern darauf einlassen.

Lernbeobachtung

- Kann das Kind über angesprochene Erfahrungen aus seiner Alltagswelt berichten?
- Hat es bereits eine Orientierung, was Briefmarken, Preise und Fahrkarten angeht?
- Verfügt es bereits über gute sprachliche Fähigkeiten?
- Kann es zusammenhängend erzählen?

Lerntagebuch

- Ein Mitbringsel für ein Kind im Krankenhaus zeichnen

Kopiervorlage

- Eine Postkarte für Felix mit Briefmarken zum Ausschneiden (Seite 188)

188 Eine Postkarte für Felix

Name: ....
Datum: ....

Bitte freimachen

✂ --

Briefmarken zum Ausschneiden und Aufkleben

| 10 | 20 | 5 | 40 | 50 |

Paulas Uhr

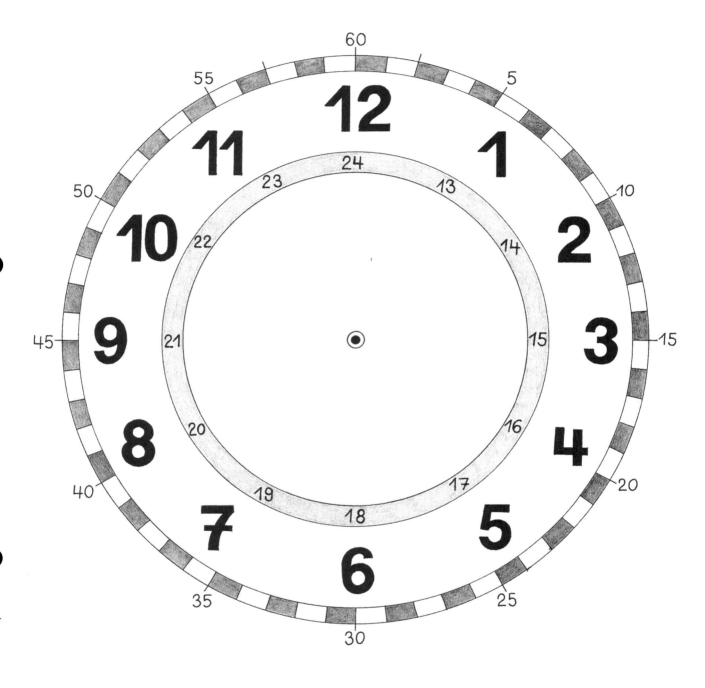
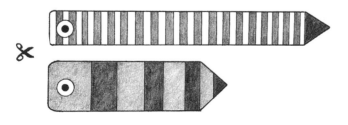

Uhren-Domino

Digital	Analog	Digital	Analog
10:00	8:00	23:00	11:30
14:00	12:00	8:00	12:00
6:00	5:30	13:00	1:00
20:30	10:30	7:30	2:30
19:00	12:00	15:30	3:30
12:00	1:00	4:30	12:30

Uhren-Domino

Seite 102/103: Paulas Uhren

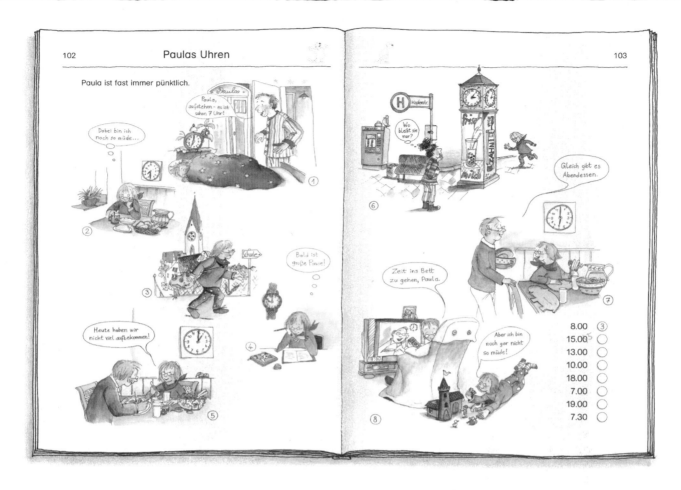

Ziele/Lehrplanbezug

Alle im Folgenden beschriebenen Ziele verstehen sich als erste Anbahnung. Sie werden in der Art eines Spiralcurriculums in den folgenden Schuljahren immer wieder aufgegriffen und vertieft.
- Für den persönlichen Tageslauf wichtige Zeitpunkte bewusst machen und an der Uhr ablesen
- Uhren in der Umgebung bewusst wahrnehmen und für die zeitliche Orientierung nutzen
- Anbahnung eigener bewusster Zeiteinteilung
- Volle Stunden an der Uhr ablesen, dabei die Entsprechungen zwischen der Analoguhr und der Digitaluhr erkennen

Didaktische Überlegungen

Zeit hat im Leben heutiger Kinder bereits einen hohen Stellenwert. Hier wirkt sich das von einem engen Terminplan bestimmte Erwachsenenleben bereits auf die Kinder aus. Sie erleben die Zeitknappheit und den Termindruck ihrer Eltern, sie haben selbst eigene Termine, zu denen sie wegen großer räumlicher Distanzen, die dabei zu bewältigen sind, häufig von einem Elternteil gebracht werden. Die Schule selbst setzt neue Forderungen an zeitliche Verbindlichkeit. Nicht nur die Schule erfordert Pünktlichkeit und die Einhaltung bestimmter Zeiten, auch die Freizeitaktivitäten haben häufig eine festgelegte Zeitstruktur und erfordern eine gute Organisation. Dieses soziale Umfeld hat dazu geführt, dass Kinder heute bereits über eine bessere zeitliche Orientierung verfügen als früher, was jedoch nicht unbedingt bedeutet, dass die Schüler/innen bereits selbst die Uhr ablesen können. Häufig übernehmen dies Erwachsene für sie. Die Uhr ablesen zu können ist eine technische Fertigkeit, die die Selbstständigkeit der Kinder fördert. Sie ist Voraussetzung, Termine unabhängig von Erwachsenen einzuhalten ebenso wie eine Zeiteinteilung selbstständig planen und einhalten zu können, wie dies beispielsweise auch in der freien Arbeit angestrebt wird.

Wir führen die zeitliche Orientierung mithilfe der Uhr mit persönlich bedeutsamen Zeiten ein. Aufstehen, schlafen gehen, zur Schule gehen, Essenszeiten, evtl. Hausaufgaben, Fernsehzeiten, Spielzeiten.

Anregungen zur Unterrichtsgestaltung

Am Beispiel von Paula wird die zeitliche Bestimmtheit des persönlichen Tageslaufs exemplarisch thematisiert. Auf den Schulbuchseiten 102 und 103 werden markante Aktivitäten mit bestimmten Zeitpunkten verbunden. Die Kinder können sich zunächst in Partnerarbeit darüber unterhalten, was Paula tut und wie spät es ist. Zur Kontrolle sollen sie die Nummern der Bilder in der Tabelle rechts unten eintragen. (Die Tabelle kann auch ins Heft übertragen werden, wenn die Bücher nicht übereignet werden.) In einem gemeinsamen Gespräch im Sitzkreis können die Schüler/innen ihre Ergebnisse vergleichen und über ihren eigenen Tageslauf berichten.

Das Problem der Pünktlichkeit kann bei der Betrachtung des 6. Bildes angesprochen werden. Hat Rosa lange auf Paula gewartet? Wann waren sie wohl verabredet?

Es ist zu empfehlen, spätestens jetzt eine gut sichtbare Uhr in der Klasse zu deponieren und die Kinder auf markante Zeiten hinzuweisen (Beginn der großen Pause, Frühstückspause, Versammeln im Sitzkreis), um den Kindern ein Zeitgefühl zu vermitteln und sie allmählich an das Einhalten von Zeiten heranzuführen. Man kann eine weitere Lernuhr gut sichtbar aufstellen, die auf bestimmte Zeitpunkte eingestellt ist (eben Pausen, Beginn oder Ende von Arbeitsphasen). Die Schüler/innen können dann an der laufenden Lernuhr verfolgen, wie viel Zeit noch bleibt bzw. wann der Zeitpunkt erreicht ist. Ein bewusster Umgang mit den Uhrzeiten ist auf die Dauer wirksamer als ein isoliertes Training zum Zeitablesen.

Arbeitsheft

Seite 63
- Eine Zeigerstellung – 2 Uhrzeiten

Seite 64
- Die Uhrzeiten können als Hausaufgabe eingetragen werden.

Kopiervorlagen

- Lernuhr (Seite 189)
- Uhren-Domino (Seite 190 – 191): Zeiten auf der Analog- und auf der Digitaluhr werden einander zugeordnet. Das Leerformat (Seite 191) kann mit weiteren Uhrzeiten gefüllt werden.

Seite 104/105: Schnell oder langsam? / Paulas Tag

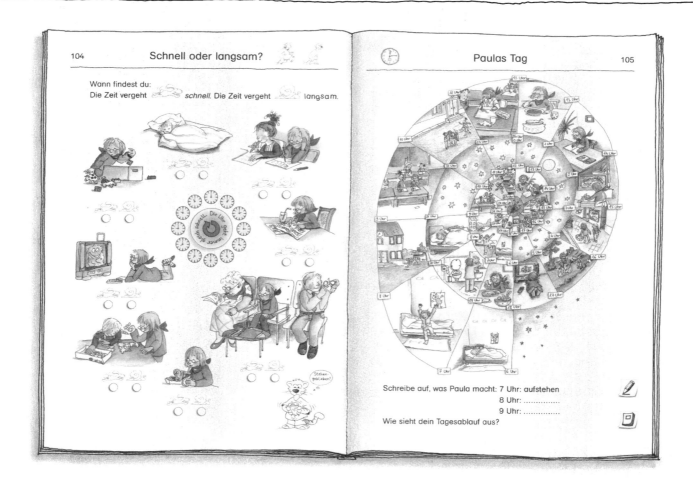

Ziele/Lehrplanbezug

- Das eigene Zeitempfinden bewusst machen
- Das eigene Zeitempfinden zur gemessenen Zeit in Beziehung setzen
- Den Unterschied zwischen dem erlebten Tag und dem Tag als Einheit der Zeitmessung kennen lernen
- Volle Stunden an der Uhr ablesen
- Die Analoguhr als doppelten 12er-Zyklus erkennen und die Uhrzeiten von 0 Uhr bis 23 Uhr ablesen können

Fächerverbindende Aspekte

- Sachunterricht: Thema Zeit
- Literarische Texte zur Zeit

Didaktische Überlegungen

Zeit ist ein relativ kompliziertes Phänomen, da sie nicht sinnlich erfassbar ist. Dennoch ist sie mit allen Prozessen verwoben, sie ordnet sie quasi in ihrem Ablauf. Wie die räumliche Orientierung gehört die zeitliche Orientierung zu den grundlegenden Funktionen des Sich-Zurechtfindens in der Welt.

Grundlage des Zeitbewusstseins ist das Erleben von Dauer und die Ordnung der Geschehnisse in ihrem Ablauf. Das Zeiterleben ist (auch für Erwachsene) subjektiv, d.h. das subjektive Erleben von langer oder kurzer Dauer ist abhängig von der (lustvollen) Verstricktheit in die Vorgänge. Je engagierter wir sind, desto schneller „verfliegt" scheinbar die Zeit. Im Gegensatz zu diesem subjektiven Zeitempfinden ist ein Charakteristikum der Zeitmessung gerade die Gleichförmigkeit der Zeittakte, egal welches Zeitmaß ich wähle, ob ich Sand durch eine enge Öffnung fließen lasse, Wasser tropft oder Pendel schlagen.

Umgangssprache und Fachsprache sind auch im Fall der Zeitmessung divergent. Der Tag im Alltagsbewusstsein ist häufig der „helle" Tag, abhängig vom Sonnenstand, ihm folgt die Nacht und mit dem Hellwerden folgt ein neuer „Tag". Die Zeitmessung erfasst dagegen einen 24-Stunden-Tag mit einer Stundeneinteilung von 0 Uhr bis 23 Uhr beginnend um Mitternacht. Die Analoguhr hat in der Regel eine 12-Stunden-Einteilung, wobei die Stundenwerte doppelt belegt sind (mit einem Unterschied von 12 Stunden: 1 Uhr – 13 Uhr, 2 Uhr – 14 Uhr).

Die Thematik „Ein Tag hat 24 Stunden" ist also sehr komplex und wird in vielen Bundesländern im 1. Schuljahr noch gar nicht thematisiert. Wenn wir es hier trotzdem tun, dann im Sinne der Vorbereitung und des Aktivierens von Vorerfahrungen und um die komplexe Thematik etwas zu entzerren und das sowieso stofflich sehr dichte 2. Schuljahr etwas zu entlasten. Somit ist es an dieser Stelle ein wichtiges Ziel, Aufmerksamkeit und Interesse der Kinder auf das Phänomen Zeit zu lenken, so dass hier auch außerschulische Erfahrungen sinnvoll integriert werden können.

Sachinformation:

Die grobe Zeiteinteilung orientiert sich an natürlichen Abläufen. Ein Tag entspricht der Drehung der Erde um sich selbst. Im wiederkehrenden Ablauf von Tageshelligkeit und Nachtdunkelheit wird dies „sichtbar."

Ein Monat entspricht ungefähr einer Umdrehung des Mondes um die Erde, ein Jahr etwa einer Umdrehung der Erde um die Sonne. Aus der schrägen Achsenstellung der Erde zur Sonne ergeben sich im Laufe des Jahres die verschiedenen Helligkeitsdauern („Sonnenauf- und Sonnenuntergang").

Die 24-Stunden-Einteilung ist willkürlich, ebenso die 60er-Einteilung der Stunde in Minuten bzw. der Minute in Sekunden. Die historischen Quellen dieser Einteilung sind umstritten. Es gibt verschiedene Theorien.

Anregungen zur Unterrichtsgestaltung

Wir nähern uns dem Phänomen Zeit über das persönliche Zeitempfinden der Kinder. Die Kinder haben sicherlich schon Erfahrungen zum Thema Zeit gemacht. Deshalb könnte ein möglicher Einstieg in das Thema der Bericht der Kinder darüber sein, in welchen Situationen Zeit für sie eine Rolle spielt und wie sie die Zeit dabei empfunden haben.

Zu Seite 104

Auf der Schulbuchseite sind verschiedene Tätigkeiten dargestellt, die die Kinder aus ihrem eigenen Alltag kennen. Sie sollen zunächst eine Entscheidung treffen (mit einem entsprechenden Kreuzchen), wann sie empfinden, dass die Zeit schnell vergeht und wann nicht. In einem Unterrichtsgespräch können Gemeinsamkeiten und Unterschiede festgestellt werden. Vorkenntnisse über Zeiteinheiten und Zeitpunkte können dabei gesammelt werden.

Sodann sollte die Uhr als Zeitmesser thematisiert werden. Am besten betrachtet man dazu eine große „echte" Uhr, die auch einen Sekundenzeiger besitzt. Alle beobachten die Bewegung des Sekundenzeigers und zählen halblaut mit: tok, tok, tok ... oder auch in Zahlen, wobei es hierbei etwas schwierig ist, im Takt zu bleiben. (Vielleicht macht es die Lehrerin einmal vor.) Wenn auch die Zeiteinheiten Sekunden und Minuten erst im 2. Schuljahr „gekonnt" werden müssen, so macht es doch Sinn, die Gleichförmigkeit der Zeitmessung am Sekundentakt zu verfolgen. Im Sinne eines Spiralcurriculums werden die Phänomene hier bereits angesprochen, um sie in den späteren Schuljahren zu vertiefen. Erwähnt wird somit auch, dass bei jeder Umrundung des Sekundenzeigers der Minutenzeiger um eine Stelle vorrückt und bei jeder Umrundung des Minutenzeigers der Stundenzeiger um eine Stelle vorrückt. Diese Information zeigt einen Sinnrahmen auf, ohne dass wir von den Schüler/innen erwarten, dass sie die Fakten sofort bis ins Detail reproduzieren können.

Zu Seite 105

Paulas Tag als Spirale soll die Verbindung des linearen (im Sinne des ständigen Fortschreitens) mit dem zyklischen Zeitablauf im Sinne der Wiederholung des natürlichen Ablaufs verdeutlichen. Die Kinder werden eine Weile brauchen, um sich in dem Bild zu orientieren. Sie sollen sich zunächst äußern, was ihnen allgemein daran auffällt. Sodann verfolgt man die Stundenetappen von Paulas Tag Schritt für Schritt. Wann steht Paula auf? Was tut sie um 8 Uhr? Wann geht sie ins Bett? Was tut sie, wenn die Sterne am Himmel stehen? Während auf den vorangegangenen Schulbuchseiten Ausschnitte aus Paulas Tag herausgenommen wurden, soll sich hier ein Gefühl von zeitlichem Fluss und zyklischer Wiederkehr entwickeln. Eine Idee der Unendlichkeit mag im Innern der Spirale aufscheinen.

Material

- Eine große, übersichtliche „echte" Uhr mit Sekundenzeiger, die fortan nach Möglichkeit im Klassenzimmer verbleiben sollte

Seite 106 / 107: Bald ist Weihnachten

Ziele/Lehrplanbezug

- Verstehen, wie Zahlen bei Angabe des Datums verwendet werden
- Mit dem Kalender umgehen und rechnen können

Fächerverbindende Aspekte

- Sachkundliches Wissen zum Thema Zeit (Monate, Wochen, Wochentage) aktivieren und festigen
- Über Zeitspannen nachdenken
- Entdeckungen am Kalender machen
- Welche Feste feiern Kinder in anderen Ländern?

Didaktische Überlegungen

Zum Erleben der Adventszeit gehört für Kinder schon von klein auf das tägliche Öffnen eines „Fensters" am Adventskalender. Auch in vielen Klassenzimmern finden wir ihn in unterschiedlichen Ausführungen, vielleicht sogar selbst gestaltet. Die Zeit vor Weihnachten wird auf besondere Weise wahrgenommen. Der Unterricht wird auf sie ausgerichtet; Weihnachten wird durch vielerlei Aktivitäten vorbereitet.

Es ist das gemeinsame Warten auf ein besonderes Ereignis, auf das Weihnachtsfest (für Kinder oft auch auf den Tag der Bescherung), das uns anregt, die Tage und Wochen zu zählen, die Zeit also bewusst wahrzunehmen. Viel häufiger als sonst beziehen wir die Zeit in unsere Überlegungen ein und sprechen über sie. Äußerungen wie die der „Matheprofis" eignen sich als Anregung, über Zeiteinteilungen und Zeitangaben nachzudenken und über die Rolle, die die Zahlen dabei spielen. So bietet die Vorweihnachtszeit eine gute Gelegenheit, im Mathematikunterricht lebensnahes, fächerverbindendes und sachorientiertes Lernen anzubieten. Aussagen mit mathematischen Inhalten können hinterfragt und zu weiterführenden Überlegungen genutzt werden. Zähl- und Rechenanlässe ergeben sich fast von selbst. Fragen, auch solche die sicher nicht gleich von allen Kindern beantwortet werden können, wecken die Neugier der Kinder und den Wunsch, weiterführende Kenntnisse zu erwerben. Es könnte verwundern, dass an dieser Stelle Zahlen erscheinen, die über den Zahlenraum bis 20 hinausgehen. Wir sehen darin die Möglichkeit zur Differenzierung und einen geeigneten Anlass, sinnvoll auf die Fortsetzung der Zahlenreihe hinzuweisen und zu eigenem Lernen anzuregen. Aus der Forschung wissen wir, welche umfangreichen mathematischen Kompetenzen Kinder selbstständig erwerben können, wenn sie für ihren Alltag wichtig oder gar notwendig sind.

Anregungen zur Unterrichtsgestaltung

Zu Seite 106

Das Bild mit den Matheprofis und dem riesengroßen Kalenderblatt vom 1. Dezember kann Ausgangspunkt für ein Gespräch sein. Erfahrungsgemäß können noch nicht alle Kinder die Aussagen in den Sprechblasen lesen; sie kommen jedoch zu genau diesen Aussagen, wenn sie zu Vermutungen und zu eigenen Gedanken aufgefordert werden.

Der 1. Dezember ist der Tag, mit dem der Adventskalender beginnt, und der von nun an täglich eine große Rolle im Alltagsleben der Kinder spielt.

Dass es 24 Fenster, Törchen, Säckchen oder auch Häuschen zu öffnen gibt, dass am 1. Tag im Dezember damit begonnen wird und der letzte, der 24. Dezember der wichtigste Tag ist, wissen vermutlich viele Kinder. Sie kennen die Zahlreihe, finden das nächste Fenster, d.h. sie können die Zahlen von 1 bis 24 lesen und die richtige Reihenfolge finden, zumindest in Verbindung mit dem Adventskalender. Sie haben die Kompetenz im Alltag erworben und schon vor ihrer Schulzeit erfolgreiche Strategien entwickelt. Diese Kompetenzen sollen sie anwenden, wenn sie ihren Matheprofi-Adventskalender herstellen. Ein interessanter Punkt im Unterricht könnte sein, diese Strategien zu erfragen: „Wie findet ihr heraus, welches Fensterchen als nächstes geöffnet werden darf?" „Von welchen Zahlen kennt ihr die nachfolgende, von welchen diejenige davor?" Selbstverständlich sollen die Kinder auch Gelegenheit haben, von den Überraschungen in ihrem Adventskalender zu berichten und zu überlegen, wozu es den Adventskalender eigentlich gibt.

Der Adventskalender ist nur für die Zeit bis zum Weihnachtsfest gedacht; er soll uns anzeigen, wie lange es bis dahin noch dauert und uns die Zeit bis dahin versüßen. Die entscheidende Frage ist: Wie lange ist es noch bis Weihnachten? Es gibt noch weitere Möglichkeiten die Tage bis Weihnachten zu zählen, sie zu veranschaulichen und einen schönen Fensterschmuck herzustellen.

Die Kinder können zählen, wie viele Fenster noch geschlossen sind. Sie können sich 24 Dinge (warum nicht Mandeln?) so hinlegen, dass sie leicht erkennen können, wie viele noch übrig bleiben, wenn 2, (3, 4, 5, 10, ...) Tage vergangen sind. Sie können sich wie Irina eine Tabelle anlegen, die dokumentiert, wie viele Fenster schon offen sind und wie viele noch geschlossen sind. Zahlvorstellungen und Ziffernkenntnisse werden im sinnvollen Zusammenhang und durch viele Aktivitäten (siehe Fächerverbindende Aspekte) weiterentwickelt.

Zu Seite 107

Die Abbildung des unvollständigen Kalenderblattes im Schulbuch auf Seite 107 lässt sich zu neuen Überlegungen und Entdeckungen nutzen. Dabei geht es zunächst um Zahlen. Wer kann welche Zahlen lesen? Wie viele sind es? Wie sind sie angeordnet und warum gerade so? Die Lehrerin erfährt hierbei, welche Vorkenntnisse ihre Schüler/innen mitbringen.

Vielleicht ist es notwendig darauf hinzuweisen, dass die Kinder ermutigt werden sollen zu zeigen, was sie können und auch was sie noch nicht können.

Das Gleiche gilt für die Wochentage. Mögliche Fragen:
„Wer kennt alle Tage einer Woche?"
„Wie viele sind es?"
„Was müssen wir beachten, wenn wir sie eintragen?"
„Was fällt uns auf?"

Das Eintragen der Wochentage könnte einigen Schüler/innen Schwierigkeiten bereiten. Es lässt sich jedoch nicht umgehen, da wir nicht irgendein Jahr herausgreifen und abbilden wollten, sondern die Gegenwart der Schüler/innen. Sicher brauchen manche Kinder die Hilfe der Lehrerin.

Erstklässler wird es nicht verwundern, dass die Aufzählung der Wochentage im Buch mit jedem Wochentag, z.B. auch mitten in der Woche mit Mi beginnen kann.

Anschließend können die besonderen Tage des Dezembers mit der Klasse festgelegt werden. In dieser Zahlenordnung sollen z.B. der Nikolaustag, die Adventssonntage und der Heilige Abend gefunden werden.

Da Unterrichtsgespräche im ersten Schuljahr nur sehr kurz sein können und nur wenigen Schüler/innen Möglichkeiten zur aktiven Mitarbeit bieten, ist es sinnvoll die Aufgabe zu stellen, selbst ein Kalenderblatt zu gestalten.

Wiederum ist es für die Lehrerin aufschlussreich, wie die Kinder mit den „großen Zahlen" umgehen.

Zahlen werden (als Ordnungszahlen) benutzt um einen Tag genau zu bestimmen, um das Datum anzugeben. Einige Kinder kennen dies von ihrem Geburtsdatum. Es werden die Tage und die Monate gezählt.

Gerne gestalten die Kinder zu bestimmten besonderen Tagen, die mit Datum angegeben werden (6.12, 24.12., 25.12., 31.12.) entsprechende Bilder.

**Differenzierung/Freiarbeit/
Fächerverbindende Aspekte**

Sterne werden ausgeschnitten. An jeden Tag wird nun ein Stern am Fenster oder auf einem blauen Papier angebracht und mit einer Zahl versehen. Mit jedem Tag werden es mehr Sterne, die mehr Licht bringen.

Man kann auch einen „umgekehrten" Adventskalender entstehen lassen: Vom 1. Dezember an hängt die Lehrerin jeden Tag ein Päckchen an einen Zweig. Am letzten Schultag werden die Päckchen entsprechend der Klassenstärke ergänzt. Dann werden während einer kleinen Feier alle Päckchen geöffnet.

Ein Weihnachtsgeschenk für die ganze Familie: Lernangebote, deren Ergebnisse sichtbar und verwendbar sind, motivieren besonders (Anwendungsorientierung). Dies gilt sicher für das Falten des Buchzeichens (siehe Kopiervorlage Seite 107).

Faltarbeiten werden am besten mit einer kleinen Gruppe von Schüler/innen durchgeführt, denn die einzelnen Schritte müssen vorgemacht werden. Man kann die Gruppen aber auch so aufteilen, dass jeweils mindestens ein „Experte" in der Gruppe helfen kann. Mit diesen „Experten" kann man das Falten vorher üben. Danach sollten die Schüler/innen die Möglichkeit haben, die Faltarbeiten selbstständig zu wiederholen. Ziel ist, sich die aufeinander folgenden Schritte einzuprägen, Vorstellungen zu entwickeln und so das Ziel zu erreichen. Es gibt in allen Klassen ausgesprochene „Falt-Talente", die sehr bald auch mit einer Gruppe oder einzelnen Mitschülern arbeiten können. Reizvolle Faltarbeiten führen die Kinder zu Konzentration, verbessern das Vorstellungsvermögen und lassen den Wert exakten Arbeitens erfahren.

Janosch: Noch eine Rosine bis Weihnachten und der Tiger ist ein alter Hallodri (siehe Kopiervorlage Seite 201):

In der Geschichte spielt der kleine Tiger überzeugend die Rolle der Kinder, die auf Weihnachten warten; er stellt ihre Fragen. Der kleine Bär sucht, wie wir Lehrer es oft tun, Möglichkeiten, mathematische Sachverhalte zu veranschaulichen. Er wählt Erbsen als Repräsentanten von Zahlen und das Essen als Handlung für eine Rechenoperation. Der kleine Tiger sucht ihm andere Repräsentanten abzuhandeln: „Würde es auch mit Himbeeren gehen?" Das lustvolle Spiel mit den Repräsentanten führt deren Bedeutung für abstrakte Zahlen vor.

Es macht einer Klasse sicher viel Spaß, das Tiger-Bärengespräch mehrmals nachzuspielen.

Wir schlagen vor, drei Zehnerfelder zu nehmen und darauf 24 mit der Klasse ausgehandelte „Leckereien" zu legen. Danach werden, für die Kinder nicht sichtbar (geschlossenen Augen), einige von ihnen weggenommen. Zwei Fragen sind nun interessant:

„Wie viele Tage sind vergangen?" und
„Wie viele Tage sind es noch bis Weihnachten?"
Es wird erstaunen, wie schnell Kinder auf diese Weise Kenntnisse über den Zahlenraum bis 24 erwerben.

Lerntagebuch

Ein Kalenderblatt wird frei gestaltet. Die vier Adventssonntage werden mit Datum aufgeschrieben.

1. Advent: Eine Kerze wird gemalt, dahinter wird das Datum geschrieben.
2. Advent: Zwei Kerzen werden gemalt, das Datum wird dazu geschrieben usw.
Auch zu folgenden Tagen können Bilder gemalt werden: 6.12., 24.12., 25.12. und 31.12.

Kopiervorlagen

- Geschichte: 5. Dezember (Seite 201)
- Ein Buchzeichen oder einen Hut falten (Seite 107)
- leeres Kalenderblatt (Seite 199)
- Weihnachtsdomino (Seite 200)

Name: .... Kalenderblatt 199
Datum: ....

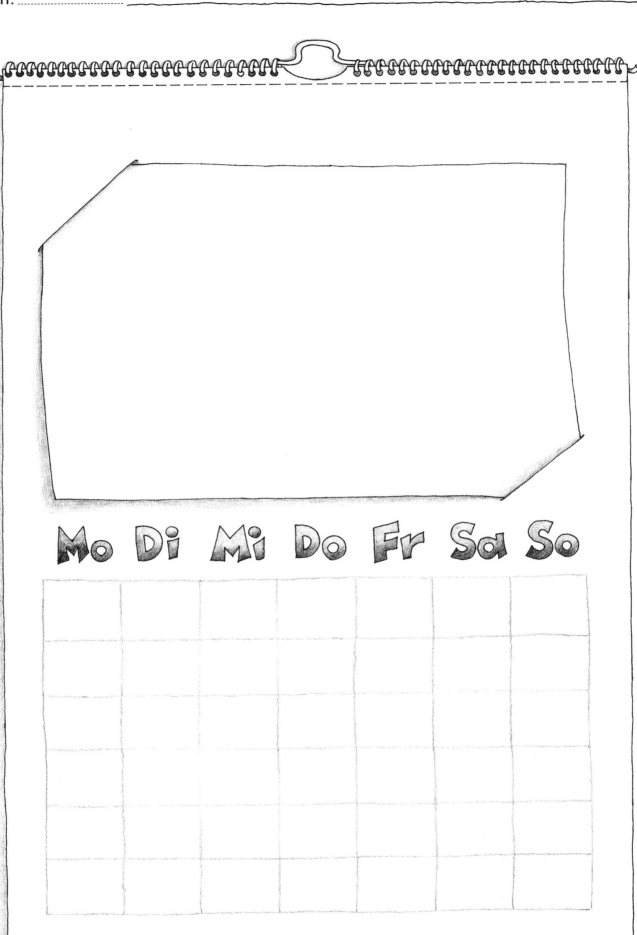

Weihnachtsdomino

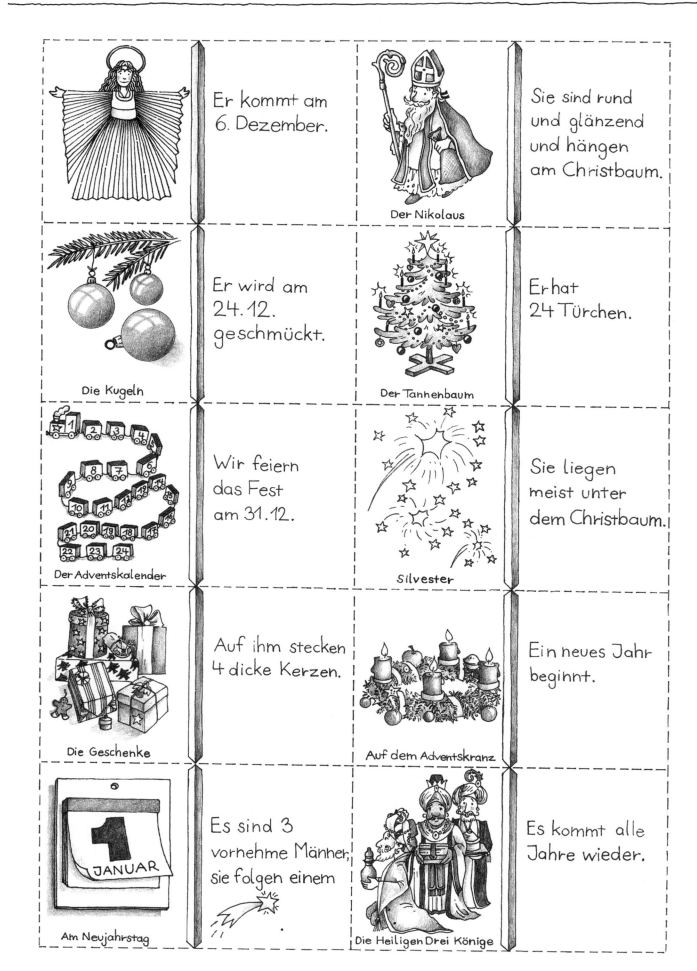

Noch eine Rosine bis Weihnachten
und der Tiger ist ein alter Hallodri

In der Nacht hatte es geschneit und das Haus, in dem der kleine Tiger mit dem kleinen Bären wohnte, war bis zum Dach im Schnee versunken. Der Ofen bullerte, die Stube war schön warm und in der Speisekammer lagen Vorräte für den ganzen Winter.
„Wie viele Tage noch bis Weihnachten?", fragte der kleine Tiger den kleinen Bär.
„Neunzehn", sagte der kleine Bär.
„Woher weißt du das so genau?"
„Maja Papaya hat gestern gesagt: zwanzig. Inzwischen hast du eine Nacht geschlafen. Also nimmt man von zwanzig eins weg, dann sind es heute neunzehn."
„Woher weiß sie das so genau?"
„Weil ihr Vater, was der Oberförster Pribam ist, vorgestern gesagt hat: einundzwanzig. Dann wurde eine Nacht geschlafen – eins weg – bleibt zwanzig. Ist doch ganz einfach."
„Ja", sagte der kleine Tiger, „das ist doch ganz einfach." Und nach einer Weile: „Und neunzehn, wie viel ist neunzehn?"
„Nimm einmal an, hier liegen neunzehn Erbsen. Dann ist jede Erbse ein Tag. Bis Weihnachten neunzehn Tage. Jeden Tag eine Erbse gegessen, bis keine mehr bleibt – dann ist Weihnachten."
„Ja", sagte der kleine Tiger und nickte mit dem Kopf, „das versteh ich." Und nach einer Weile: „Himbeeren. Würde es auch mit Himbeeren gehen?"
„Schon. Aber wir haben keine Himbeeren, weil es im Winter keine Himbeeren gibt. Nur Himbeerkompott und das geht nicht. Es klebt auf dem Tisch."
„Hm. Oder Mandeln. Zum Beispiel gezuckerte kandierte Mandeln. Würde das zu machen sein?"
„Wäre zu machen, haben wir aber nicht, weil sie erst zu Weihnachten auf den Teller kommen. Gezuckerte Mandeln sind eine geheime Weihnachtsüberraschung."
„Aber einfache, ganz gewöhnliche zuckersüße große Rosinen sind doch keine geheime Weihnachtsüberraschung. Die könnten auch gehen?"
„Würden auch gehen."
„Dann leg sie doch mal auf den Tisch."
Der kleine Bär legte also neunzehn ganz gewöhnliche zuckersüße große Rosinen auf den Tisch. „Das zeigt: In neunzehn Tagen und Nächten ist Weihnachten."
„Schööön", rief der kleine Tiger und kroch unter den Tisch, weil er nachdenken musste.
„Angenommen, es wären nur neun Rosinen …?!"
„Dann wäre Weihnachten in neun Tagen. Bei vier Rosinen in vier Tagen. Jede Rosine ist ein Tag. Verstehst du mich?"
„Logisch versteh ich dich, ich bin doch nicht dumm", rief der kleine Tiger und ging jetzt in der Stube hin und her, als wäre er der Dichter Goethe.
„Und bei zwei?"
„Dann wären es zwei Tage bis Weihnachten."
„Das versteht sogar eine Mücke", erklärte der kleine Tiger und ölte die Räder seiner Tigerente. Nachmittags spielte der kleine Bär auf der Flöte das Lied vom Schneeflöckchen, das als Weißröckchen dahergeschneit kommt. Der Tiger lauschte andächtig. Und abends gingen sie schlafen. Am nächsten Morgen, kaum war es ein wenig hell geworden, weckte der kleine Tiger den kleinen Bär und rief: „Noch ein Tag bis Weihnachten, Bär. Wach doch mal auf!"
„Wer sagt das?"
„Du hast es gesagt! Weil hier, auf dem Tisch – zähl doch mal die Rosinen nach!"
Da lag eine Rosine.
Na, mein lieber Tiger, was bist du doch für ein alter Hallodri!

aus Janosch: Morgen kommt der Weihnachtsbär. Mosaik Verlag 1995

Seite 108/109: Ostereier suchen

Ziele/Lehrplanbezug

- Text-/Bildsituationen zahlenmäßig interpretieren
- Sachsituationen als Ausgangspunkt für Rechenoperationen nutzen
- Reale Handlungen mit mathematischen Operationen in Verbindung bringen

Didaktische Überlegungen

Kinder lieben die Osterzeit und ihre Besonderheiten: Der Frühling kommt, Blumen und Blätter sprießen, Tiere sind wieder zu sehen, es wird wärmer; dies alles sind Anlässe, sich zu freuen, zu reimen und zu singen. In der Grundschule wird dem Frühling große Aufmerksamkeit gewidmet. Die Kinder werden angeregt, seine Besonderheiten bewusst zu erleben, sie mit allen Sinnen zu erfahren und ihre Beobachtungen mitzuteilen. Im Mathematikunterricht wollen wir diese Erfahrungen als Ausgangspunkt und Erprobungsbereich für mathematische Themen nutzen. Sie bieten neue Zugänge zur Mathematik an und lassen mathematische Tätigkeiten lebendig erfahren („Sachrechnen als Lernprinzip"). Sie sind eine gute Möglichkeit, Mathematik mit anderen Lernbereichen zu verbinden.

Exemplarisch wird die Situation des Ostereiersuchens herausgegriffen. Selbst wenn diese in der dargestellten Form nicht mehr bei allen Kindern der erlebten Wirklichkeit entspricht, fällt es ihnen doch leicht, sich hineinzudenken und sie tun dies gerne. Verstecken und Suchen, zwei lustvolle Handlungen, können leicht mit den mathematischen Operationen Addieren bzw. Subtrahieren in Verbindung gebracht werden. Damit werden zwei Ziele des Mathematikunterrichts verfolgt: in konkreten Handlungen Rechenoperationen entdecken und umgekehrt mithilfe konkreter Handlungen Vorstellungen von mathematischen Operationen aufbauen.

Anregungen zur Unterrichtsgestaltung

Die Schulbuchseiten 108 und 109 sollen den Kindern Freude machen, ihre Fantasie anregen, gegebenenfalls Erinnerungen wecken. Wer würde hier nicht gerne Eier suchen oder verstecken? Ein gelenktes Klassengespräch ist zu Seite 108 nicht erforderlich. Die Eier werden gezählt und mit der Anzahl auf dem Osterteller verglichen. Eier, die entdeckt wurden, können am unteren Bildrand nachgestaltet werden. Anschließend können die Kinder dazu eine Rechengeschichte aufschreiben. Es bietet sich an, einzelne „Osternester" (Gruppen von Eiern) zu benennen, die Anzahl anzugeben und durch Addieren die Gesamtzahl zu finden oder sie zu überprüfen, falls sie vorher durch Zählen gefunden wurde. Weitere abgewandelte Additionsaufgaben lassen sich leicht selbst finden:

Die Lehrerin verteilt in vier oder fünf kleine Körbchen oder in kleine Osternester Schokoladeneier. Die Kinder nennen zuerst die Anzahl der Eier in den einzelnen Körbchen (natürlich auf einen Blick) und ermitteln danach die Gesamtzahl durch „Rechnen". Dabei werden sich ihre Rechnungen, was die Reihenfolge der Summanden angeht, unterscheiden; ein Gespräch über Rechenvorteile ergibt sich daraus ganz natürlich. Anschließend gestaltet jedes Kind ein DIN A5-Blatt. Auf die Vorderseite malt es drei, vier oder fünf Osternester mit Ostereiern; auf die Rückseite schreibt es einen passenden Zahlensatz. Die Ostereierbilder können ausgelegt und nachgerechnet werden. Auch das Suchen von Eiern kann spielerisch vorbereitet werden: Ein Kind verteilt eine bestimmte Anzahl von Eiern auf vier Körbe. Ein zweites Kind nimmt sich einige Eier weg, die Klasse hält währenddessen die Augen geschlossen. Und nun? Die restlichen Eier werden angeschaut und wiederum gezählt. Vielleicht ist auf Anhieb erkennbar, wie viele Eier fehlen, vielleicht muss erst gerechnet werden.

Auf der Seite 109 wird die Geschichte weiter gesponnen. Rosa und Irina haben alle Eier gefunden, aber es ist offensichtlich, dass Rosa dabei den Kürzeren gezogen hat. Die Eier sollten gerecht verteilt werden. Wie kann man das bewerkstelligen? Wir haben es hier mit einer recht komplexen Situation zu tun, die aber sehr erfahrungsnah ist – die Kinder kennen solche Situationen aus ihrem Leben. Sie verfügen also über Vorerfahrungen, aber über kein festgelegtes Rechenschema. Sie sollen selbst entscheiden, wie das vorgestellte Problem bewältigt werden kann. Hier sind natürlich alle Wege erlaubt:
- Arbeit mit Material (z. B. Plättchen),
- Zeichnen,
- oder auch Rechnen.

Auch die Probleme in den Aufgaben 3 und 4 sind auf verschiedene Weisen zu lösen. Die Kinder wissen inzwischen, dass es „eleganter" ist, die Lösung nicht durch Abzählen der ganzen Menge zu finden. Sie werden feststellen, dass in jedem Nest gleich viele Eier sind. Vielleicht können einige Kinder hier sogar schon die passende Malaufgabe nennen.

Die Frage: Wie viele hätte er, wenn in jedem Nest 7 Eier wären, kann ikonisch oder symbolisch gelöst und mit weiteren Zahlen erweitert werden.

Nun werden die Kinder angeregt weitere Rechengeschichten mitzugestalten (siehe Kopiervorlage Seite 206). Beim Vorlesen und Vergleichen der einzelnen Geschichten wird das Verständnis für Rechengeschichten vorbereitet.

Differenzierung /Freiarbeit/Fächerverbindende Aspekte

Das Bilderbuch Die Häschenschule (Sixtus, Albert; Koch-Gotha, Fritz: Die Häschenschule. Esslinger 1998) wird vorgelesen; es ergeben sich weitere Rechengeschichten, z. B. Hasenkind Hoppel hat 12 Eier angemalt. Sein Freund hat schon 14 Eier angemalt. Nun kann die gemeinsame Anzahl der angemalten Eier oder der Unterschied errechnet werden.

Kopiervorlage

- Rechengeschichten von Ostereiern (Seite 206)
Guten Lesern machen Texte, wie sie auf der Kopiervorlage zu finden sind, großen Spaß. Sie regen zu eigenen Rechengeschichten an.

Seite 110/111: Muster malen

Ziele/Lehrplanbezug

- Muster und Bandornamente fortführen
- Zwischen geschwungenen und geraden Linien unterscheiden

Didaktische Überlegungen

Die Osterzeit lässt sich gut mit dem Ziel verbinden, die Aufmerksamkeit der Kinder auf Muster und Bandornamente zu lenken und diese auf geometrische Eigenschaften hin zu untersuchen. Überall tauchen sie auf, die bemalten, mit Mustern verzierten Eier, von Menschen unterschiedlicher Kulturen gestaltet.

Auch Kinder haben Freude am Erfinden von Mustern und Ornamenten mit ihren wiederkehrenden Formen und Farben. Mit dem Ziel, Eier für das Osterfest zu schmücken, wird das Entwerfen von Mustern noch freudiger angenommen. Der Wunsch, möglichst viele und unterschiedliche Verzierungen zu erfinden, lässt die Kinder geometrische Kenntnisse aktivieren und nutzen. Der Wechsel von geschwungenen und geraden Linien, das Aneinanderreihen von Kreisen und Dreiecken, von Wiederholungen und Variationen führt zu ästhetisch ansprechenden Gestaltungen.

Einfache Schwünge, wie sie unserer Schrift zugrunde liegen, werden wiederholt, verfeinert und trainiert.

Der Zeitpunkt ist gut gewählt, da meist in der Zeit nach Ostern im ersten Schuljahr die verbundene Schrift eingeführt wird. So können Schwungübungen sinnvoll eingebunden werden.

Anregungen zur Unterrichtsgestaltung

Die Schulbuchseiten 110 und 111 brauchen nicht erläutert zu werden: Sie fordern dazu auf, die vorgegebenen Muster fortzusetzen. Wir haben vor allem die Schwünge ausgewählt, die zu den Grundelementen unserer Schrift gehören.

Formenelemente der Schrift:
„Bocksprünge"

„Dachziegel"

„Girlanden"

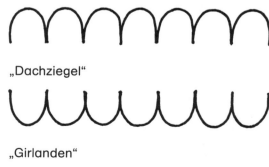

„Wellen"

„Schlangenlinien"

„Kreise" oder „Achterbahnen"

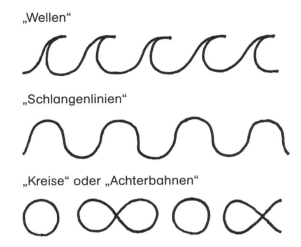

Wie von Schreiblehrgängen her bekannt, können sie zuerst als großmotorische Lockerungsübung in der Luft ausgeführt werden. Sie können gegangen (die ganze Klasse geht in einer Schlangenlinie, einer Zickzacklinie, macht Bocksprünge etc.) oder auf die Tafel bzw. auf große Papierbögen gemalt werden. Eckige oder geschwungene Linien können auch auf den Rücken eines Mitschülers gemalt werden. Dieser malt das, was er erkannt hat, danach auf ein Papier.

Eine weitere Beschäftigung mit Linien, die nach bestimmten Gesetzmäßigkeiten fortgeführt werden, soll auf Karopapier stattfinden. Das Erfinden und Fortsetzen geometrischer Folgen fördert visuelles Wahrnehmen und das Erkennen von Gesetzmäßigkeiten.

Linien:

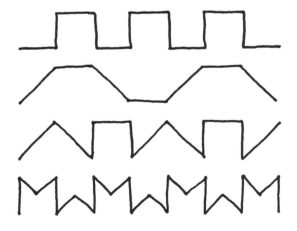

zu Flächen ergänzt:

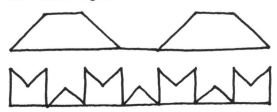

zusammengesetzt:

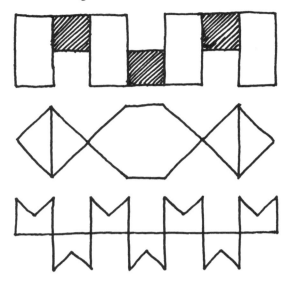

Die Muster werden über eine ganze Seite fortgeführt. Natürlich spielt auch die farbliche Gestaltung eine wichtige Rolle.

Linien, die sich kreuzen oder schließen, führen zu Mustern, die aus Flächen zusammengesetzt sind. Auch sie lassen sich gut auf Karopapier gestalten. Alle diese Tätigkeiten fördern das genaue Schauen und die motorische Fertigkeit der Kinder.

**Differenzierung/Freiarbeit/
Fächerverbindende Aspekte**

Folgende Aufgabe hat sich bewährt:
In Verbindung mit dem Kunstunterricht (Bildhaftes Gestalten) werden Ostereier mit Wasserfarben auf DIN A3-Blätter gemalt. Es ist sinnvoll, mit einem kleinen Kreis zu beginnen und allmählich die Eiform zu entwickeln. Ist die Farbe getrocknet, werden darauf Muster gemalt. Zum Schluss werden grüne Gräser um das Ei herum getupft (Pinseldruck).

Kopiervorlage

Die Kopiervorlage „Ostereier" (Seite 207) wird zweimal ausgegeben. Die Kinder malen jeweils zwei gleiche Eier an, schneiden diese aus und kleben sie, nachdem sie einen Faden dazwischengelegt haben, zusammen. Mit den so entstandenen Papier-Eiern können Fenster und Zweige geschmückt werden.

206 Rechengeschichten

Name: ....
Datum: ....

Setze die richtigen Zahlen ein.

Male an.

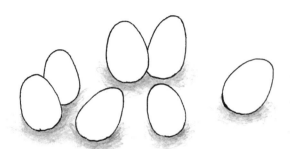

Rosa hat ..... Ostereier.
Zwei davon isst sie auf.
Jetzt hat sie nur noch ..... Ostereier.

Male an.

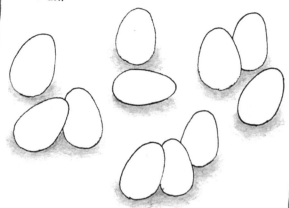

Felix hat 4 rote, 3 gelbe und 4 blaue Ostereier.
Das sind zusammen ..... Ostereier. Er sagt: „Ich habe genau ..... Eier mehr als Rosa."

Male.

Paula hat 14 bunte Schoko-Eier.
Rosa sagt: „Ich habe nicht einmal halb so viele." Olgun denkt: „Dann hat Rosa ja weniger als ..... Schoko-Eier."

Male.

Paula schenkt Rosa und Olgun je 3 Schoko-Eier.
„Jetzt hast du nur noch .....", sagt Olgun.

Male.

Irina und Paula haben Eier bemalt. An den Osterzweigen hängen schon 11 Stück. Jede der beiden will noch 3 Eier bemalen. Irina sagt: „Wenn jede noch 3 Eier angemalt hat, hängen ..... Eier am Osterstrauß."

Male.

An Olguns Osterstrauß hängen 3 rote, 3 blaue, 3 gelbe und 3 violette Eier.
Olgun überlegt: Von jeder Farbe drei, das sind zusammen ..... Eier.

Name: .... Ostereier 207
Datum: ....

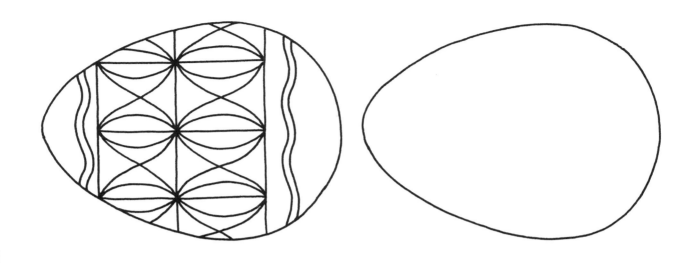

●

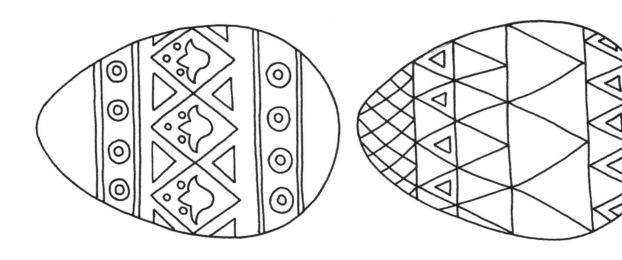

●

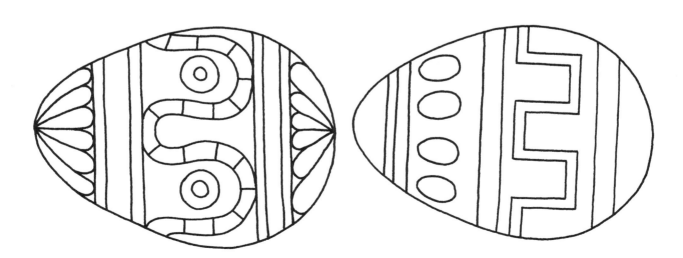

Seite 112/113: Ein erfolgreiches Schuljahr!

Ziele/Lehrplanbezug

- Den eigenen mathematischen Leistungsstand einschätzen lernen
- Sich des eigenen Könnens bewusst werden
- Das Vertrauen in die eigene Leistungsfähigkeit festigen, sich weitergehende Ziele setzen

Didaktische Überlegungen

Die Kinder der ersten Klasse haben nun bereits ein Schuljahr absolviert. Sie haben eine Menge neue Erfahrungen gemacht und sind als Klassengemeinschaft zusammengewachsen. Es bietet sich nun die Gelegenheit, Rückschau zu halten. An dieser Stelle wollen wir natürlich besonders ihr Augenmerk darauf lenken, was sie im Mathematikunterricht gelernt haben.

Mit dieser reflektierenden Sicht werden die Kinder sich ihres Könnens bewusst und lernen, ihren eigenen Lernfortschritt wahrzunehmen und einzuschätzen. Es bildet sich ein Leistungsbewusstsein heraus, das Ansporn ist für weitergehende Ziele. Dass wir dabei behutsam vorgehen und den Blick vorwiegend auf die Kompetenzen der Kinder richten, versteht sich von unserem Ansatz her von selbst. Dies wird schon durch den Titel „Die Matheprofis" signalisiert. Entsprechend ist bei den Profi-Diplomen herausgestellt, was die einzelnen Profis besonders gut können. Mit diesen Fähigkeiten, so die Botschaft, hat sich jeder einzelne seinen Zugang zu einem erfolgreichen Mathematiklernen verschafft. Übertragen auf Ihre eigene Klassensituation können Sie mit den Kindern gemeinsam besprechen: Gibt es in der Klasse Kinder, die auch so ein Diplom bekommen könnten? Welche positiven Kommentare könnte jedes einzelne Kind bekommen? Damit können Sie den Selbstreflexionsprozess anregen.

Anregungen zur Unterrichtsgestaltung

Rückschau auf das erste Schuljahr:

Die letzten beiden Seiten des Buches geben Anlass für einen Rückblick auf das erste Schuljahr und gleichzeitig zu einer Vorausschau auf das neue Schuljahr. Für den Rückblick sollte man sich ein wenig Zeit nehmen und die Kinder noch einmal im Buch blättern lassen. „Was konntet ihr am Anfang, was habt ihr dazu gelernt?" „Was ist euch besonders im Gedächtnis geblieben?" „Was hat euch besonders gut gefallen?"

Einen Klassenbrief an den Oldenbourg Schulbuchverlag schreiben:

Der Oldenbourg Schulbuchverlag freut sich über Klassenzuschriften zu den *Matheprofis* das ganze Jahr über. Hier bietet sich noch einmal im Rahmen der Rückschau eine gute Gelegenheit zu einer Rückmeldung an den Verlag. Die Kinder können uns schreiben, was ihnen gefallen hat, oder was sie sich noch stärker in den Büchern ausgeführt wünschen würden oder auch, was sie nicht verstanden haben. Wir freuen uns auch besonders über eigene Ideen und Eigenproduktionen Ihrer Klasse. Natürlich freuen wir uns auch über Kommentare, Erfahrungen und Tipps vonseiten der Lehrerinnen und Lehrer!

Unsere Adresse:

Oldenbourg Schulbuchverlag
Lektorat Mathematik Grundschule
Rosenheimer Str. 145
81671 München

Erzählen: Was die Matheprofis in den Ferien machen:

Die Matheprofis verabschieden sich für dieses Schuljahr. Sie freuen sich schon auf die Ferien. Wieder sind ihre Erlebnisse Anlass, etwas von den eigenen Vorhaben zu erzählen.

Rosa fährt mit ihren Eltern nach Italien. Sie besuchen dort die Verwandten ihres Vaters, der aus Italien stammt. Rosa wird u. a. wie in Italien üblich, an einem Ferienkurs teilnehmen. Natürlich wird sie auch baden gehen, Eis essen, Ausstellungen besuchen, Freunde treffen u.v.m.

Paula, die bei ihrem Vater lebt, besucht ihre Mutter in München. Sie ist schon ganz aufgeregt, weil sie zum ersten Mal allein mit dem Zug fährt. Was wird sie mit ihrer Mutter unternehmen? Olgun besucht mit den Eltern und seinen Geschwistern Verwandte in der Türkei. Irina verbringt die Ferien zu Hause, macht aber mit ihren Eltern gelegentlich Tagesausflüge, z. B. nach Holland, und Felix fährt mit seiner Familie nach Spanien.

Hausaufgabe: Etwas (aus mathematischer Sicht Interessantes) aus den Ferien mitbringen:

Ein Gespräch über Ferienpläne der verschiedenen Familien gehört sicher zum feststehenden Repertoire einer jeden Grundschullehrerin, wobei sie herausstellen wird, dass man auch zu Hause Interessantes erleben kann. Für den Mathematikunterricht haben wir darüber hinaus ein besonderes Interesse. Wieder wollen wir den Blick der Kinder öffnen für Zahlen in ihrer Alltagswelt. „Bringt etwas mit aus den Ferien, was irgendetwas mit Mathematik zu tun hat", lautet die Aufforderung. Was könnte das sein? Vielleicht eine Fahrkarte oder eine Eintrittskarte. Vielleicht ein Prospekt, der Zahlen enthält oder ganz etwas anderes. Das zweite Schuljahr wird mit einer Ferienausstellung beginnen.

Lernbeobachtung

- Ist die Selbsteinschätzung der Kinder realistisch?
- Ist ihre Leistungs- und Anstrengungsbereitschaft hoch?

Kopiervorlage

- Matheprofi-Diplom (Seite 181)

Eine kritische Leserin:

Paula

Rosa

Olgun

Felix

Irina

**Verwendete Fachausdrücke
auf kindgerechtem Sprachniveau**

- **Plus-Rechentafel**
  Additionstafel

- **Zahlensatz**
  (Zahlen-)Gleichung

- **Aufgabe**
  3 + 4 = ...
  3 + 4 (Term)

- **Zehnerfeld**

- **Punktebild im Zehnerfeld**
  oder kurz **Zahlenbild**